人文社科
高校学术研究论著丛刊

大学生创新创业教育理论与实践研究

张瑜 范晓慧 金莹 著

中国书籍出版社
China Book Press

图书在版编目(CIP)数据

大学生创新创业教育理论与实践研究 / 张瑜，范晓慧，金莹著. --北京：中国书籍出版社，2021.6
ISBN 978-7-5068-8539-3

Ⅰ. ①大… Ⅱ. ①张… ②范… ③金… Ⅲ. ①大学生－创业－研究 Ⅳ. ①G647.38

中国版本图书馆 CIP 数据核字(2021)第 123801 号

大学生创新创业教育理论与实践研究

张　瑜　范晓慧　金　莹　著

丛书策划	谭　鹏　武　斌
责任编辑	牛　超
责任印制	孙马飞　马　芝
封面设计	东方美迪
出版发行	中国书籍出版社
地　　址	北京市丰台区三路居路 97 号（邮编：100073）
电　　话	(010)52257143（总编室）　　(010)52257140（发行部）
电子邮箱	eo@chinabp.com.cn
经　　销	全国新华书店
印　　厂	三河市德贤弘印务有限公司
开　　本	710 毫米×1000 毫米　1/16
字　　数	345 千字
印　　张	19.25
版　　次	2022 年 7 月第 1 版
印　　次	2022 年 7 月第 1 次印刷
书　　号	ISBN 978-7-5068-8539-3
定　　价	98.00 元

版权所有　翻印必究

目 录

第一章　大学生创新创业教育的发展现状 ……………………………… 1
　第一节　创新与创业的关系 …………………………………………… 1
　第二节　我国大学生创业现状与存在的问题 ………………………… 12
　第三节　我国高校创新创业教育的现状与发展趋势 ………………… 18

第二章　大学生创新创业教育理念及体系建设 ………………………… 30
　第一节　大学生创新教育的理念及体系建设 ………………………… 30
　第二节　大学生创业教育课程体系建设 ……………………………… 44

第三章　大学生创业的国际经验借鉴 …………………………………… 58
　第一节　美国的创业教育 ……………………………………………… 58
　第二节　英国的创业教育 ……………………………………………… 69
　第三节　日本的创业教育 ……………………………………………… 77

第四章　大学生创业人才培养方案 ……………………………………… 86
　第一节　创业人才培养需求分析 ……………………………………… 86
　第二节　创业人才培养目标 …………………………………………… 90
　第三节　创业人才培养规划 …………………………………………… 94

第五章　大学生创新思维与创新意识 …………………………………… 101
　第一节　培养创新思维 ………………………………………………… 101
　第二节　激发创新意识 ………………………………………………… 112

第六章　大学生创业团队建设 …………………………………………… 125
　第一节　创业团队概述 ………………………………………………… 125
　第二节　大学生创业团队的组建 ……………………………………… 137
　第三节　大学生创业团队的管理 ……………………………………… 142

第七章 大学生创业机会与创业风险 150
- 第一节 大学生创业机会的内涵 150
- 第二节 大学生创业机会的识别与评价 164
- 第三节 大学生创业项目的选择 173
- 第四节 大学生创业的风险 179

第八章 大学生创业市场评估 187
- 第一节 了解顾客与竞争对手 187
- 第二节 制订市场营销计划 193

第九章 大学生创业计划 203
- 第一节 创业计划概述 203
- 第二节 撰写创业计划书 208
- 第三节 创业计划书的展示 212

第十章 大学生创业融资 214
- 第一节 创业融资内涵 214
- 第二节 创业融资渠道及资本结构 226
- 第三节 创业融资决策 232
- 第四节 风投与贷款 235

第十一章 大学生创新创业的商业模式 244
- 第一节 商业模式概述 244
- 第二节 创新创业商业模式设计 252
- 第三节 商业模式的特征与创新 262

第十二章 大学生创办新企业实践 265
- 第一节 新创企业注册流程 265
- 第二节 编写公司相关文件 270
- 第三节 企业股权结构设计 272
- 第四节 大学生新创企业的管理 275

参考文献 298

第一章　大学生创新创业教育的发展现状

作为一种教育理念,创新创业教育应贯穿于高等学校的专业教学和课外活动之中,并以激发大学生的创新意识和创新思维为宗旨,让更多的大学生具备一定的创业能力。本章即对大学生创新创业教育相关的知识进行简要阐述。

第一节　创新与创业的关系

一、创新概述

(一)创新的概念

创新是创新主体在实践中发现新过程、新特质和新规律,并且用新方法通过新流程、新产品、新服务和新事业来创造价值的过程。

(二)创新的特点

创新具有显著的特点,概括来说,这些特点主要包括以下几个方面。

1. 普遍性

创新存在于人类活动的一切领域中,大到发明发现,小到各种改革。这说明了创新具有普遍性。

2. 超前性

创新是一种首创,至少在一定范围内属第一。创新应该是超前于社会的认识,超前于市场开发,它要站得高、看得远、瞄得准。

3. 目的性

创新总是为了解决某一问题而进行的,它总是与某个任务相关联的。所以说,创新是一种有目的地认识世界和改造世界的实践活动。这个特征贯彻创新过程的始终。

4. 新颖性

创新是创造出新的"事物"。"新"是指人类历史从未有过的发明、发现和创造。这些发明和创造极大地推动和加速了人类社会的历史进程。

5. 变革性

创新是对已有事物的一种革新,是一种比较重要的变革。穷则变,变则通,通则久。这个由"变"到"通"的过程,就是创新的过程。

6. 社会性

创新具有社会性的特点,这里所说的社会性是指创新活动具有有利于群体创新和社会发展的属性,当然,这不是说,创新的社会性仅仅只包括有利于群体创新和社会发展的属性,创新的社会性也包括个体性的创新活动。而个体性的创新活动与群体创新活动之间也存在着密切的联系,这主要表现在以下几方面。

第一,人是社会中的人,其创新意识和能力都来源于社会,都是社会创新活动在个体中的反应,而人也是具有鲜明个性的人,虽然个体的创新意识和活动来源于社会,但同时也会对社会群体创新活动做出一定的贡献。

第二,由于每个个体都存在于社会中,都是社会中的一员,所以,个体的创新活动也是整个社会群体创新活动的重要组成部分,也具有社会性质。

7. 高风险性

创新的高风险性主要来源于不确定性,例如市场的不确定性、技术的不确定性等,这些不确定性会导致两种结果的出现:一种结果是有利于创新;另一种结果是不利于创新。而不利于创新的这种结果就会出现一些风险,通常来说,不确定性越高,创新的风险性就越大。

8. 双重性

创新具有双重性的特征,这主要表现在以下几方面。

第一,创新是能动性和受动性的统一。创新的能动性是指在创新活动中不能听任客观事物固有规律的摆布,而应该发挥创新者的主观能动性,不断实现超越。创新的受动性是指它受制于客观事物运动的规律,受制于创新手段和创新目的,受制于创新主体的水平和能力等。

第二,创新是绝对性和相对性的统一。总体来说,创新是绝对的、无限的;但就每个具体的创新来说,创新又是有限的和相对的。

第三,大多数创新活动对社会发展具有重大的促进作用,但也有一些创新活动对社会发展具有一定的破坏性、阻碍性作用,关键是如何利用和由谁来利用创新成果。

(三)创新的本质

1. 创新是一种思维状态

创新思维是个体在观念层面新颖、独特、灵活的问题解决方式,是创新实践的前提与基础,如果想不到是不可能做得到的。研究表明,具有创新思维的人常常感受敏锐,思维灵活,能发现常人视而不见的问题并能多角度地考虑解决办法;理解深刻,认识新颖,能洞察事物本质并能进行开创性的思考;思维辩证,实事求是,能合理运用逻辑与直觉、正向与逆向等思维方式,不走极端,能把握事物的中间状态等。

2. 创新是一种精神

创新精神是指要具有能够综合运用已有的知识、信息、技能和方法,提出新方法、新观点的思维能力和进行发明创造、改革、革新的意志、信心、勇气和智慧。创新精神是一种勇于抛弃旧思想、旧事物而创立新思想、新事物的精神。创新是一个国家和民族发展的不竭动力,也是一个现代人应该具备的素质。

3. 创新是一种人格特征

创新人格是指有利于创新活动顺利开展的个性品质,它具有高度的自觉性和独立性,是一个人的品质与德行体现。创新人格是创新主体进行创新活动的心智基础和创新主体进行创新活动的能力基础。创新作为一种人格特征,具体表现为以下几点。

第一,具有开放性、好奇心、挑战性和自信心。

第二,不满足已有结论,不相信唯一正确解释。

第三,不迷信权威。

第四,不屈服于任何外在压力而放弃自己的主张。

4. 创新是一种实践

创新是一种创造性实践行为,这种实践为的是增加利益总量,需要对事物和已有的发现进行利用和再创造,特别是对物质世界矛盾的利用和再创造。人类通过对物质世界的利用和再创造,制造出新的矛盾关系,形成新的物质形态。创新活动是创新思维的发展与归宿,是个体在实践层面的新颖、独特、灵活的问题解决方式,经验性的研究表明,具有创新活动能力的人经受过大量实践问题的考验,他们乐于设计与制作,有把想法或理论变成现实的强烈愿望;不受现实的束缚,不断尝试错误、不断反思、不断纠正;愿意参加形式多样的活动,乐于求新、求奇、创造新鲜事物等。这些都是创新思维的外显行为。

(四)创新的过程

英国心理学家沃勒斯曾经提出一种影响较大的过程理论——创新的"四阶段理论"。该过程理论认为创新的发展分为四个阶段(表1-1)。

表1-1 英国心理学家沃勒斯提出的创新的"四阶段理论"

阶段	内容
准备期	准备期是发现和提出问题阶段。通常来说,准备期可以分为以下三步。 第一,对知识和经验进行积累和整理; 第二,搜集必要的事实和资料; 第三,了解所提问题的社会价值,能满足社会的何种需要及价值前景。
酝酿期	在酝酿期要对收集的资料、信息进行加工处理,探索解决问题的关键,这一时期,要从逆向、发散、集中等方面去进行思考,按照新的方式进行加工。酝酿期的思维强度大,困难重重。
明朗期	明朗期也称为突破期,很短促,很突然,是一种猛烈爆发的状态。人们通常所说的"脱颖而出""豁然开朗"等,都是描述这种状态的。这一阶段的心理状态是高度兴奋。在明朗期,灵感思维在起决定作用。
验证期	验证期是评价阶段,是完善和充分论证阶段。这一时期会把在明朗期所获得的结果加以整理、完善和论证,并且进一步得到证实。

(五)创新的意义

创新是人类社会进步的重要途径,具有较强的现实意义,概括来说主要包括以下几方面。

1. 创新是一个民族进步的灵魂,是一个国家兴旺发达的动力

随着竞争的加剧,创新已成为一个国家发展与发达的关键。可以说,创新是一个国家的生命。

第一,从政治角度来看,创新推动生产关系和社会制度的变革。理论创新是社会发展和变革的先导,理论创新会推动制度创新、技术创新、知识创新等其他形式创新方式的发展,进而促使生产关系和社会制度发生变革,实现创新的目的。

第二,从经济学角度来讲,创新推动社会生产力的发展。科学的本质就是创新,科学技术的发展必然导致生产工具与劳动技术的更新,间接提高了劳动者的基本素质,最终促进社会生产力的提高。

第三,从文化角度来看,创新推动人类思维和文化的发展。思维方式的变化受到人的实践方式影响。可以认为,行为方式一定程度上作用于思维方式。文化的改变也需要行为方式的发展与革新,所以创新也推动了人类文化的发展。

创新是民族进步的灵魂,我们需要树立创新意识,不断进行创新。

2. 创新是一个人在工作乃至事业上永葆生机和活力的源泉

创新是一个人在工作乃至事业上永葆生机和活力的源泉,这主要表现在以下几方面。

第一,创新是人的自身需要,创新使人产生改变现实、创造更理想世界的渴望。个人对创新进行观念上的分解和组合,以自己的价值取向选取和重构,创造出有利于人的具有新的结构和功能的观念客体。这一系列的复杂活动,是人类创造力的最重要条件。

第二,创新是人改造世界的实践活动与精神状态的统一。人为了满足日益增长的物质生活与精神生活的需要,总是通过自身的物质生产活动和精神生产活动,不断创造出不同于既存事物的新产品,以充分体验和实现自己的生命价值。创新恰恰是这一目的的实践过程。

3. 创新促成社会多种因素的变化,推动社会的全面进步

创新根源于社会生产方式,它的形成和发展必然进一步推动社会生产方式的进步,从而带动经济的飞速发展,促进上层建筑的进步。创新进一步推动人的思想解放,有利于人们形成开拓意识、领先意识等先进观念;创新会促进社会政治向更加民主、宽容的方向发展,这是创新发展需要的基本社会条件。这些条件反过来又促进创新的扩展,更有利于创新活动的进行。

二、创业概述

(一)创业的概念

创业是指拥有一定的知识、技能和资源的创业者把握住一定的机会创造新企业,从而能够为消费者提供产品和服务,能够为社会创造出财富和价值,做出一定的贡献的过程。

(二)创业的特点

创业也具有显著的特点,概括来说主要包括以下几方面。

1. 开创性

对于创业者来说,创业具有开创性的特点,创业是创业者所经历的一场前所未有的事业,是一种从无到有、从小变大的过程。

2. 自主性

对于创业者来说,创业具有自主性的特点,因为在创业过程中,创业者要自主决定创业中的各项要素,如计划、资金、团队成员等,并且对于创业过程中存在的各种风险,创业者也要自主承担。

3. 发展性

创业也具有发展性的特征,因为创业是一个不断发展变化的过程,创业过程中的每一项决策都有可能导致创业的不断发展。

4. 艰辛性

对于创业者来说,创业充满了艰辛,在创业过程中充满了太多的不确定因素,这些不确定因素都有可能会给创业带来风险,只有创业者具有良好的素质,才有可能取得创业的成功。

5. 经济性

创业也具有经济性的特点,这主要表现在以下两方面。
第一,创业可能会为创业者带来良好的经济效益。
第二,创业会为社会提供一些就业岗位,从而为社会创造财富。

6. 社会性

创业具有社会性的特点,因为创业是在社会中进行的,它可能会为社会创造巨大的财富和产生巨大影响。

7. 不确定性

在创业的过程中,创业者有可能会遇到各种各样的困难,这些困难都具有不确定性,不确定性越高,创业者所遇到的风险性也就越高。

8. 风险性

在创业过程中,有很多的不确定性,比如人员、资金、决策等,这种不确定性导致创业中存在各种各样的风险。

(三)大学生创业的影响因素

概括来说,影响大学毕业生创业的因素主要包括以下几方面(表1-2)。

表1-2　大学生创业的影响因素

影响因素	内容
个人因素	将个人的性格、气质和特长与创业项目结合,会极大地提升创业成功的可能性。很多创业成功的人士都是从他们的爱好和特长出发开始创业脚步,最终取得成果的。
家庭因素	第一,家庭因素会对大学生的创业选择带来一定的影响,如果家庭条件好,大学生就有可能得到较多的资金和其他方面的支持,创业的欲望和动机也会比较强烈,而如果大学生的家庭条件不好,则大学生可能会考虑是否应该先就业为家庭解决一些负担,而如果选择创业,这些大学生得到来自家庭方面的支持会比较少,大学生可能会承受更多的压力。第二,父母的价值观对大学生的创业也会造成一定的影响,如果父母能够以平常心来看待子女的创业,为了孩子的创业选择能够给予鼓励和支持,那么大学生可能会以积极的心态去处理在创业过程中遇到的各种困难和问题,创业也比较容易取得成功;而如果父母总是担心子女在创业过程中遭遇失败,对于创业的子女常常耳提面命,那么他们的子女在创业过程中可能会蹑手蹑脚,怕这怕那,遇到挫折时也不能够以积极的心态去面对,那么他们很难取得创业的成功。

续表

影响因素	内容
学校因素	近年来,各高校已经注意到学校教育对大学毕业生创业的影响,并推出了有针对性的措施和各种教学、训练活动,这对大学生创业起到了直接的推动作用。另外,学校的教学活动,尤其以创新为主题的教育教学改革也在潜移默化中起到了积极作用。
社会因素	社会因素对大学生创业的影响主要体现在两个方面: 第一,政府出台的与大学生创业相关的各种优惠政策、法律保护措施以及风险投资机构提供的各项支持; 第二,大学生创业的社会舆论影响。年轻的大学毕业生从众心理较强,在行动之前往往会参考周围同学朋友对创业持有的观念,尤其愿意听取已经有创业成功或失败经历的大学生对创业的看法,然后再决定自己的行动。

(四)大学生创业面临的机遇

1. 国家为大学生创业提供了有力的政策支持和制度保障

国家为了鼓励大学生创业,出台了许多利于大学生创业的相关政策和文件,为大学生提供了资金和技术等方面的支持,对大学生创业具有积极意义。

2. 国家产业结构调整为大学生创业提供了机遇

当今社会,国家正在进行产业结构的调整,鼓励新兴产业的发展,这就为大学生创业提供了良好的机遇,在这一背景下,大学生的创业门槛低、创业成本也比较低,这都为大学生的创业提供了机遇。

3. 良好的舆论支持和价值引导

目前,在党和政府的支持下,社会广泛认同创业,也支持创业,这为大学生创业提供了良好的舆论支持和价值引导,对大学生创业具有积极意义。与以往相比,目前的高校也比较重视对大学生进行创业教育,这也为大学生创业提供了良好的条件。

(五)大学生创业面对的挑战

机遇总是和挑战并存,目前,大学生创业面临的挑战主要包括以下几方面。

1. 政策配套和政策落实有一个过程,创业环境有待改善

虽然近些年来国家相继出台了一些鼓励和指导大学生创业的相关政策,但这些政策在一些部门之间相互配合时需要一定的时间,有时因为某些部门的原因,不能很好地将这些政策予以落实,从而造成了各部门之间无法正常配合的情况,甚至在某种程度上对大学生的创业活动造成了一定的制约。所以说,政策的配套和落实需要一个过程,大学生的创业环境仍然有待改善。

2. 大学生创业的经济环境有待改善

目前,金融危机对我国不少行业都造成了一定程度的影响,既包括实体经济,也包括虚拟经济,在这种情况下,大学生的创业经济环境仍然比较严峻。

3. 大学生自身存在的不利因素

(1)资金缺乏

大学生创业过程中,创业启动资金是最大的障碍,许多有创业意向的大学生,由于缺乏启动资金而不得不望而却步。

(2)缺乏市场的销售渠道和营销经验

大学生长期生活在校园里,所以缺乏对市场销售渠道和营销经验的了解,营销渠道和经验对于一个企业的发展来说非常重要,所以,如果大学生想要自主创业,就要从大学时期开始关注这方面的内容,利用一切可以利用的渠道去获得相关的营销经验,了解市场销售渠道,为自己未来的创业做好充足的准备。

(3)缺乏对企业的管理经验

一个企业要能够正常运行,不仅要有好的项目、资金保证,还必须要有丰富的企业管理经验。很多大学生创业者创办的企业之所以走到十字路口而徘徊不定,主要原因之一就是缺乏企业管理经验。

(六)大学生创业应处理好的几个关系

1. 创业与毕业的关系

大学生自主创业可以发挥年轻、充满激情、创造力强的优势,不过必须要踏踏实实从点滴做起。面对日趋严峻的就业形势,毕业即创业是当前大学生就业过程中积极倡导的一种就业选择。一些具备创业条件、有强烈创业欲望的大学毕业生,选择毕业后自主创业的途径,不仅不为社会增加就业压力,而且为他人提供更多的就业机会,这不失为一种明智的选择。

2. 创业与学业的关系

在校大学生创业是其参与社会实践的一种方式,目的应该是促进学业。若把创业简单理解为当老板、赚大钱,把主要精力放在创业上,一味追求短期效益,忽略了自身知识和能力的锻炼提高,是一种舍本逐末的行为,其结果将落得学业和创业两手空。因此,在校大学生的创业定位很重要,应以创业、学习两不误为前提。同时,人生每个阶段都有一个主要的任务,如果学习阶段不抓住机会,将会耽误自己一辈子,而创业机会在毕业后还会有很多。因此,在校大学生对创业不应草率效仿。从长远来看,学业是创新、创业的基础,只有打好深厚扎实的知识和能力基础,才能真正有利于自身的发展。因此,在校大学生创业首先应从增长知识、提高能力上入手,以此为基础在学有余力时再去创业。对少数学习特别优异、科研成果突出,并崭露头角的学子而言,边读书边创业是一种理想的选择。但由于又要完成学业,又要创业,时间和精力上需要相当大的投入,面临的困难显而易见,有时会顾此失彼。

3. 创业与就业的关系

有人说,创业是自己做老板,从事自己创造出来的工作;就业是当打工仔,只能帮别人工作。这是一种错误的说法,它只是着重于创业与就业之间的区别,而没有看到两者之间的密切关系。其实,就业是创业的基础,人们在就业中培养自己的工作能力,提高业务水平,可以为日后的创业做好准备。创业一方面能实现自我就业,另一方面能向社会提供就业机会。但是有些人并不能正确地认识创业与就业之间的关系,认识不到就业是自己创业的基础,个人也可以在就业中创出属于自己的业绩,因而他们在上岗就业之后就表现出无心进取、无责任感、私心严重、自由散漫等毛病。其实,就业对大多数人来说都是必需的。因为只有通过就业,才能在社会中找到自己的位置,在对社会做出贡献的同时获得自己生活的来源。每个人都应有爱岗敬业和艰苦奋斗的精神,而这种精神正是创业的基础。

三、创新与创业之间的关系

(一)创新与创业的契合

虽然创新与创业是两个不同的概念,但这两个概念之间却存在这一定的联系。奥地利著名经济学家熊波特认为,创新是生产条件和生产要素之间的一种新的组合,这种组合使原来的成本曲线得到不断更新,由此会产生出一种超额利润或者是潜在的超额利润。从这一方面来说,创新与创业活动在本质上具有一定的关联性。可以说,创新是创业的基础,创业推动着创新。从总体上来说,科学技术不断发展,人们的思想观念也在不断更新,这些都导致人们的生产和生活方式发生一定的变化,由此引发出了一些新的生活活动等的出现,从而为社会带来了一些新的需求,正是这些需求的出现,才导致创业活动的不断涌现。不管是哪种类型的创业,主动性都是创业者的一种显著特征,正是因为有了主动性,才使得创业过程中能够最大程度地创新,因为只有更多的创新,创业才有可能取得较大的成功。

(二)创业与创新的相互作用

1. 创新是创业的本质与源泉

对于创业者来说,必须要具有一定的创新意识和创新思维,只有这样,才能不断产生新观念和新想法,才能不断探索出新的创业模式,从而在众多创业者中脱颖而出,取得创业的成功。

2. 创新的价值在于创业

从一定程度上来讲,创新的价值就是在于将潜在的知识和能力等转化为现实的生产力,从而能够为创新的主体创造价值,为社会创造财富,而实现这一目的的重要手段便是创业。通过创业,创业者可以将自己的知识和能力等转化为现实的生产力,从而为自己和社会创造价值,但需要注意的是,在创业的过程中,创业者一定要有不怕艰难险阻的精神,遇到困难和挫折时要努力克服,只有这样才有可能取得创业的成功。

3. 创业推动并深化创新

创业可以推动一些新产品和新发明的出现,从而推动并深化创新,能够推动创新活动不断出现,对整个国家的经济增长具有重要意义。

第二节 我国大学生创业现状与存在的问题

一、我国大学生创业现状

(一)我国大学生创业的时代背景

1. 世界经济步入大数据时代

所谓大数据时代,是指随着互联网的发展和云计算的产生,数据渗透到当今世界的每一个行业和业务职能领域,已经成为重要的生产要素。2012年开始,大数据以及大数据时代等概念进入人们的生活,成为备受关注的经济话题。大数据时代的到来给创业带来了显著影响,概括来说主要表现在以下几方面。

第一,数据挖掘和应用本身成为创业的重要领域。如阿里巴巴集团在经营淘宝、天猫等网络交易平台,支持众多中小企业完成网上交易的过程中,也积累了大量的消费者信息数据,对这些数据的挖掘成为重要的新型商业领域。为此,阿里巴巴集团于2012年7月宣布设立首席数据官,专职负责推进数据平台分享战略。

第二,重视商业数据的积累成为创业企业获得核心竞争优势的重要内容。由于数据成为重要的生产要素,现代经济的很多规律均体现在庞大的商业数据之中,如果不掌握这些数据,最终将难以获得核心技术知识,从而失去核心竞争力。

2. 互联网成为创业国际环境中最重要的物理支撑

随着互联网的快速发展,网络化仍然在以飞快的速度向更多经济领域拓展,成为影响创业的重要因素。

第一,网络在实体经济领域的拓展性应用,成为当今创业的重要领域。除了我们已经熟知的网络销售、网络书店等业务外,一些传统服务领域辅之以网络也实现了升级和发展。

第二，网络技术本身的不断发展和升级，开辟了许多新的创业空间。互联网是当代创业国际环境中重要的物理支撑；哪里网络发达，哪里就将成为创业最为肥沃的土壤，哪里就将孕育更多的企业。

3. 如今的时代是知识经济时代

知识经济是指建立在知识的生产、使用和分配基础上的经济，知识经济已经成为人类社会新的经济增长方式和经济发展模式。知识经济具有显著的特点(图1-1)。

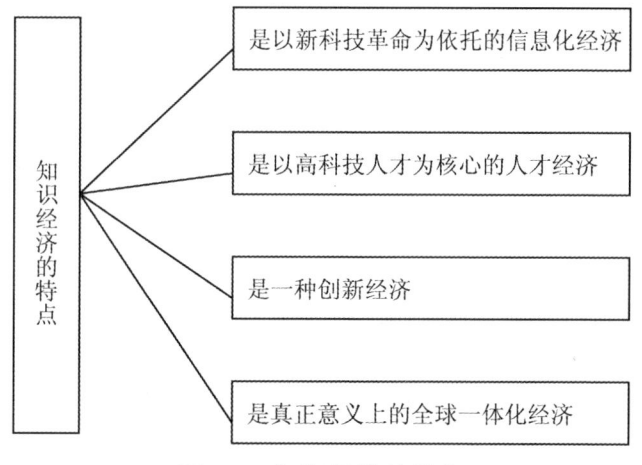

```
                  ┌─ 是以新科技革命为依托的信息化经济
知识经济的特点 ────┼─ 是以高科技人才为核心的人才经济
                  ├─ 是一种创新经济
                  └─ 是真正意义上的全球一体化经济
```

图 1-1 知识经济的特点

(1) 知识经济时代创业活动的功能

第一，创业是科技创新的扩容器。知识经济能够在一定程度上改变人们的就业方向和结构，而不能从根本上解决就业问题。事实上，在知识经济时代，新创企业可以通过提供就业岗位等来带动就业，这在一定程度上可以有效缓解就业压力，虽然不能从根本上去解决就业问题，但对社会的发展具有了重要的推动作用。

第二，创业是科技创新的加速器。知识经济时代的创业可以将先进技术等转化为现实生产力，从而推动新产品和新服务的不断涌现，对推动经济增长和国家发展具有一定的促进作用。创业是新知识和新技术等变为现实生产力的转化器，新企业要想在激烈的竞争中站稳脚跟，就必须要采用一定的先进技术和科学的手段。

第三,创业是经济发展的原动力。在知识经济时代,无论是发达国家还是发展中国家,创业都在社会中广泛存在,正是有了创业活动,人们的各种需求才能得到满足,社会才能得到发展。

第四,创业是社会进步的推动器。创业活动丰富了市场,提高了人们的生活质量和水平,对于社会的稳定与和谐发展都具有一定的推动作用。

(2)知识经济时代创业的关键要素

第一,持续创新,拥有自主技术。

第二,技术引领市场,挖掘潜在需求。

第三,兼容并蓄,快速改革。视变化为机遇,把握市场方向和需求,抓住变革的方向和节奏并予以快速响应,才能在不断变化的环境中取得成功。

第四,拥有全球化的胸襟与眼光。具体表现在两个方面:一是要有融入全球化的勇气,二是要有全球布局的思维。

(二)我国大学生创业的基本状况

1. 创业意向强烈

在大学校园中,很多大学生想开一家属于自己的小店,想办一个自己的工作室,这就属于具有创业意向。目前,很多高校都将培养大学生的创业意识和思维作为高等教育的重要目标,还开设了关于创业的相关课程,为大学生提供创业方面的相关支持。目前,大学生创业已经被社会中的大部分人所接受。

2. 创业领域多选择低风险行业

大学生在创业时一般会选择一些低风险的行业,如餐饮行业或者是销售行业,这两种行业一方面门槛比较低,另一方面所需要的资金比较少,创业风险相对较低。大学生在创业时选择这样两种比较容易上手的行业,这一方面说明大学生还不够成熟,对于风险的承受能力较弱,另一方面也可以看出资金对于大学生创业具有重要作用。

3. 创业成功率低

虽然大学生的创业热情比较高,但很多大学生由于缺乏社会经验、资金以及人脉等,创业成功率非常低,所以,对大学生进行创业教育,使其具有一定的创业知识和能力是非常重要的。

二、我国大学生创业存在的问题

我国大学生创业存在的问题主要包括以下几方面。

(一)缺少创业的基本知识和能力

很多大学生认为创业非常简单,认为只要有一点资金,然后租个门面,找个地方进点小商品,就是创业活动,殊不知,创业涉及资金、市场、财务管理等各方面的内容,如果这些方面的内容没有掌握好,创业很难取得成功。所以,对于在校大学生来说,大学期间的学习不仅仅是要修完本学科的课程,还需要为自己以后的创业活动积累知识和能力,只有具备了一定的条件和能力,才有资本去谈论创业。

(二)创业项目缺乏技术含量

许多大学生由于资金和能力等各方面条件的限制,常常选择一些门槛低的行业进行创业,比如餐饮业和销售业等,但这些行业由于缺乏技术含量,和其他行业相比太过于大众化,所以市场潜力比较小,很难获得长久的发展。

(三)缺乏启动资金

足够多的创业资金能够为创业者带来强有力的经济支持,在资金的支持下,很多创业者能够将自己的想法付诸实践,让理想变为现实,但对于大学生来说,他们还没有迈入社会,没有太多的资金支持,虽然社会上对大学生的创业活动给予了很多支持,但有时由于条件及程序的限制,很多大学生仍然不能获得足够的资金,结果导致很多大学生由于缺乏创业资金而最终放弃创业。

(四)高校对创业教育重视程度不足

创业教育一词虽然早在 20 世纪 80 年代就已经被提了出来,目前很多高校也开设了创业教育的相关课程,但创业教育的课程仍然不能与学术教育课程一样被高校所重视,很多高校对大学生创业教育的程度不够,所开设的创业教育课程也没有系统性,高校对创业教育的重视程度不足,这就导致了大学生在大学期间很难学到系统的创业教育课程,在大学期间所积累的创业知识也不能满足其创业的需要。

(五)缺少专业的教师团队

目前,很多高校都开设了与创业相关的课程,但却并没有为这些课程配备相关专业的教师,有很多课程的教师都是由就业中心的指导教师担任的,有的学校甚至还让毫无创业实践经验的辅导员担任创业教师。由此可见,很多高校创业教育教师的水平不高,这样的教师是不可能教出具有良好创业知识和能力的学生的,所以,高校应该重视对专业教师团队的建设。

(六)学生创业服务平台不够完善

完善的创业平台和有效的创业载体是大学生创业的有力保障,但目前,我国很多高校并没有为大学生建立良好的服务平台,大学生在校内接受创业实践的机会少之又少。另外,还有很多高校所提供的创业实践基地规模较小,这就导致了很多大学生根本就没有机会进入创业实践基地,一些大学生也因为缺少创业实践等而放弃了创业的想法。

(七)创业帮扶力度不够

对于创业者来说,资金具有重要作用,没有资金,什么事都干不成,虽然目前国家出台了许多支持大学生创业的政策和资金支持,但中央财政用于支持中小企业的资金与大学生创业所需要的资金相比,相差很大,很多大学生不得不通过申请创业资金来实现自己的创业梦想,但是在申请创业资金的过程中会困难重重,而且所需要花费的时间比较多,最终能否申请下来还是未知数,而且即使申请下来了,额度也比较小,所有这些问题都阻碍了大学生的创业活动。

三、提高大学生创业能力的策略

(一)从学生自身方面来说

大学生可以从以下几方面着手来提高自己的创业能力。

1. 认真学习专业课知识和创业知识

大学生在校期间应该认真学习好自己的专业课知识,这样可以提高自己的专业素质,在以后创业时就可以有比较多的选择空间,另外,大学生如果打算自己创业,那么在大学期间还应该尽可能多地学习与创业相关的知识,提高自己的创业能力,还应经常关注国家的创业政策等,以便为自己的创业做好充足的准备。

2. 要不断提高自身的综合实践能力

大学生在高校期间应该多参加一些社会实践活动,除了学校所提供的实践活动外,大学生也可以通过做兼职、实习等途径去参加社会实践活动,从中积累宝贵的经验,以提高自己的创业能力。此外,大学生还应该重视提高自己的心理素质,因为如果没有良好的创业心理素质是无法应对创业过程中所遇到的各种困难和挫折的。

(二)从高校方面来说

1. 加强大学生的创业实践教育

高校应努力为大学生多提供一些创业实践的机会,另外,还需要通过正确的方式引导大学生参与其中,积累宝贵的经验。

2. 加强大学生的创业心理素质培养

在创业过程中,大学生不可避免地会遇到一些困难和挫折,这就要求大学生一定要具备应对这些困难和挫折的能力,具有良好的心理素质,所以,高校在对大学生进行创业教育的过程中一定要重视对大学生进行心理素质教育,只有具备了良好的心理素质,才能使其在遇到困难时能够用良好的心态去处理各种压力和问题,创业才有可能取得最终的成功。

3. 加强培养大学生的创业能力

高校要加强培养大学生的创业能力主要表现在以下几方面。
第一,高校要努力为大学生提供良好的创业机会。
第二,高校要结合目前实际情况为大学生开设比较实用的创业课程表。
第三,正确引导大学生决策,提高创造力。

4. 积极搭建大学生创业平台

高校应该明确自己的职责,努力为创业大学生提供基金申请、税务、法律咨询、行业背景研究及项目投资分析服务等一系列服务,努力对创业者起到帮扶的作用。

(三)从政府方面来说

从政府方面来说,可以通过以下几种途径来提高大学生的创业能力。

1. 政府加大资金投入

政府可以通过创立创业资金和创业贷款的方式加大对大学生创业资金的投入力度。

(1)创业资金

第一,对于符合一定条件的大学生创业项目提供无偿资助。

第二,用于大学生创业项目的小额贷款担保。

第三,大力支持大学生创业计划,鼓励其中优秀项目市场化。

(2)创业贷款

政府在为大学生提供贷款时,应该简化手续,提高办事效率,尽量缩短大学生取得创业资金的时间等。

2. 完善创业融资政策,开拓创业融资政策新渠道

对于大学生来说,融资难是制约其创业与否以及成功与否的重要因素,因此,政府应该不断完善创业融资政策,努力开创融资渠道,为大学生的创业提供强有力的支持,概括来说,政府方面可以从以下几方面来努力。

第一,借鉴他国的一些比较成功的经验,通过综合高校、政府以及社会各界的力量为大学生创业提供良好的融资渠道。

第二,可以根据实际情况进一步提高中小企业资金的信贷额度。

第三节　我国高校创新创业教育的现状与发展趋势

一、创新创业教育的内涵

(一)创新创业教育的概念

1. 广义的创新创业教育

广义的创新创业教育就是要培养具有创新精神的人,其本质是为了培养学生的创新素质,最终目的是为社会培养具有创新创业素质的人才,使其更好地为社会服务。要想更好的实现创新创业教育,关键是怎样在整个教育体系中融入创新创业教育的相关内容,使这些内容能够更好地被大学生

所掌握。

2. 狭义的创新创业教育

狭义的创新创业教育就是让大学生从就业者变为创业者,培养大学生创造性地开展工商业活动的教育。

(二)创新创业教育的目标

1. 创新创业教育的总目标

创新创业教育的总目标是培养大学生的创新创业意识,使大学生在校期间具有创业方面的实践经验,重视实施高校创新创业教育的过程和质量,通过鼓励学生参加各种社会实践和各种竞赛来提高创新创业教育的效果,以保证学生能够在创新创业教育中有所学,有所用,从而能够为以后的创业奠定良好的基础。

2. 创新创业教育的具体目标

(1)提升大学生的专业能力素质

它要求大学生除了要掌握专业知识外,还要掌握经济学、法学、管理学等方面的知识,并且还要具备良好的心理素质等,即要具有良好的专业能力素质,要做到这些,大学生就必须在大学期间认真学习相关知识,并且能够在需要时对所学的各类知识进行综合运用,将其很好地运用到创业过程中去,大学生创业能力素质的强弱对大学生创业成功与否具有重要影响。

(2)提高大学生的思想政治素质

大学生的思想政治素质在大学生的创新创业教育中具有重要作用,良好的思想政治素质有利于大学生创新意识的培养,有利于大学生树立正确的创业观念,也有利于大学生可以将国家与集体的利益和自己个人的兴趣爱好等结合起来,从而形成与社会相适应的各种素质和能力。

(3)培养大学生的创业心理素质

创业心理素质包括大学生拥有良好的心态,具有承受困难和挫折的能力,在遇到困难和挫折时能够主动调整好自己的心态,用积极的态度去面对。对于大学生来说,一定要具有良好的创业心理素质,从而形成独立思考,用于承担责任的本领,从而提高自己的创新创业能力。

(三)创新创业教育的功能

创新创业教育是一个完整的系统,具有以下几方面功能。

1. 深化教育改革

对大学生进行创新创业教育有助于打破传统教育观念的局限,对发挥课堂教学的启发性和开放性,培养出具有开拓精神的大学生具有重要的意义,由此可见,大学生创新创业教育具有深化教育改革、培养与社会发展相适应的人才的重要功能。

2. 服务社会

创新创业教育作为一种具有实践功能的教育活动,对促进经济发展的转变以及建设创新型国家都具有重要作用。一个国家的创新创业教育的水平越高,那么这个国家的社会发展水平和经济效益就会越好。社会培养出的创新创业人才越多,这个社会就会越繁荣昌盛。另外,创新创业教育对于促进就业也具有重要的作用,创新创业教育培养出来的人才在未来的发展过程中有很多会顺利创业,而创业就会为社会提供许多就业岗位,这对缓解就业压力、建设和谐社会等具有重要作用。因此,在我国目前经济社会处于相对稳定的情况下,推动创新创业教育对于维持社会的稳定和建设人力资源强国都具有重要意义。

3. 促进大学生全面发展

创新创业教育是一种以激发人的潜能,培养大学生的创新思维和创新意识,使其树立正确的人生观、价值观和世界观,帮助大学生走向创业成功的一种教育形式。创新创业教育始终坚持以人为本,非常重视个体的个性和特点,帮助大学生正确处理好个人与社会之间的关系,从而不断提高其创造力,为其以后的创业奠定基础。可以说,在创新创业教育过程中,既能够拓展学生的视野,增长学生的知识,还能健全学生的人格,促进大学生全面发展。

(四)创新创业教育的特征

1. 系统性

创新创业教育是一个系统的工程,具有系统性的特点,它的教育过程需要调动一切可以利用的资源才能实现。教育部所颁发的关于创新创业的文件指出,要将高校创新创业教育纳入高校专业教育体系,并且还要制定与之配套的教学计划和学分体系,从而将创新创业教育建设成多层次的、比较立体化的教育教学体系。

2. 灵活性

创新创业教育是一项系统的工程,它的实现需要调动一切可以调动的力量,所以其除了具有系统性的特点外,还具有灵活性的特点。

在创新创业教育的过程中,教育素材的选择和应用会根据教育对象以及教育环境的不同而不同,从而更好地为学生服务,另外,在教育过程中,教师可以通过各种教学手段来灵活设计教学环节,因时制宜,因地制宜,以保证个性化的教育。

3. 先进性

创新创业教育是一种前沿性的教育,具有先进性的特点,它紧扣时代发展的脉搏,发展了创新型国家的相关理论,体现了未来教育的发展趋势。

4. 实践性

在创新创业教育过程中,除了要注重理论知识的教育教学外,还应重视对学生进行实践方面的教育,学生应组织一批有经验的教师,借鉴一些先进的做法,为学生搭建创新创业实践的平台,使学生所学的理论知识能够付诸实践,使学生能够在实践中有所学,从中获得最为宝贵的经验,从而更好地掌握创新创业中所需要的各项本领,使其能够更快、更好地融入社会。所以说,创新创业教育应具有实践性的特点。

(五)创新创业教育的主要内容

1. 创新创业观念教育

创新创业观念教育是对大学生进行的关于创新创业的目标及意义方面的教育,属于思想范畴的教育,对大学生进行创新创业观念教育有利于大学生对创新创业有一个更为全面的了解,使其能够在毕业之后为自己找到一个可以努力的方向,实现人生价值。

2. 创新创业意识教育

创新创业意识教育属于一种普及化程度的教育,是大学生进行创新创业的重要前提,对大学生起到一种导向的作用。大学生只有具有了创新创业的意识,才有可能具备创新创业行动的思想基础,从而激发大学生在创业的道路上不断努力,最终取得成功。

3. 创新创业知识和能力教育

创业知识和创业能力教育是大学生创新创业教育的最基本的内容,大学生只有具备了创业相关的知识,才能在以后的创业过程中灵活地处理遇到的各种问题,创业企业所具有的创业选择空间也比较大;创业者只有具备了创业能力,才有可能去创立新的企业,才能将自己所学的各种创业知识用到实处,才能将自己的创业梦想照进现实,才能在创业过程中遇到各种挫折时用积极的心态去面对,从而努力解决各种问题,也才有可能取得最终创业的成功。

4. 创新创业实践教育

创新创业教育是一项实践性非常强的教育活动,对大学生进行创新创业的最终目的是希望其可以具有创新创业所需要的各种知识和能力,从而在之后的创业中发挥应有的作用。为此,高校应努力将高校的创新创业教育与创新创业实际结合起来,为大学生配备有创业经验的教师,为大学生提供各种创业实践的机会,努力培养大学生的实际动手能力,使大学生能够积累更多的创业实践经验,切实提高他们的创业水平。

二、我国高校创新创业教育的发展阶段

中国高校创新创业教育发展到今天,经历了从起始到多元探索再到快速发展这三个阶段(图1-2)。

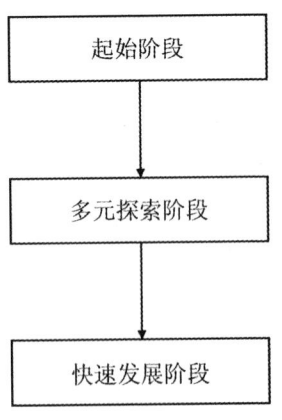

图1-2 我国高校创新创业教育的发展阶段

（一）起始阶段

1998—2001年是我国高校创新创业教育的起始阶段。1998年,清华大学首次举办了"创业计划大赛",成为第一所将创业计划大赛引入中国的高校。1999年,我国第一届"挑战杯"中国大学生创业计划大赛在清华大学举办,同年,国务院发布了《面向21世纪教育振兴行动计划》和《关于深化教育改革全面推进素质教育的决定》,提出加强对高校学生进行创业教育,从此,各大高校开始广泛进行创新创业教育。

（二）多元探索阶段

2002—2013年是我国高校创新创业教育的多元探索阶段。2002年,教育部在清华大学、北京航空航天大学、中国人民大学、西北工业大学、南京财经大学、黑龙江大学、上海交通大学、西安交通大学和武汉大学开展创新创业教育试点工作,这标志着我国高校的创新创业教育进入了多元探索阶段。2010年,教育部下发《关于大力推进高等学校创新创业教育和大学生自主创业工作的意见》(以下简称《意见》)。2012年,教育部出台了《普通本科学校创业教育教学基本要求(试行)》。2013年,教育部下发通知要求高校建立和完善创新创业教育课程体系。因此,各地高校都开始创办具有本校特色的创新创业教育课程,取得了较大成绩。

（三）快速发展阶段

2014—2020年是我国高校创新创业教育的快速发展阶段。2014年,李克强同志提出了"大众创业、万众创新",2015年,《国务院办公厅关于深化高等学校创新创业教育改革的实施意见》(国办发〔2015〕36号)印发,该意见中提出了高校创新创业教育的总体目标。总体目标分三步走,到2020年要全面健全高校的创新创业教育体系。各地高校到2020年必须完成九大任务(表1-3)。

表1-3 国务院2015年提出各高校到2020年必须完成的九大任务

序号	九大任务
1	完善人才培养质量标准
2	创新人才培养机制
3	健全创新创业教育课程体系
4	改革教学办法和考核方式

续表

序号	九大任务
5	强化创新创业实践
6	改革教学和学籍管理制度
7	加强教师创新创业教育教学能力建设
8	改进学生创业指导服务
9	完善资金支持和政策保障体系

近几年来,各高校普遍成立了创新创业学院,或者创新创业教育学院、创业教育学院、创业学院等二级学院或者职能机构,统筹和协调开展了丰富多彩的创新创业教育活动,并取得了很大成绩。为了推动高校创新创业教育的发展,全国和各省广泛开展了"双创教育示范院校"的评选,形成了各地高校大力促进双创教育、力争先进、争当一流的良好态势。

三、我国高校创新创业教育的现状

(一)我国高校创新创业教育取得的成绩

1. 注重创新创业教育开展的层次性

第一,培养大学生的创新创业意识。
第二,提高大学生创新创业方面的知识和能力。
第三,创造一切条件为大学生搭建创新创业实践平台。

2. 构建创新创业教育的有效机制

经过多年的实践,目前我国已经基本形成了创新创业教育的有效机制,主要包括政府的主导机制、社会的导向机制、高校的人才培养机制、学生的能动机制,以及政府、社会、高校、毕业生联动机制等。①

3. 多途径开展创新创业实践活动

创新创业教育是一项实践性非常强的活动,所以,高校应该多途径地开展创新创业实践活动,具体来说,高校可以通过以下几种方式来开展创新创

---

① 王晓红.构建大学生创业教育长效机制的研究[J].黑龙江高教研究,2011(1).

业实践活动。

第一,大学生科技创新活动。

第二,"挑战杯"大学生创业计划大赛。

第三,大学生创新创业社团活动。

第四,社会实践。

4. 将创新创业教育与职业生涯规划指导相融合

对大学生进行职业生涯规划方面的指导有利于帮助大学生更好地认识自我和社会,能够将个人的理想与社会现实紧密结合起来,使其能够更好地规划自己的人生。大学生职业生涯规划贯穿其一生,高校将创新创业教育与职业生涯规划指导相结合,能够分阶段、有重点地指导和帮助大学生明确目标,追求更高层次的人生理想,根据社会发展、建设创新型国家的需要来确立高层次的人生目标,将个人理想投入祖国建设的伟大实践中,自觉接受创新创业教育,懂得只有在报效祖国、服务人民的过程中,才能真正地实现人生价值。

(二)我国创新创业教育存在的问题

1. 我国创新创业教育理念比较滞后

目前,我国很多大学生的创业属于生存型创业,即他们是为了解决自己的生存问题而选择创业,这种创业带有明显的功利性和短期性的特点,很多高校也都明确认识到了这一点,所以很多高校的创新创业教育比较注重对大学生进行技能层面和操作层面的教育,其教育观念还比较滞后,创新创业教育的培养目标比较模糊,教育方式比较简单,教育内容比较凌乱,教育效果相对弱化,全社会对大学生创新创业需要更多的理解和支持。

2. 我国创新创业教育与专业教育结合不密切

扎实深厚的专业知识是创新创业之本,以专业教学为主渠道,不仅可以有效地对大学生进行创新创业教育,而且能够深化教育教学改革,发挥专业课程育人的功能。但是,目前高校的创新创业教育主要由学生工作部门或创新创业指导中心的老师担任,游离于正规教学体系之外,教师的社会实践经验都带有一定的片面性,缺乏系统规划,没有充分拓展学科教育的应用性,没能有效发挥专业教师在专业教学中有意识地强化创新创业教育理念、传授创新创业技能的积极性,所以出现大学生选择创新创业的人数少,成功率不高的现象。

3. 对创新创业教育文化建设重视程度不够

高校的创新创业教育文化建设是高校校园文化建设的重要组成部分，是高校顺应社会发展需要而产生的一种先进文化，加强高校的创新创业教育文化建设的目的是满足高校学生的各种需求，为其健康成长创造良好的环境。目前，很多高校都已经响应国家政策开展了创新创业教育文化建设，但仍有很多高校对创新创业教育文化建设的重视程度不够，在共同营造理想、开放、先进的创新创业文化氛围，并将其内化于大学生的文化心理结构之中做得明显不足。

4. 创新创业教育师资队伍建设有待加强

教师是提高教育质量的根本保障。目前高校创新创业教育师资队伍普遍存在人员不足、专业化水平不高等现象，其原因主要包括以下两方面。

第一，创新创业教育是新兴的课程，受过系统创新创业理论教育的教师本来就不多。

第二，教育部提出创新创业教育要面向全体学生，融入人才培养全过程，师资的紧缺显而易见。

5. 创新创业教育课程比例设置不合理

与国外大学的课程设置相比，国内大学的英语课和思想政治课比例过大，无论何种专业的学生，都要学习两年的大学英语课程，而且占用了大量的课时。英语课又分成精读、泛读、听力和写作等课程。思想政治课同样如此，有思想品德修养、马克思主义哲学、毛泽东思想概论等，课时同样不少。由于目前国内实行大学外语四、六级考试的办法，许多大学对学生过英语四级都有一定的要求，学校根据学生的四级通过率来考查大学英语教学水平。甚至有的学校明确规定不过四级者不颁发学位证书。即使国家教育部规定了大学不能对过四级进行要求，且取消了大学英语四、六级等级证书，以考试成绩单代之，但英语四、六级证书或成绩单依然是学生毕业找工作的重要参考依据。在就业形式极端紧张的形势下，学生只能把大量的精力放在英语的学习上，或者说把大量的精力放在英语四、六级的考试上。许多不擅长学习英语的学生，甚至在四年的大学生涯中，几乎所有的时间都在学习英语，甚至在上专业课时也在学习英语，更不用说全校公共课了，尽管如此，仍有很大比例的学生难以通过英语四级考试。

人的时间和精力是有限的，在大学期间，学生把大量的精力用于背英语单词，准备四、六级考试上，用于专业课程的学习时间必然大量减少，对自己本专业的相关问题的思考不深,何谈综合素质的提高和创新能力的培养?正因为此,国内许多人对目前国内的大学英语现状不满,尤其对英语四、六级考试的做法提出了批判。英语只是一门语言,其基本的语法已经在高中阶段以前的教学中掌握,大学阶段的英语教学更多的只是一种词汇量的增加,非英语专业的学生在英语的学习上花费大量的时间和精力,这是值得怀疑的。

6. 对大学生创新创业心理素质培育欠缺

对于大学生来说,创业是一种全新的开始,在创业的道路上会遇到各种各样的问题,这些问题都需要大学生去进行处理,即使掌握了创业相关知识,但如果没有良好的心理素质,那么创业也不可能取得成功,创业心理素质是制约大学生创业能否成功的关键因素,对大学生进行创新创业教育也应以心理健康教育为前提和保障。目前,高校的创新创业教育注重传授专业知识、创业知识,提高创新创业技能,对大学生从事具有挑战性工作所必需的心理方面的教育较少,不少学生因为心理归因和心理承受能力较差,不能以积极心态对待和解决创新创业实践中遇到的问题。有些大学生经常会因为一些困难就灰心丧气,甚至放弃创新创业。

7. 注重考试的结果,忽视能力提高

国内大学的教学一直以来就有重考试结果、轻教学过程的倾向。学生的学习积极性不高,学生对于日常教学不够重视,更谈不上用心准备、用心学习和认真思考了,学生只在期末考试前抓紧时间背笔记,擅长记忆的学生往往都能考出好成绩,对于文科学生尤其如此。学生不重视日常学习过程,缺少对于本专业相关问题的深层次思考和系统的专业知识的掌握,学习效果差。考试成绩高并不能说明学生对本门课程的掌握程度就高,更不能说明学生对该课程具有一定的创新性思考。

四、我国高校创新创业教育的发展趋势

(一)树立与时俱进的创新创业教育理念

创新创业教育是国际高等教育改革和发展的趋势,更是我国建设创新型国家的内在需求。21世纪是创新创业的时代,从政府到社会再到高校都必须转变观念,与时俱进,积极回应时代的呼唤。社会在高校创新创业教育中起导向作用,要重视发挥社会舆论的引导水平,营造促进高校创新创业教

育发展的积极氛围和宽容大学生创业失败的人文环境。高校作为创新创业教育的主阵地,应努力促进大学生创新创业素质和能力的发展。

(二)加强显性与隐性创新创业教育课程的融合

显性课程是被学校列入教学计划的课程,隐性课程则是没有被学校列入教学计划的课程,显性课程是课程结构的主体和人才培养的主要依据,而隐性课程往往能够发挥润物细无声的教育功效。显性课程和隐性课程相互作用,相互影响,具有非常密切的关系。因此,高校在创新创业教育课程中应注重显性与隐性创新创业教育课程的融合,以保证取得较好的教学效果。

(三)完善创新创业教育的理论和实践两大体系建设

创新创业理论教育体系强调将创新创业教育作为人才培养的重要内容纳入高校人才培养方案中,逐步形成普惠型、提高型、精英型、实战型四个层次的理论教学体系,理论教学既面向全体学生,又有重点地支持有创新创业意向和能力的学生,指导和帮助他们在校期间或未来成功创业。创新创业实践教育体系方面,充分利用各种资源搭建了四个层面的创新创业实践平台,给学生提供更多的体验机会,积累经验。

第一,建立大学生创新创业园,引领全校创新创业实践工作。

第二,建设二级院系创新创业基地,给予必要的帮助和支持,全面开展创新创业实践活动。

第三,加强与产业界的合作,"产学研"结合,丰富大学生创新创业实践活动的形式和内容。

第四,坚持校府联盟,坚持服务社会、区域和行业,争取获得更多的政策、资金、场地和人员支持,提高创新创业教育实践活动的领域、层次和质量。

(四)重视和加强创新创业教育师资队伍建设

第一,加强师德建设。教师的职业道德直接影响教学效果和人才培养质量。加强师德建设重在养成教育,教育广大创新创业教师把教书育人作为首要的职责和中心任务,以优良教风促进学风建设。

第二,建立一支"专家化、专业化、职业化"的创新创业教育队伍,对师资的专业结构、学历结构、职务结构、研究领域有明确要求并不断优化,以提高教师的履职能力。

第三,关注教师的职业生涯规划,力求教师的工作受尊重、待遇有保障、培训有支持、发展有平台,增强教师职业的吸引力,让创新创业教师爱岗敬业,潜心研究教学。

第四,注重创新创业教师队伍的专兼职配备,既有从事理论研究和教学的教师,又可以聘请校外具有丰富创新创业实践经验的工程技术人员和创业成功人士作为兼职教师。

第五,全员育人。创新创业教育不单是高校某些部门和教师的责任,而是高校上下齐抓共管,因此,应注意调动学校领导、全体教职员工以及校友、校企合作单位等校内外一切人员,形成合力,积极参与创新创业教育。

(五)加强创新创业教育与素质教育的融合

素质教育以培养德智体美全面发展的社会主义合格人才为目标,以培养创新精神、社会责任感以及实践能力等为重点。而创新创业教育体现了素质教育的核心观念,赋予了素质教育全新的内容,因此,应加强创新创业教育与素质教育的融合,具体来说应做到以下几方面。

第一,把握好创新创业教育的方向,增强大学生的社会责任感,提高其奉献的精神。

第二,提高大学生的学习动力和能力,培养具有良好创新精神和实践能力的新型人才。

第三,重视和提高大学生身体素质,强化体育锻炼意识,让大学生动起来,身体是革命的本钱,创新创业也需要健康的体魄作为基础。

第四,重视心理健康教育,帮助大学生塑造健康人格,维护积极心态,发掘心理潜能,提高情商和逆商,增强自我效能感,为创新创业教育提供前提和保障,使大学生从容面对具有挑战性的创新创业活动。

第二章 大学生创新创业教育理念及体系建设

创新创业人才的培养离不开科学、合理的教育理念及体系的建设。虽然我国高校创业教育体系在发展过程中积累了丰富的经验,但随着时代与社会的发展,高校创业教育体系依然需要不断进行建设与完善,如此才能跟上时代发展的步伐,培养出适合时代与社会发展的高素养创业人才。为此,本章即对大学生创新创业教育理念及体系建设进行研究。

第一节 大学生创新教育的理念及体系建设

创新教育不仅要培养学生的创造力,还在于唤醒学生的创新意识,训练其创新思维,在创造力的培养中完善创新人格。本节首先会对创新教育的基本知识进行简要阐述,然后对大学生创新教育的理念及体系建设进行研究。

一、创新教育概述

创新教育就是依据创新规律来开发人的创造力、培养创新型人才的教育。

(一)创新教育的原则

1. 启蒙性原则

启蒙性原则,就是将创新教育的实施时间尽可能地提前,启蒙教育是创新教育的起点。我国的教育在启蒙性原则方面较为欠缺,比如,中小学教育确实注重创新,但是,在启蒙方面是欠缺的,这就导致了创新意识无法得以建立;到了中学,这一事实也是如此。从世界范围来说,不管是发达国家还是发展中国家,对包括学前教育阶段的科学启蒙教育在内的基础教育都是非常重视的。这是大势所趋,因此,我们必须在学前教育和小学教育阶段就将学生探索精神、科学态度和方法的培养作为关注的重点。

2. 德育为先原则

创新教育的实施就是为了通过博大的人文精神去熏陶受教育者,使其具有充分的创新能力,并以此来为社会发展作出贡献。创新能力属于中性的,"近朱者赤,近墨者黑",创新能力受到人的情感、道德品质的驾驭和支配。自古以来,对"德"就非常重视。一个人的社会公德和职业道德也是很大程度上影响甚至决定着其事业的成败。因此,对于教育者来说,其在创新教育中应该担负的职责有二:一是应教会学生如何做人;二是教会学生如何思考。创新教育遵循德育为先的原则,向学生传授知识和能力。

3. 主体性原则

以主体性原则为依据,一方面,要尽可能地为学生提供独立活动的机会、时间和空间;另一方面,主体性学习应有"质"的规定性,从实质上来说,主体性学习要求学生在学习方面有显著的积极性、主动性、独立性和创造性。

4. 问题性原则

问题性原则指的是教育者在实施创新教育过程中,以问题为线索,来进行进一步的探究、发现、创新,引导学生不断探索。为此,教育者在实施创新教育教学过程中,要对以下几个方面加以把握。

第一,设计问题时要注意新颖性与层次性。

第二,教育者要让学生通过自己的探索去发现结论和方法,不要直接提供答案。

第三,教育者要充分允许学生提出任何问题,不打击、不忽视,使学生逐步做到想问、敢问和善问。

5. 发展性原则

创新教育以学生身心发展规律为依据,目的是实现大学生的认知和个性发展的和谐统一,是一种发展性教育,所以具有发展性的原则。教育要将学生各方面的发展看作是一个整体的过程,因此,在实施教育的过程中,要将学生的智商发展与情商发展统一起来,将学生人格的健全与认知水平的提高也同样加以重视,不可忽视其中之一。

6. 民主性原则

民主性原则,指在实施创新教育过程中,教师在教育教学中,要发扬民主精神,营造出有利于学生创新的民主氛围。教师要善于将学生的主动性和积极性充分激发出来,还要将师生之间、学生之间民主、合作的和谐关系体现出来。要让学生主动将自己的想法充分表达出来。除此之外,还要提倡学生与学生、教师与学生之间的多向交流、不同观点的碰撞,在创新教育中将其民主性原则充分体现出来。

7. 创新性原则

在创新教育过程中遵循创新性原则应做到以下几方面。

第一,要选择的问题需要是开放性的,以此来尽可能激发出学生的思维。

第二,要对学生思维的流畅性、变通性和精确性进行引导,使其具有一定的灵活性和变通性。

第三,要采取积极鼓励的方式,激励学生大胆运用假设,增大创新的可能性。

8. 开放性原则

创新教育的开放性,就是指创新教育在教学实践中的教学空间要是开放性的。创新教育的实施遵循开放性原则,要求做到以下几方面。

第一,学生在课程中的心态是自由开放的。

第二,教学内容具有开放性。

第三,教师对于学生的开放性思维应具有肯定的态度。

第四,教育方法不应受各种条条框框的限制,应具有开放性的特点。

(二)创新教育的特征

创新教育的特征主要包括以下几方面。

1. 前瞻性

创新教育是一种科学合理的现代教育,更适合人类的进步和发展,是在现实基础上培养创新人才的教育。这里所说的前瞻性,与超前之间是有区别的,只有有规律、有章法、有计划性的超前才是称得上是前瞻性,不能将创新教育的前瞻性特点与那些毫无章法的超前之间划等号。通过具体分析,可以将创新教育的前瞻性理解为:这是一种较高的教学目标,教师和学生通过相互配合、共同努力是可以实现的,同时,这一努力的过程中渗透了世界先进的教育理念、教学方法,同时还与我国的基本国情相结合。由此所得出的教学目标,不仅仅具有显著、引导性和超越性特点,还能保证其可行性,满足现代社会发展以及新课程改革的需求。

2. 全面性

创新教育对教育者的基本要求为:在教育创新过程中,不仅要考虑到学生对本科教材知识的接受程度,更要使学生在关注自身学科知识的同时,更大程度地理解其他相关知识,使学生得到更全面的发展,为他们未来的学习和生活奠定基础。如此一来,学生所掌握的知识能够更加广阔,不仅知识结构得以完善和优化,视野也会因此而变得更加开阔,为以后走入社会创造良好的条件,从而使学生偏科的现象发生的几率减少,对学生学习的积极性的激发也是非常有帮助的。此外,还要在思想上做到全面性,对学生的学习思维以及兴趣爱好加以关注,这会对学生的学习教育产生指向性的作用。教师也要重点关注这一方面,充分了解并把握学生的各方面特点、能力水平,对学生的优点以及兴趣爱好了然于胸,然后以此为依据,对不同的学生进行有针对性和侧重点的引导,以此来有效保证他们的全面性发展。

3. 实用性

实用性是创新教育非常重要的一个价值,也是实施创新教育的最终目的。创新教育作为一种实践创新的教育形式,一定要大力推广和普及,以此来进一步培养创新型人才。此外,在国家建设方面也加以创新,使创新教育的实用性特征得到更加广泛的体现。

4. 时代性

我国的教育形式是随着时代的更替而不断发展的,从最早的私塾,到应试教育,再到素质教育,再到现在的实践创新教育,这一个教育的发展过程也体现出了建设社会的发展历程。学校由被动的教育向"创新性教育"的转变和学生由机械式的学习到"创新性学习"的转变,是教育事业中最重要的两个转变,抓住了现代化教育改革的核心和本质,能够将实施创新教育的鲜明时代性特征反映出来。

5. 超越性

创新教育从本质上来说就是引导学生不断学习和前进,使他们能够努力学习,能够不怕困难,勇于挑战,这就要求教师要积极进行引导,使他们树立崇高的理想和拥有坚定的信念,同样的,教师自身也需要去超越自我、追求更高、勇往直前、不甘落后。

6. 探究性

学生在提倡的学习过程中,只有将其探索的兴趣激发出来,才能使其在主动参与到教学活动中产生动机和动力,学生的思维以及学习能力才能得到真正的提高和锻炼。因此,这就要求教师应当主动鼓励学生参与到课堂当中去,并且充分发挥自身的智慧,对教师在课堂上提出的问题进行思考,并且提出自己的解决方案。对于教师来说,要对学生的思考和积极提出自己的想法进行积极鼓励,从而很好地保护学生的创新性,使学生在积极鼓舞的状态下,更好地进行创新,保证学校创新教育的顺利实施。

7. 应用性

随着社会的发展进步,科学技术的不断更新,新的教育思想、教育手段、教育器材层出不穷,这也进一步拓展了学生的思维、视野,在教学过程中,如果能够科学利用新鲜的教育方法所起到的作用是非常显著的,但是不管创新理论怎样变化,有一点是不变的,即基本目标,其仍然要与教学大纲相贴合,仍然以课程中心思想为参照的重要核心依据。由此,要保证创新教育的顺利落实,与实际教学应用相结合是一种必然,这对于国家的可持续发展也是有利的。

(三)创新教育与传统教育的区别

通常来说,创新教育与传统教育有如下三个方面的不同。

1. 教育目标方面

创新教育的目标是培养具有创造性的学生,与传统教育相比,创新教育在教育目标方面与其有以下几方面的不同。

第一,虽然创新教育与传统教育一样也比较注重让学生积累更多的知识,但不同的是,创新教育更重视的是学生具有合理的知识结构。

第二,虽然创新教育与传统教育一样也比较注重培养学生各方面的能力,但更重视对学生创造能力的培养。

第三,创新教育相信人人都具有创造力,而且这种创造力是可以通过后天的教育而被开发出来的。

第四,创新教育认为应该根据学生的特点将他们培养成不同的人才。

2. 教学原则方面

与传统教育相比,创新教育在教学原则方面具有以下几个特点。

第一,创新教育倡导的是在教学过程中教师教给学生的不仅仅是告诉他们该怎么做,还要知道学生是怎么想的。

第二,创新教育要求教师在教学时应进行的是开放性的启发而不是封闭式的教育。

第三,创新教育要求教师在教学时所传授的不仅仅是知识,还要使学生通过不断学习获得创新性思维。

第四,创新教育要求教师不能简单地让学生去学会真理,还要让学生学会自己去发现真理。

第五,传统教育教学质量的提高依靠的是教师的教学知识和经验,而创新教育教学质量的提高依靠的是教学对教学所进行的科学研究。

第六,创新教育不是搞"题海战术",而是要求学生在学习的过程中多想、多问、多发现问题,启发学生的好奇心,使其能够大胆质疑。

3. 评价学生方面

与传统教育评价相比,创新教育评价具有以下几方面的特点。

第一,创新教育评价学生学习的好坏,不仅仅要看学生对知识的掌握程度,还应看学生对所学知识的运用能力,即学生是否可以通过所学知识去分析和解决各种问题。

第二,创新教育评价需要具有创造性的评价管理,即评价的主体、评价的内容等都应具有创造性,因为创新教育只有在充满了创造性的环境中才能为国家培养创造型人才。

(四)创新教育的主要内容

创新教育的主要内容包括以下方面。

1. 学习教育

学习教育的目的就是教会学生怎样有效地去捕捉知识,掌握学习的方法和技巧。灵感只会光顾那些有准备的头脑。所谓准备,也包括知识准备。但是由于知识总量在不断膨胀,过分强调基础知识,50岁也上不完大学。知识多的人,如果没有创造欲望,就无法创新,而有创造欲望的人知识少一点不怕,他会迅速地去捕捉知识。随着网络技术的不断发展,通过网络进行学习将成为最方便、最有效的学习途径。

2. 思维教育

思维教育的重点是加强培养学生的创造性思维,特别重视对学生想象能力、发散思维等的训练。我国传统的教育忽视了对学生想象能力及发散思维的训练,对学生具有一定的束缚作用,而思维教育就是要开启学生的好奇心,开发学生的创新思维。

创新能力的强弱首先取决于创新性思维能力的强弱,所以加强对学生创新性思维的教育、培养和训练是非常重要的。在思维教育的过程中,对学生的一些奇怪的想法应该多鼓励和赞扬,引导他们大胆想象,这样学生的欲望和好奇心才有可能被激发出来,也才有可能取得成功,具体来说,应该做到以下几方面。

第一,在教育教学的过程中,应该尽最大努力让学生参与进来,鼓励他们多动手、多动脑,不断探索。

第二,鼓励学生摆脱传统观念的束缚,可以一题多解,充分发挥其发散性思维。

第三,应尽可能地为学生提供条件,为其创造出可以自由创造的机会。

3. 人格教育

人格教育的目的是培养学生健全完整的人格。创新能力与人格有着非常密切的关系。从创新教育的角度来说,良好的人格作为人的创新能力发展的动力,塑造好的人格特征,对今后从事创新活动、取得事业的成功具有重要作用。人格健全的学生,其所思、所想和自己的行为能够统一起来,言行一致,他们积极进取,具有积极向上的世界观、人生观和价值观。他们心智健全,勇于面对困难和挑战,具有远大的理想和为之而努力的决心。人格教育应当特别注意帮助学生树立正确的人生观和价值观。应当让学生理解和亲身体会到,对发明创造者而言,工作便是一种无与伦比的享受。发明的目的不仅在于赢得名声和财富,重要的是展示人生的价值,是为社会和人类造福,这是一种最崇高的生活动机。

4. 发现教育

发现教育的目的是培养学生积极探索求知的精神,以及发现新事实、新规律、新问题、新需求、新机遇的能力。发现教育就是要培养学生强烈的好奇心、旺盛的求知欲和敏锐的洞察力,对任何问题都要问一个"为什么",把探索科学的奥秘作为终身的追求,从观察到的大量事实中找出问题的关键所在。要通过发现教育让学生知道,世上还有许多事物的规律尚未被人们所认识,等待他们去观察,去探索和发现。

5. 发明教育

培养学生提出新设想、构造新事物的能力是发明教育的目的。发明教育要做到以下几方面。

第一,要通过大量发明事例的介绍,破除学生对发明的神秘感,相信自己有创造发明的能力。

第二,要教会学生掌握若干发明的技法,特别是缺点列举法、移植法、检核表法等。

第三,要创造条件,使学生在科技小发明、小制作实践活动中不断提高构思和动手的能力,鼓励学生参加各种形式的发明比赛。

第四,要教育学生善于利用前人的发明成果和发明方法做出自己的发明成果。

6. 兴趣教育

兴趣是人们对某种事物或者特定对象的一种喜爱,是人在探索某事或某物时所产生的一种乐趣。这种乐趣能够使人们全身心地投入,有时甚至可以达到忘我的程度,在这种乐趣中,人们可以得到极大的心理满足。兴趣是推动人们学习的动力,当人们对某一事物产生浓烈的兴趣时,就会注意力集中,想一探究竟,此时,人们最容易受到外界的教育。

7. 信息教育

信息教育也叫情报教育,是培养学生获取、整理、储存和运用信息的能力,教会学生充分利用报刊信息、网络信息、视频信息、专利信息和市场信息,进行信息的分析、加工和重组,为创造活动服务。现在老师和家长都很担心学生上网影响学习,互联网以独特的魅力吸引着广大青少年。如何引导学生正确上网十分重要,可以采取以下方法进行。

第一,努力规范网络行为,加强学生自控意识。

第二,规范教学行为,正确引导学生使用网络。

第三,经常推荐一些积极健康的网站。

第四,培养信息异别能力,提高学生网络学习的质量。

8. 艺术教育

艺术教育就是要培养人们对于美的认识和理解,培养其具有艺术的表现力和创造力。而这就要求必须要掌握一定的技能,经过一定的技术训练。事实证明,在创造活动中,科学会促进艺术,艺术也会促进科学。因此,卓越的科学家都有很强的艺术观念,艺术家也很重视科学。艺术教育十分有利于学生创造才能的发展。因此,学校应大力加强音乐、美术等课程的教育,组织多种艺术活动,激发学生的艺术想象力、表现力和创造力。不是艺术专业的大学生,应有意识地多参加一些艺术讲座和丰富多彩的文艺活动,培养艺术素养,促进创造力的开发。

9. 个性教育

个性教育就是通过开展各种各样的活动,及时发现学生的智慧潜能和创造力并加以鼓励和培养,使学生的个性得到充分和谐、健康的发展。事实证明,各种不同类型的创新型人才,其知识结构是不同的。学生正处于成长阶段,所有教育工作者都要懂得爱护、尊重和激发学生的主动性、积极性和独立性,把培养积极进取、各具特色的个性作为教育中的一项重要任务来抓。在保证基础知识教育的前提下,使学生的个性得到充分、自由的发展是培养创新型人才的最有效途径。

10. 未来教育

未来教育的目的是让学生树立面向未来的思想,了解人类社会未来的发展趋势,了解中华民族所面临的机遇和挑战,了解未来社会需要什么样的人才,使学生增强使命感和责任感,改变原有的思维方式,明确今后的前进方向,为创造美好的未来、为中华民族的全面复兴而努力学习。在未来的一二十年中,新技术、新材料、新能源将以更高的速度突飞猛进,我们的教育应该面向未来。如果学生只学习历史课,而不学习未来是不恰当的,应当对学生进行未来教育,树立远大的理想。

二、创新教育的理念

创新教育的理念包括以下内容。

(一)唤醒创新意识

创新意识是在一定的价值观的指导下表现出来的一种创新动机和欲望,它是一种积极的,富有成果性的表现形式,是人们进行创新活动的内在驱动力。创新意识是一种与时俱进的、勇于探索的精神状态,它可以体现在社会生活中的方方面面。一个具有创新意识的人,凡事都敢为人先,敢于探索和创新,总能在生活中发现机遇,他们往往不满足于现实,时刻准备着创新。明确创新意识更细致的内涵,保持求知欲、激发好奇心、培养和挖掘想象力、大胆质疑等,这些都是必不可少的方法。创新意识是现代人必备的素质,是创新活动的起点,没有创新意识,就不会有创新活动。

(二)训练创新思维

创新思维是指个体能够以超乎寻常的方式去解决问题的思维过程,通过这种思维,能够突破常规的思维模式,用超乎寻常的思维方式和方法去处理和解决问题,提出不同的意见和想法,从而产生具有创新意义的研究成果。一项创新成果的取得往往需要经过长期的探索和无数次的失败才能获得,而创新思维这种能力也同样是需要长期积累才能够得到的,训练创新思维还需要经过想象、推理、联想以及知觉等一系列过程,所以,培养学生的创新思维,一定要突破思维定式,拓展思维视野。

(三)完善创新人格

创新人格是指人们在后天的学习中逐渐形成的,在一系列的创新活动中逐渐积累和发展起来的,是优良的理想、信念、道德、意志、情绪等非智力素质的总和,是一个人能够长期持久地、坚韧不拔地从事创造性工作的内在动力,对促进创新成果的生成和创新人才的发展具有极大的促进作用。因为具有创新人格的人,通常具有远大的理想、坚定的信念、高尚的道德、坚强的意志、率富的情感。因此,完善创新人格也是创新教育的重要内容之一。完善创新人格具有内在的规律和原则,具体表现在以下几方面。

第一,早期教育的原则,重视早期的智力开发,情感培养和意志训练。

第二,协同教育的原则,将学校教育,家庭教育,社会教育协同起来。

第三,自我教育和终生教育的原则,强调培养受教育者自尊、自爱以及使其形成乐观的生活态度。

(四)培养创新能力

创新能力是一种由各种能力组成的综合性能力,是指运用所学的各种知识和理论,在不同的领域中提供经济价值、社会价值等各种价值的一种能力。高校应该创造各种条件培养学生的创新能力,以使学生能够在日后走上工作岗位后具有一定的创新自己本职工作的能力,能够为企业带来效益,为社会做出贡献。我国政府在《国家中长期教育改革和发展规划纲要(2010—2020年)》明确提出,必须改革现有的课程设置和专业设置,以创新型人才的培养为目标,对课程体系、教学内容、教学手段等进行系统的整合与优化,开设综合性课程。

三、大学创新教育体系的构建

当前,高校应从观念、机制、模式、方法以及内容等各方面入手,加快基本建设,创新工作的思路,升华教学改革,加强教学管理,努力构建大学创新教育体系。

(一)创新观念

1. 要树立开放办学的大教育观

目前,高校教育被推到了经济和社会发展的第一线,推到了市场竞争与合作的最前沿,这就要求高校必须加强改革力度,树立开放办学的大教育观,只有这样,高校才能提升自己的生存空间,概括来说,开放办学的大教育观具有以下三方面的内涵。

(1)在发展思路和发展模式上。要努力学习和借鉴先进发展思路和模式,努力吸取最优质的资源,加大对社会以及世界的开放程度。

(2)人才培养模式上。在人才培养模式上,要以学生为主体,制定具有较大自主性、选择性、创造性的开放学习制度。

(3)在人才培养目标上。在人才培养目标上,要努力开拓学生的视野,培养具有市场意识、竞争意识和创新意识的新型人才。

2. 要创新思考高校培养目标

当前,各高校应根据自己的实际情况,实事求是,面向未来,制定既符合现实需求,又具有一定的高度和难度,但通过一定的努力能够实现的目标。高校要紧紧围绕学校培养类型和发展定位,正确把握好社会上对各种人才的需求,正确处理好人才供给与需求的关系,科学制定好适合自己高校发展的培养目标,以为社会提供高质量的人才。

(二)创新机制

1. 创新制度建设

加强高校的制度建设是高校教学顺利进行的前提,也是高校实现教学管理目标的根本保证。因此,高校应该根据社会和学生发展的各种需要,及时制定和调整好大学生创新制度。

2. 创新学制和培养机制

创新学制和培养机制应做到以下几方面。
第一,建立弹性的管理制度。
第二,加大选修课的比重。
第三,积极探索学分制。
第四,鼓励学生跨学科和专业选课。

3. 创新内部管理体制

高校的内部管理体质直接关系到学校的声誉和地位,关系到学校培养人才的质量,因此,一定要创新高校内部管理体制,具体来说应做到以下几点。

第一,以理顺体制、活化机制和提高质量为目标,对基层组织教学建设进行创新。

第二,明确职责,推行二级管理,建立好上下贯通、左右协调的管理体制,保证教学质量。

4. 创新质量监控体系

高校教育的质量对学生和社会都具有重要影响,因此,高校必须创新质量监控体系,具体来说,应做到以下几方面。
第一,打破计划管理的传统模式,对课程教学质量体系进行创新。
第二,建立合理的激励和约束机制,加大学生评价的权重。
第三,引进市场调节机制,自觉接受来自社会的各种监督。

(三)创新模式

1. 思想教育的核心地位

对于学生来说,思想教育具有重要作用,联合国教科文组织在《21世纪教育报告》中提出学生要有学术性的、职业性的和证明其事业心、创造性与责任感的"三本教育护照"。① 因此,高校一定要重视对高校学生进行思想教育,具体内容包括对高校学生进行政治信念、世界观、人生观和价值观的教育。另外,还要创造条件对学生进行社会责任和社会公德心的教育,让学生通过各种理论和实践的教育,学会关心自己、关心他人、学会合作、学会创造,从而成长为一个合格的社会所需要的新型人才。

2. 教学管理与改革的全局性地位

教学管理与改革是学校的基础性工作,是保证高校教育培养人才质量的重要手段。高校在加强教学管理的过程中,要不断清楚制约教学过程的一些不合理因素,对一些效果不大、学生不喜欢的教学制度也要及时进行改革。总之,在这一过程中要注意教学管理与改革的统一,要两手抓、两手都要硬。越是在高校推进各项改革的时候,就越要重视对高校教学的管理,只有这样才能保证各项改革能够顺利推进,教学效果能够得到最大程度的提高。

3. 师资队伍建设的战略地位

师资队伍是决定高校人才培养和办学质量的重要因素,因此,一定要重视高校师资队伍建设的问题,具体来说,应该做到以下几方面。

第一,要尊重和用好现有的师资队伍,并及时对其进行培训。

第二,要不断加大对高层次人才的引进力度,以不断扩大高校师资队伍,实现高、中、低各层次人才的合理配置。

第三,可以加大柔性引进力度,如可以通过兼职、挂职以及返聘等形式引进一批教育人才。

4. 教学投入的优先地位

第一,高校要合理利用校内和校外的各种优质资源,扩大自己的资源储备,提高对各种资源的利用度。

第二,在需要的情况下要加大教学资金的投入力度,为高校建设一些基础性的设施,推进高校的现代化进程。

(四)创新方法

当今社会是知识经济时代,在这一时代,人们的知识量迅猛增加,知识

---

① 杨国祥. 论以人才培养为中心的高等教育体系创新[J]. 江苏大学学报(高教研究版),2003(12).

更新速度非常快,单纯依靠个体大脑储存的方法来应对现代社会中存在的各种竞争已经不能适应社会发展的需要了。因此,高校一定要重视对学生进行智能培育,处理好基础内容和应用内容的关系以及传授知识与培养智能的关系,在加强对学生进行基础知识教育的同时努力培养学生学习和接受各种知识的能力,重视培养学生掌握各种有用的知识和技能,因此,高校要确立"智能教育"的理念,创建自主性、研究性教学模式。

(五)创新内容

1. 课程建设

第一,不断优化课程结构,具体来说,在学好主干基础课和通选课程以及专业课的基础上,积极去学习其他学科中的各种知识,通过不断积累,努力提高学生的文化底蕴。

第二,要设置和完善包括大学英语、中国文化、演讲与口才等课程在内的通识教育课程体系,培养学生的综合素质和能力。

2. 专业建设

第一,高校要合理配置相关资源,在优化和整合现有资源的基础上,加强交叉和综合渗透,增加一些有特色的,比较实用的专业类型。

第二,专业的设置必须与当前的科学发展水平以及经济体制和就业体制相适应,紧密结合区域经济建设,面向地方的支柱产业、服务业以及高新技术产业等,加快专业特色建设。

第三,努力通过各种技术手段和方法改造和优化高校原有的传统专业,使其更加符合社会现实需要。

3. 学科建设

学科建设是一所高校办学特色的主要体现,是其核心竞争力所在,因此,高校一定要加强学科建设,具体来说,应该做到以下几方面。

第一,保持并不断发展本校的传统学科,另外,还要根据自身特点和优势,不断吸纳国内外最新的研究成果以及相关学科的最新知识,加强交叉和渗透,以不断提高自身的竞争力。

第二,根据地方的经济结构以及地域共同的需求,不断加强高校的应用型学科建设,促进学科建设与区域建设的结合,推动产业化进程,坚持学科、专业与社会需要相统一的原则,在实践中不断提高教育水平。

第二节 大学生创业教育课程体系建设

一、大学生创业课程设置的指导思想

(一)充分落实教、管结合的育人思想

教师的主导性和学生的主体性这两者作为创业教学的两个方面,相辅相成、相互促进。因此,这就要求必须正确认识教师的主导性和学生的主体性,师生要密切合作才能共同推动学校创业教学的发展。创业教学一个非常重要的意义就在于将规则明确下来,对纪律提出严格要求,教导学生应该做什么,不该做什么;什么时候适合做什么事,这也是有序开展创业教学活动的基本保证。在创业课堂上,学生遵守纪律,学习知识,按规则允许的范围完成动作,这样都能增强个人的学习体验。这一种学习体验对于学生将来毕业走上社会也具有重要的意义。

(二)重视风气教育

风是学风、教风、校风,具体表现为校园舆论、价值观念、学生行为准则、道德规范等,这些都是由学校中的师生共同享有的。学校各学科的教学都在长期实践中形成了自身独特的"风气",创业学科的教学同样如此,我们可以将学校创业"风气"理解为校园创业文化,其所具有的育人功能非常强大。创业教学中,对学生创业兴趣与创业参与积极性的培养非常重要,只有学生对创业感兴趣,才能在创业课上自觉配合,课后自觉参与创业活动,并在日常生活中关注创业相关内容,久而久之,形成良好的创业锻炼习惯,并通过锻炼达到强身健体、提高心理素质、增强意志品质的目的。

(三)重视示范教育

创业教师本身就是学生的审美对象,他们的一言一行都有可能被学生所模仿,对学生具有潜移默化的影响,所以,创业教师一定要注意自己的一言一行,要给予学生必要的引导,为学生做好示范。

(四)遵循一定取向

1. 忠实取向

创业课程的实施过程其实就是将已经制订好的创业课程方案予以执行的过程,这个过程中必须做到忠实,忠实地执行方案,能够使课程的实施有条不紊地进行,减少出差错的概率,也能避免遇到问题后手忙脚乱,无法应对与处理。从创业课程实施的这一取向来看,创业课程能否成功实施,要看创业课程方案的实现程度如何,如果实现程度高,那么成功实施的可能性大,而如果实现程度低,那么就会影响课程的顺利实施。我们强调忠实地执行课程方案,并不是说一定要按部就班,在具体实施过程中还是要根据实际情况灵活调整的,必要时要进行一些改革与创新,从而达到比预期更好的效果。

2. 相互适应取向

在创业课程方案的实施过程中,实施主体要与实施情境建立相互适应的关系,以学校或教学对象的实际情况为依据调整课程方案中的因素,使之与学校情境相适应。除此之外,还要改善教学情境来适应创业课程方案,从而创建良好的教学情境,促进创业课程计划的顺利实施,实现预期的教学目标。

3. 创生取向

在一定的教学情境中,创业教师与学生共同参与创业课程的实施,并在这个过程中共同缔造有价值、有意义的教学经验。师生缔造经验需要在一定的材料基础上进行"再造",这个材料就是创业课程方案或创业课程计划。创业教师与学生按照已经制订好的课程计划开展教学活动,实现教学目标,在整个过程中不仅学生能有所收获和进步,创业课程体系本身也会渐渐完善。创业课程方案是非常重要的教学资源,这是创业课程顺利实施的重要基础。

二、大学生创业课程设置的要素分析

(一)课程设计特征

1. 根据学生发展的需求和身心特征确定课程目标

创业课程根据创业与健康课程的学习目标和内容性质,设置了运动参与、运动技能、身体健康、心理健康与社会适应四个方面的学习目标,然后再根据不同年龄学生的身心发展特征、由低到高的发展顺序,将基础教育阶段的 12 个年级划分为水平一至水平五,并在此基础上设置了发展性的水平六,在每个水平上设立了更加明确和具体的水平目标。学校和创业教师根据教学的需要,在设置学年目标、学期目标、单元目标、课时目标时,通过替代、拆解、整合的方式,一步步将目标细化,最终将课程目标落实到每一节课中,从而实现"以学生发展为中心"的理念。

2. 根据课程目标、学生兴趣以及课程资源选择教学内容

在"目标引领内容"的理念下,创业教师在选择教学内容时,有了更大的空间和自由,特别是那些经济发展水平较低、学校创业环境较差和教学设施建设落后的学校中的教师,可以结合当地特色,研究在现有条件下如何达到课程目标、如何激发学生的学习兴趣,如何利用和开发现有教学资源来达到教学目的,开展丰富多彩的创业课程教学。

(二)课程教学方式

1. 强调自主学习

创业课程强调的自主学习更多注重的是学习的主体性,强调的是学生自觉、主动地参与学习活动,获得持续的学习动力,形成良好的学习态度,获得较强的学习能力。在现代创业课程教学中,创业教师越来越注重给学生的自主学习提供机会,创造良好的学习环境,提供充足的时间和自由的空间。比如,教师会引导学生尝试不同的力量练习方式,用不同的器械锻炼肌肉力量,从而达到增强力量素质的目标。此外,创业教师关注学生自主学习还体现在课堂教学结束后教师引导学生评价自己的学习成果,引导学生之间相互评价。

2. 鼓励探究学习

探究学习方式有助于对学生的判断能力、分析能力及质疑精神进行培养,也能促进学生探索意识与创新意识的增强。主动性的探究学习方式与被动性的接受学习方式相比,其体验性更强,实践性更鲜明,对学生实践创新能力的培养具有重要作用。

3. 注重合作学习

对学生来说,合作学习是激发灵感、增加学习收益、加深学习体验的有

效方式。随着创业课程教学的不断发展,合作学习方式越来越受创业教师和学生的青睐。需要说明的是,合作学习不等于分组学习,将学生划分成若干学习小组的方式是可以培养学生的沟通合作能力,但这并不是合作学习的全部,只是其中的一种形式而已,除此之外,组建学生队伍参加比赛也是锻炼学生合作学习能力的一种重要形式与途径。

(三)课程教学主体

1. 挖掘与培养学生潜能

每个学生都有自身的个性特点和潜能,通过一定的手段的利用,学生的潜能就能被挖掘与开发出来,创业教师要坚信这一点。学生的众多潜能中包含创新潜能,这是一个非常重要的潜在能力,直接教师深入挖掘,挖掘与培养学生的创新潜能,有助于对创新型人才的大力培养。教师要相信,潜能的大小与学生的成绩没有必然的联系,不仅成绩好的学生有创造潜能,成绩差的学生也有,只是有待挖掘,所以对教师来说,要在平时的教学中注意挖掘与培养学生的潜能,这是一项非常重要的工作内容。

2. 培养学生的创造意识与能力

学生的创新素质能够通过丰富的教育内容和多元化的教育手段得到培养与提升,教育的这一功能与作用非常重要,教师要在正确认识这一功能的基础上想方设法将这一功能发挥到最大程度,促进学生创造意识与创造能力的提升。

3. 培养学生的创新思维能力

由于学生的个性都是不同的,自身综合素质也存在着一定的差异。因此教师在对待所有的学生时,就要求其能够了解与尊重学生的不同个性,针对不同的学生有针对性地进行教育,将统一要求与弹性要求结合起来。

4. 善于运用启发教学法培养学生自己动手解决问题的能力

创新教育的主体是学生,教师要在平时注意提升自己的创新能力,这样才能对学生的创造性进行积极的培养。学生在自主学习的过程中往往更容易开动脑筋,拓展思维,所以教师要打破教师主动教与学生被动学的传统课堂模式,留出一定的时间让学生自主学习、合作学习、探索学习,使学生将其主观能动性和潜在的能力发挥出来。教师可在课堂上创设一些问题情境,启发学生主动思考问题,积极寻求解决问题的办法。久而久之就能有效提高学生自己动手解决问题的能力。

(四)课程师资建设

目前,很多高校在创业课程的师资建设方面存在问题,如定位不明确,师资比较匮乏或者是师资队伍实践经验较少等。由于创业课程具有跨学科和实践性比较强的特点,所以该课程的师资队伍应该具有较高的水平,不仅要掌握较专业的理论知识,同时还要具有实践经验。所以,目前很多高校都倾向于聘请社会上的一些成功的、有创业经验的专业人士或者企业家,这已经成为目前高校开展创业教育师资建设的一个大趋势。

(五)课程设置管理

1. 国家教育部门进行宏观管理

关于创业课程实施的一些细节问题,我国教育主管部门在课程标准中不再作详细规定,课程标准作为一个教育文件主要发挥宏观指导作用。创业与健康课程的性质、多层次教学目标、内容还是由国家教育部门规定的,但没有具体规定如何展开教学、如何评价、如何编写教材及开发利用教学资源,在这些方面只是提出了一些可行性较强的建议,从宏观上给予指引,从而使地方创业课程教学更有原则性、方向性,可见国家教育部门为地方创业课程教学提供了较为自由的自主发挥空间。

2. 地方教育部门制定地方性课程实施方案

我国各地的经济发展水平、文化发展水平、生活方式习惯都有一定的差异,因此创业课程的实施必须灵活,适应不同地方的社会发展水平,满足各地学生的不同需求。对于国家在宏观层面上制定的课程标准,各地都要积极落实,并以宏观的标准为依据,将此与本地客观实际联系起来,从而对适应本地发展实际的创业课程教学方案予以制订与实施。地方教育部门制订的创业课程实施方案将国家制定的宏观层面的课程标准与学校制订的创业课程教学方案连接起来,其作为桥梁发挥着重要的中介作用。地方性的课程实施方案也是学校落实课程标准的保证,它不仅传到国家课程标准精神,还监督管理本地学校课程实施,并科学指导本地各校对创业教学计划的制订。为了将课程标准精神更好地贯彻下去,各地教育部门积极组织教育工作者学习课程标准的精神,使教育者能够将课程标准与本地教学条件结合起来着手学校创业课程教学的具体实施工作。

3. 学校制订本校创业课程实施计划

学校在对本校创业课程实施计划进行设计时,要对本校学生的健康需要、学校的教学环境与条件、师资队伍的实力等因素予以综合考虑,学校创业课程实施计划应包括以下内容。

第一,创业课程实施的目标,包括本校不同年级的不同水平目标和具体学习目标。

第二,创业课程教学内容。

第三,创业课程实施的策略。

第四,不同教学内容的课时安排。

第五,创业课程教学方法的运用。

第六,创业课程实施效果的评价,包括学生体质健康评价、创业知识水平评价创业技能水平评价等。

学校制订本校创业课程实施计划要与本校实际相结合,计划内容要包括以上内容,学校创业工作者要完成课程实施计划的制订任务还是有一些挑战的,因为很多创业教师都习惯按照上级制定的创业教学大纲安排教学工作,在教学安排上有一套固定的习以为常的模式,而现在要对课程内容、教学方法、评价方式及教学时数进行自主选择与安排,并且还要以本校学生的实际情况和本校教学条件为依据来进行,这是有一定难度的。

创业教师要将自身的主观能动性充分发挥出来,敢于打破固有教学模式,勇于探索新的教学方案,如此才能做好创业课程实施工作。对此,国家和地方都很重视培训创业教师,使其能够在国家课程标准和地方课程实施方案的指导下有目的地完成学校创业课程实施计划的制订工作,最终实现创业课程教学目标。

三、大学生创业教育课程体系建设的原则

大学生创业课程体系建设应遵循以下三个原则。

(一)理论课程与实践课程相结合的原则

理想的创新教育课程应该是理论课程与实践课程相结合的,甚至实践课程所占的比例更高。蒂蒙斯认为,创业教育的理论课程与实践课程都具有明显的侧重方向,创业教育的理论课程侧重的是对理论知识的教育,而实践课程的侧重点则是对大学生创业能力的培养,比较重视实践方面的能力,可以通过创业实习、创业竞赛、情景模拟等方式使大学生获得创业方面的各

种经验,从而为以后的创新奠定基础。创业人才的培养不仅要求大学生掌握一定的创业理论知识,还要求其具有一定的实践经验,只有理论与实践相结合,才能使学习者在获得理论知识的同时提高自己的实践能力,从而达到培养创业人才的目标。因此,大学生的创业教育一定要坚持理论与实践相结合的原则。

(二)创业课程与专业课程相融合的原则

在设置大学生创业课程体系时,要考虑将创业课程融入大学生平时所学的专业课程之中,另外,要开设大学生创业通识教育课程,尽可能地扩大大学生创业课程的普及面。学院还应该对大学生学习创业课程的方式加以明确规定,将创业教育课程设为必修课或者选修课,并且要保证拥有良好的师资和充足的教学时间,将创业教育课程纳入学分制体系,让学生在修满一定的课时时可以获得相应的学分。

(三)跨学科专业开设交叉课程的原则

创业教育课程是一门涵盖社会学、经济学、心理学、管理学等多种学科的综合理论课程,单纯开设某一学科的创业教育课程并不能达到创业教育的人才培养目标。因此,各大高校应该整合创业资源,在开设高校创业教育课程时准许不同学院、不同专业的学生跨学科学习相关知识,以加深学生对创业教育的理解程度,同时也能使其全方位掌握各方面的知识。总之,高校的创业教育一定要遵循跨学科专业开设交叉课程的原则。

四、大学生创业教育课程体系建设的目标

正确定位大学生创业教育课程体系建设的目标是设定教学内容和选择教学方法的前提条件,目标定位是否合理对大学生创业教育的成功与否具有重要影响。概括来说,在设定大学生创业教育课程体系建设目标时应做到以下几方面。

(一)共性目标和个性目标相结合

大学生创业教育课程体系建设的共性目标是开展全校性的课程,培养大学生以创业精神和创业素质等为核心的创业基本素质。具体来说,创业教育就是一种针对全体高校学生进行的一种旨在通过学校高校创业教育课程,掌握最基本的创业知识,积累一定的实践经验的创业基本素质教育。高校开展创业教育的目的就是使高校大学生掌握一定的创业素质和能力,从

而以后能够成为一个具有良好的创业竞争力和发展潜力的人。

大学生创业教育课程体系建设的个性目标是对一些具有强烈的创业欲望和创业才华的学生进行重点培养,使他们在大学期间能够掌握更多的创业知识,获得更多的创业实践经验,创业方面的综合能力得到提高。创业教育的最终目的是希望理论能够付诸实践,而在具体的创业活动中,创业者的创业知识、创业意识、创业心理素质以及创业实践能力直接影响着创业的活动方式和效果。因此,对于不同的学生,高校一定要加以区别,分类施教,注重引导,要善于发现那些具有创业才华和创业实力的大学生,对于这类学生一定要在对其灌输理论知识的同时注重对他们进行创业实践方面的教育,并尽可能地为他们提供创业所需要的资金、场地以及技术等方面的支持,为其创业活动的顺利开展和后续的一些发展提供更多的支持。

总之,高校在设定大学生创业教育课程体系建设目标时,一定要将共性目标与个性目标相结合,在保证学生掌握了创业基础知识之后,应尽可能地为其提供创业实践方面的支持。

(二)与高校人才培养目标一致

高校的人才培养目标要反映社会的经济发展对人才的各种需求,而社会经济的不断发展和社会需求的不断变化,也必然会导致高校人才培养目标不断进行调整,以适应不断发展变化的社会需求。传统的大学教育注重培养的是"通才",而并不去承担培养某一方面人才的任务,在这一时期,高校人才的培养目标注重的并不是专业知识的培养,而是重视高校学生的智力发展和情趣的高雅、直率。那时候的科学技术不发达,社会分工也不精细,对人才的要求程度不高,所以,此时的高校不以培养专业人才为目标也是无可厚非的。但随着社会的不断发展,到19世纪的后期,社会中的分工越来越精细,高校的专业设置开始逐渐多样化,实用人才开始出现。到了20世纪后,社会的不断发展开始对专业人才的需求量急剧增加,为此,高校所开设的一些应用型的课程受到了人们的青睐,20世纪二三十年代,欧美的一些高等学校试图实现学生的自由化教育,正是在这一时期,美国提出了通识教育的概念,希望在专业化教育同时能够教给学生一些共同的知识,但无论是通识教育还是专业化教育,其最终的目标都是让毕业生能够找到合适的工作。第二次世界大战之后,大批的退伍军人进入了校园学习,此时,迈尔斯梅斯教授在哈佛大学商学院为MBA学生开设"新企业管理"课程,彼得德鲁克在纽约大学开设"创业与革新"课程,之后,以培养学生具有创业能力的创业教育在美国兴起。近些年,我国提出了将创新教育与创业教育相结合的创新创业教育理念,这是因为创新与创业是密不可分的,创新是创业的基础,而创业则是创新的重要体现形式。

(三)与专业教育目标对接

大学生创业教育课程体系的建设是一项系统化的工程,要考虑将专业教育的目标与创业课程教育的目标相融合和统一,要将创业教育目标纳入专业课程教育目标中去,从而培养学生的多种能力。另外,在创业教育与专业教育目标融合与统一的过程中,要充分考虑学生的差异性,因材施教,形成多层次和多层面的人才培养目标,整合学生的多种能力,使其既具有适应未来社会发展所需要的创业知识和创业能力,又具有良好科学知识素质和人文精神素养,从而成为专业知识和创业技能融于一身的全方位人才。

五、大学生创业教育课程体系的实施

(一)转变教育理念

1. 转变家庭教育观念

家庭是孩子的第一所学校,家庭对孩子的影响是终身的,尤其是在心理素质方面的影响,家庭教育对孩子能够形成良好的心态和具有乐观向上的精神都具有重要的作用,因此,家长一定要起到模范的作用,要关心孩子的成长,多陪伴孩子,及时与孩子沟通,总之,家长一定要转变家庭教育观念,具体来说应做到以下几点。

(1)家长应尊重孩子的选择

家长应该转变自己的观念,多鼓励孩子参加一些社会实践,如果条件允许,而且孩子也有足够的能力,就可以鼓励孩子积累一些创业方面的知识和经验,以为之后的创业做准备。另外,家长还要注重培养孩子的思维能力、办事能力以及解决问题的能力,注意不要挫伤孩子的积极性,更不能伤害他们的自尊心,对于孩子所遇到的一些困难,要鼓励他们自己想办法去解决,培养他们良好的抗压能力和解决问题的能力。

(2)家长和学校要加强沟通

只有在对孩子有充分的了解的前提下才能更好地教育孩子,对于这一点,家长和学校一定要注意配合。家长对于自己孩子的一些习惯及优缺点能够了解得更多一点,而学校则会对学生所学的知识掌握程度以及能力水平了解得更多一些,只有家长和学校进行更多沟通,才能更加有目的和主动地对学生进行指导教育,也就能为学生以后的创业打下坚实的基础。

(3)条件成熟的学校可以组织家长相互交流

一些条件比较成熟的学校可以多组织家长进行交流,使家长对创业教育有一个全面的了解,也能够使一些思想比较保守的家长转变对大学生创业的一些偏见,从而对支持大学生创业具有积极的作用。

2. 转变高校教育观念

高校的教育模式要与社会接轨,而实际上,目前我国高校的教育模式还存在一些与社会发展相脱节的现象,因此,高校一定要转变教育观念,以创业素质教育为核心,不断提高大学生的各项素质教育。高校不应仅仅让学习掌握基本知识,还应让学生掌握一些创新思维和能努力,要教育学生树立良好的择业观念,努力将与所学专业相对口的就业观念转变为积极创业的动态观念,让大学生明白毕业之后不一定只有就业这一条路走,还可以自己去创业,创业不仅能够让自己有事可做,还可以为更多的人提供就业岗位。另外,高校还应该对传统的人才培养模式进行改革,改变观念,大胆创新,以培养社会所需要的综合人才为宗旨。目前,就业趋势比较严峻,在如此严峻的形势下,提高大学生的创新创业能力势在必行,因此,一定要深化高校人才培养模式的改革。

(二)提高高校重视程度

1. 实施创业教育教学机制

(1)改变教学观念

创业教育的目的在于在传授给学生知识的同时能够培养学生其他方面的能力,诸如养成刻苦钻研以及终身学习的习惯等,要让学生掌握科学的学习方法和技巧,使其能够主动学习,坚持学习,从不断的学习过程中学会创造,培养其主动探索的精神。

(2)改变管理模式

高校要根据社会发展的实际需要,与时俱进地制定出适合大学生发展的开放式的教学管理模式,从而真正做到以人为本,可以将一部分的管理工作交给学生,让全体教师和学生都参与到教学管理中来,这样,每个人才能将管理作为自己的事情来看待,对于学生的发展和学校的建设都具有积极的促进作用。

（3）改变教学评价

对教学的评价，不仅要考虑学生的学业成绩，还要考虑其社会实践情况。鉴于此，创业教育对高校的教学评价提出了新的要求，高校应该根据社会的实际要求制定培养计划，调整专业结构，从教学课程和教学模式等方面进行改革，以提高大学生的社会适应能力，提高其竞争力。

2. 打造创业教育专业化师资

创业教育专家体系涵盖了工程技术、成功创业、经济管理、政府部门、风险投资几个领域，创业教育应加强这几个方面专家队伍的建设。

（1）工程技术类

作为工程技术类的专家，不仅要掌握好本学科的基础知识，同时也应广泛涉猎其他领域的知识和信息，高校可以聘请该技术类的专家作为客座教授，为学生讲解相关领域的知识，使学生能够在校期间掌握更多的知识和技能。

（2）成功创业类

在进行创业教育的过程中，一些成功的企业家的讲授往往比较受广大教师的青睐，这是因为这部分企业家本身在创业过程中取得了较大的成功，所以对大学生进行创业教育比较具有说服力。另外，成功的企业家在对大学生进行教育的过程中所提到的一些自己在创业过程中所遇到的困难和积极处理的办法，也同样具有较大的影响力，对培养大学生的创新精神和创业心理素质具有重要作用。

（3）经济管理类

经济管理类的专家比较了解市场，对市场的动态变化比较敏感，对现代经济发展的运行轨迹也比较熟悉，因此，此类专家可以以顾问的身份参与到高校创业教育的建设体系中，用他们所具有的渊博知识教育和引导大学生，为其传道解惑，增强大学生的市场敏感度和对经济政策的领悟力，以为大学生将来更好地适应市场的变化奠定坚实的基础。

（4）政府部门类

政府部门是市场运作的决策者，其在市场经济的发展变化中起着引导和监督的作用。高校在对大学生进行创业教育的过程中，可以聘请一些政府部门的人员来指导大学生创业，这样做既能够为高校的创业教育提供政策性的保障，又能够使高校更好地把控好宏观调控的方向，从而为大学生创业提供更好的支持。

（5）风险投资类

风险投资家的经历对于大学生学习创业知识和技能具有重要作用，他们可以告诉大学生,无论做什么事情都会有风险,让大学生们一定要具备良好的心理素质,并且要有面对各种困难和解决困难的能力,只有这样才有可能取得创业的成功。

(三)提升社会认识水平

1. 培育浓厚的校园创业文化

校园创业文化是全校师生敢于开创事业的重要意识形态,是社会存在的一种反映。校园创业文化氛围的营造需要全校师生共同的努力,高校可以通过举办相关的论坛、讲座以及创业竞赛等,鼓励全校师生参与其中,努力培养大学生的创业意识和能力。大学生的创业能力是需要从实践中锻炼的,所以,高校应尽可能地为学生提供条件,让学生参与到创业的实践中去,从中获得宝贵的创业经验。高校具有得天独厚的创业市场和环境,学生熟悉学校,对学校的创业资源也比较了解,明确高校的课程设置,从而有利于培养高校学生的创业素质。高校应为学生提供自由开放的校内创业市场,让大学生可以充分利用高校的资源进行创业锻炼。对于大学生资金短缺的情况,高校也可以设立一笔专项资金,并成立风险管理组织,为大学生提供支持。对于大学生的一些创业项目,高校也可以聘请相关专家进行评审,选出一些比较切实可行的创业项目,对这些可行的创业项目进行适时调控,以保证风险资金的顺利回收和循环使用。另外,高校还应该利用各种现代化的资源,为学生收集一些可以利用的创业信息,帮助学生了解国家政策和创业形式,以保证大学生创业的成功。

2. 营造良好的社会创业氛围

高校要积极营造一个良好的创业文化氛围,从精神和舆论上让大学生接受创业教育,实现资源的优化配置,让一些成功的创业者参与高校文化氛围的建设中,让大学生从这些成功者身上受到启发,从而努力学习创业知识,提高自己的创业能力。另外,高校还应重视高校创业教育师资队伍的建设,无论是在经费方面还是在培训方面都应给予倾斜,充分提高创业教育教师的素质,提升他们的教育热情和积极性,从而形成浓郁的创业教育氛围。

在家庭教育方面,家长要转变教育观念,对大学生出现的一些创业思想要抱有肯定的态度,要鼓励他们,在他们遇到困难时要鼓励其积极面对,想各种办法应对困难与挑战。

政府也要调动一切力量支持高校开展创业教育,对于大学生的创业活动也要尽可能地提供支持。

社会中的一些企业可以与高校建立稳定的长期合作关系,以为大学生创业提供人力、智力及场地方面的支持。

3. 建立和完善创业组织机构

目前,我国高校中普遍存在缺乏创业组织机构的情况,因此,我国各高校应该统一思想,建立和完善创业组织机构,保证创业中的各项工作都能落实到位,并能够为其提供各项指导。此外,高校还应设立创业教育的考核机构,分阶段地对创业教育效果进行考核,发现问题及时给予指导。

(四)优化创新创业环境

1. 加大政府对高校创业的支持力度

为了避免高校中的创业教育存在形式化的问题,政府应该出台相关政策对其进行维护。目前,根据高校的实际情况,同时也为了满足市场的需要,我国政府已经出台了相关政策,这对优化大学生的创业环境具有重要作用。另外,各地的政府也根据当地的实际情况出台了相关政策,这些政策的目的都是为了保证大学生能够更好地接受创业教育,并且能够将创业更好地付诸实践。

2. 发挥创业教育中介优势

创业教育中介是一个由西方高等教育中介组织产生的概念,至今已经有百年的历史了。创业教育中介组织的存在对于政府、高校和社会而言起到的是一个桥梁的作用。目前,创业教育中介的作用越来越重要,这些创业教育中介既可以对大学生的创业项目进行评估,还能够对大学生创业者进行培训,更为重要的是,还可以提供非常重要的创业信息,对大学生创业具有重要的引导作用。同时,它也可以为高校及时提供各种有用的信息,这些信息有助于高校及时发现问题和解决问题,也有利于高校的长远发展。另外,创业教育中介组织还可以为政府与社会公众提供信息服务,加强他们彼此之间的沟通与合作。创业教育中介组织还能对高校实施创业教育进行客观公正的评估,对更好地监督高校创业教育的实施具有积极意义。

3. 强化校企合作

创业教育的最终目的是为了将理论付诸实践,而企业恰恰能够为大学生提供创业实践的机会,同时也能够为大学生创业在资金方面提供相应的支持。因此,加强校企合作具有重要作用。目前,很多高校为了能够为学生提供更多的实习机会,非常重视与企业的合作,而一些企业为了增加自己的知名度和积累一些人才,也非常乐于与高校合作。无论对于企业来说,还是对于高校来说,校企合作都是一条共赢之路。

第三章 大学生创业的国际经验借鉴

每位成功的创业者无不感慨创业哪有不经历挫折和失败的,尤其对于处在创业初期的创业者来说,一要从实际出发,脚踏实地;二要扩大交际范围,积攒人脉;三要学习国内外成功的创业事例,借鉴成功的经验。本章重点介绍美国、英国和日本三个国家的创业教育,希冀大学生能从中得到启发,为其创业活动提供可借鉴之经验。

第一节 美国的创业教育

一、美国创业教育的发展历程

(一)起步期(1947—1970年)

1947年2月,哈佛商学院教授迈斯在学校里开设了一门MBA创业课程"新创企业管理"。"新创企业管理"课程的开设首开美国大学生创业教育之先河。1949年,哈佛大学出版了一本名为《创业历史的探索》的杂志,标志着美国第一本以研究企业家为主的杂志问世。随后,1954年,第一个MBA小企业课程"小企业管理"在哈佛大学开设。1968年,百森商学院开设第一个本科生创业教育综合课。第一门创业课程的开设,第一本创业杂志的出版,标志着美国的创业教育开始起步。但因受当时社会环境的影响,在20世纪五六十年代,美国的创业教育发展还是比较缓慢的。

(二)发展期(1970—2000年)

从创业教育开始起步到20世纪70年代,这期间,美国仅有16所学校开设了创业课程,创业教育发展可谓缓慢。但在随后的30年间,各类创业团体相继成立,各类创业杂志先后开办、各种创业大赛层出举办。创业教育在美国各高校逐步普及。1971年,美国中小企业管理局在德州理工大学发起第一个小企业研究所(Small Business Institute,SBI)。SBI赞助小企业为学生提供现场咨询。这种现场咨询项目吸引了将近20所学校参与。1987年,圣地亚哥州立大学举办商业计划竞赛。这次商业计划竞赛是第一个全国范围内的商业竞赛。1993年,第一个专业性的创业教育网站EGOPHER开始运作。1998年,第一个远程创业教育项目在万维网开放。20世纪末期,创业教育逐步走在了互联网潮流的前列。美国小企业管理局(Small Business Administration,SBA)初步调查显示,截至1998年已有1400所高等学校(包括职业教育、社区学院等)开设了创业和小企业课程。截至1999年,创业类杂志数量已高达44种,其中《商业风险》(1987年)、《小企业经济学》(1992年)、《小企业管理杂志》(1995年)被社会科学引文收录。

(三)成熟期(2000年至今)

进入21世纪之后,美国的创业教育逐渐走向成熟,我们可以从两个层面来看。一是宏观层面,国家制定了众多利于创业教育发展的政策,社会上增加了众多校企合作项目,这为全国创业教育发展提供了有力的环境支持。二是微观层面,美国高校的创业教育已成体系化。创业教育师资队伍数量庞大、经验丰富;创业教育专业正规化,设置了学士、硕士和博士学位。美国的创业教育强有力地推动了美国的经济发展,成为全球各国竞相效仿的创业教育典范。可以预见,在未来一段时间内,美国的创业教育仍将保持强大的冲力,会被各国学习与借鉴。

从美国创业教育的发展历程来看,美国创业教育的发展与美国的经济发展密不可分。第一,大公司的企业家精神更加凸显。这使得成熟行业的大公司在经历调整、裁员、重组和改革后,依然保持良好的发展态势。第二,在大公司进行自我转型的同时,新的创业公司也在悄然兴起并蓬勃壮大。这些企业为美国大众提供了数百万个新岗位。第三,学校广开创业课程,各类群体对创业的热情只增不减。市场上新开的成千上万家小公司覆盖了全国不同的经济链,不同的产业部门,为美国的经济发展作出了巨大贡献。

二、美国创业教育产生的原因

创业教育是一种全新的教育理念,它能培养创业者如何具备企业家精神,能传授创业者如何使企业正常运作的技巧和能力。各国创业教育的产生都有其特定的原因,美国创业教育的产生也不例外。美国创业教育产生的原因主要有以下几个方面。

(一)创业教育促进大学发展

1. 创业教育强化大学发展的人才基础

当今社会的发展需要人才,人才必须具备优良的品质,而创业教育恰能培养学生的优良品质。创业教育强化大学发展的人才基础,主要体现在以下几个方面。

(1)创业教育促使师生具备创新意识和创造精神,为大学注入生命活力和提供精神力量

经济发展离不开创业和创新。创业和创新两者紧密联系、相辅相成。创新是经济发展的核心和必由之路。创业为创新提供平台,促进创新。创业教育将创新和创业有机融合,一方面开办技术转移中心和创业中心,鼓励教师改变科学研究方向,转向基础研究与应用研究的平衡,转向服务社会经济的发展;另一方面开设创业课程体系、创办创业天使基金等,引导学生认识市场,开办企业。开展创业教育,促进了创新型人才的出现,巩固了大学发展的人才基础。伯多格纳曾指出,美国国家科学基金会希望通过鼓励发明和发现赢得更好的未来。因此,美国国家科学基金会通过大力投资、整合教育与研究等方式,不断地推动大学、产业、政府三者之间的合作。

(2)创业教育促进学生潜能的发掘,提升学生的创业基本素质和综合能力

当今社会,世界各国均将建设创新型国家作为战略发展目标。要建设创新型国家,需把握以下几点:一要加强全面创新精神的培养;二要促进企业创新主体力量的发挥;三要加大创新型人才培养力度。而这些要点的实现则必须依赖于创业教育。由此可见,在经济全球化、知识信息共享的新时代背景下,创业教育是培养学生综合能力、提升学生基本素质的重要途径,也是创新教育的重要组成部分。

(3)创业教育能激发教师的创新潜质,为大学扩充并稳定创新型人才队伍

在以物质财富为衡量人生价值重要标尺的时期,创业教育改变了教师的就业思路,激发了教师的创新潜质,不仅为大学输入了众多创新型人才,而且也稳定了原有人才队伍。大学教师身兼教书育人和科学研究的双重任务。通过努力工作,他们获得相应的经济报酬,同时自己的研究成果得到社会认可并投入社会使用,这使他们意识到自己的价值所在,那么他们就会踏

实地待在学校里,不断地展现自己的能力。

2. 创业教育夯实大学发展的协作及资金基础

创业教育将学校的所有学院、学科、机构联系在一起,使他们之间产生沟通,增进了相互的合作。创业教育在全校范围内建立创业社区和创业网络,收集全校的好的创业点子和新的创业技术,让科学、工程、经济商务、政策及技术之间产生综合协作效能。这种协作整合了全校各学科,如技术学科与战略学、管理学、营销学、金融学等,促进了各学科间的技术协作、技术发展及技术商业化,加强大学与产业之间的联系,促进高新企业产生。同时,创业教育可以促使大学积累资金。具体来说,创业教育能够创造可观的经济效益,能够促进大学与公司的融合,并能利用大学的应用研究促成新企业成立。

(二)创业教育顺应人生价值体现

1. 创业教育促进学生全面发展

在当今知识经济时代,学生需具备多种能力,获取全面发展。例如,学生需具备学习新知识的能力,高效的沟通能力,灵活运用知识和技能的能力以及创造能力等。这些能力中,创造创新能力是最重要的能力。创业教育使学生获得全面的发展,主要体现在:第一,培养学生的首创精神,促使学生创业素质和创业能力得到提升;第二,鼓励学生勇于创业,实现自己的创业梦;第三,教授学生组织技巧、领导艺术、时间管理等;第四,提高学生处理人际关系的能力、团队协作的能力、资金管理的能力、解决问题的能力和决策能力;第五,丰富学生的工作经验,提升学生的心理承受力。由此可见,学生良好素质的培养不能缺少创造创新能力,这是当代学生应具备的一项重要能力。另外,教育注重因材施教,而创业教育能促使学生的个性特质很好地展现出来,能够充分调动学生的积极性和主动性,让学生在生动活泼的体验中发展创业技能,从而促进学生全面发展目标的实现。

2. 创业教育助推学生实现财富追求

创业就是要实现价值并创造价值。创业教育重在促进学生全面发展,具备探索、发现、分析和解决问题的能力,重在培养学生的创新精神和激发学生的主体动力,鼓励学生积极主动地认识机会、抓住机会并有效地利用机会,从而使学生具备创业的能力,拥有敢于创业的勇气和实力,最终获取更多财富,实现利益最大化。

(三)创业教育回应社会经济需求

1. 创业教育缓解社会就业压力

就业是民生之本,美国当今技术的进步使工作岗位数量大幅缩减,而且大量工作机会转移到海外。在这种背景下,创业就体现出了重要性。而大力开展创业教育,则能促使更多的创业思路和创业机会涌现,从而提供更多的就业机会,最终缓解美国的就业压力。

创业是促进就业的一个通路。创业教育将创业融入大学教学过程中,一方面有助于学生了解并学习到更多的与创业相关的知识,另一方面改变学生对创业的认识和理解,从而建立自身的创业理念和创业认识。

通过创业教育,学生在掌握了一定的创业知识的基础上,将所学专业知识与创业知识有效结合,激发学生产生新的创业思路和创业点子,开拓新的创业途径,从而做出更多的职业选择。通过创业教育,学生学习并掌握了如何创办并维持一个企业的知识和技能,这有助于学生进一步了解和思考自己如何为企业的发展做出贡献。在创业过程中,学生获取的一点点成效都能激发学生创办或继续经营企业的欲望。

此外,创业公司的规模与创业者接受的教育水平有着密切的联系。通过创业教育,学生或企业经营者能学到更多有利于企业发展的新知识和新技能,能拓宽自己经营企业的思路,激发自己的创业潜能,从而促使创业公司朝着更好的方向、更大的规模发展。

美国发展创业教育的经验告诉我们,进行创业教育是十分有必要的。创业教育能使学生掌握更多的创业知识和创业技能,能改变学生的创业理念,产生创业的想法,从而产生了更多具有创业精神和创业能力的企业家。创业教育促进了就业机会的增加,缓解了社会就业压力,从而增强了社会稳定性。创业教育最终促进了国家经济实力的增强,促进了社会经济的大力发展。总之,这种能促进社会经济发展、创造就业机会的创业教育是知识信息迅猛发展时期,大学发展的理想选择。

2. 创业教育推动经济发展

在当前社会,创业是促进社会经济发展,提升社会经济实力的道路之一。在创办企业的过程中,创业者不但提供更多的就业岗位,而且为社会创造了更多的经济利益和经济价值。例如,创业者创办的许多小型企业不仅提供了充足的就业岗位,增加了美国财富积累,而且在一定程度上推动了美国的经济发展。美国创业教育联盟指出,那些具备创业思维的创业这创办的小企业创造了大量的财富和提供了充裕的工作岗位。很多有经验的商界人士、政治领袖、经济学家、教育工作者等也认为,传授创业文化和培养创业者的创业教育能最大限度地推动个人和集体获得经济利益,促进社会发展。

大学提供的创业教育服务能为国家提供更多有能力、有担当的创业者。创业教育能推动社会经济发展的原因主要体现在以下几个方面:第一,作为大学生高等教育阶段的一门重要的必修课程,创业教育重在培养学生的创业意识和创业思维,改变学生对创业的思想认识,从而产生创业的信念、树立立志创业的目标;第二,创业教育不仅重视创造创新能力的培养,而且重视创业实践经验的传授和积累,这促使大学生不仅具备创业的能力,而且具备如何创好业的实战经验;第三,进行创业教育的目的就是要培养具有创业精神、能促进社会发展的企业家。

三、美国创业教育的特色

(一)加强实践教学

创业教育是与各种创业实践活动密切相关的,一种开放的、不同于一般的常规课程的教学。在创业教育教学过程中,大学以提升学生的创业实践能力为重点,经常举办各种创业活动,如商业计划大赛(也称为创业计划大赛)、创业交流会、创业俱乐部等。1983年,美国的第一届商业计划大赛在美国德州大学奥斯汀分校举办。这场比赛由奥斯汀分校的两位MBA学生联手创办,至此拉开了美国创业教育活动的序幕。美国高校相继举办了各类创业计划大赛。在这些创业计划大赛中,每年都会有部分新的企业诞生。除了举办各类创业活动外,美国大学还创建了各类俱乐部,如斯坦福大学的创业俱乐部、高技术俱乐部、创业投资俱乐部等。这些俱乐部每学期都会安排各类实践活动,学生参与的积极性非常高。在活动中,俱乐部还会邀请最具影响力的创业者和企业家到学校开展交流座谈会。

(二)设立专职的创业教育机构

在美国,很多高校都设有创业教育机构,很多院校领导在其中担任重要职务。例如,百森商学院的校长、教务长、研究生院院长都是创业教育领域的著名学者。伦斯勒理工学院的校长将创业教育放在学校教育的重要位置。美国商学院的院长亲自担任创业教育中心主任。由此可见,美国创业教育能够有序地开展,与高校领导的高度重视是密不可分的。

(三)加强创业教育师资队伍建设

创业教育的发展除了高校领导的重视外,还需要具备强有力的师资团队力。为了创业教育的发展,美国高校对创业师资具有严格的要求,除了具备较高的创业理论知识水平外,还必须具备丰富的创业实践经验。为此,美国高校创业教育师资中必须有创业风险投资家、创业家、实业家和初创企业的高级管理人才等的加入。例如,百森商学院聘请多位企业家和创业者参与创业教育课程的讲授,讲授方式有短期讲学、参与案例讨论、参加创业论坛等。部分高校的部分创业教育课程还安排多名教师来讲授。例如,斯坦福大学的"创业管理"课程由 2 名教师共同教授,一名是学校的专职教授,另一名是具有丰富创业实践经验的客座教授。而"创业机会识别"和"技术创业"课程则是由 3 名客座教授共同承担授课任务。在创业教育的师资团队中加入具有创业实践经验的企业家和创业者,不仅为创业教育提供了新思路,丰富了教学课堂内容,而且更大程度地促进了美国创业教育的发展。

(四)创业研究支持

1. 创业研究

美国高校重视创业研究项目的开发。例如,斯坦福大学创业研究中心的 Burgelman 教授长期跟踪研究英特尔公司的组织和战略,搜集整理了大量相关方面的案例,最终提出了公司组织和战略方面的理论分析框架(如战略分析的"钻石"模型等)。与此同时,斯坦福技术创业项目的教授们在高技术创业企业的组织和战略研究方面也做了相关研究,其研究成果具有深远的影响力。

2. 企业家联谊活动

美国大学创业中心除了关注创业研究外,还关注企业家的联谊活动。1981 年,百森商学院举办了一场"创业研究前沿"研讨会,会上产生了大量的创业发展研究成果。这之后,百森商学院每年都会举办一次研讨会以促成更新的创业研究成果产生。

1998 年,美国创立了创业中心全国财团,旨在实现各创业中心之间信息互享,增进创业中心之间的合作,提高各创业中心的影响力。目前,创业中心全国财团已成为美国创业中心的核心并取得了巨大的进步。创业中心全国财团除了便于各创业中心的沟通交流外,还建立了 21 世纪创业研究团队以进一步加强创业领域的合作。

为了推动美国大学技术创业教育，斯坦福技术创业项目发起了创业教育圆桌会议。创业教育圆桌会议不仅在美国当地举办，还扩展到亚洲、欧洲和拉丁美洲等地。

总之，美国高校进行的创业研究和创业联谊活动在美国乃至全世界都产生了巨大的影响，这有力地推动了世界各地创业教育的发展。

（五）创业教育课程结构整合性与系统化

美国高校创业教育课程结构具有整合性。例如，作为美国高校创业教育课程范本的百森商学院，在设置创业教育课程时，将创业意识、创业个性、创业核心能力等"创业遗传代码"与创业相关的社会知识进行整合，将开设的创业课程分为5部分，即战略与商业机会、创业者、资源与商业计划、创业企业融资与快速成长。

美国高校创业教育课程体系系统化。创业教育课程包含了创业思维、融资、管理等各个方面，涉及了众多相关课程，如创业相关的法律、创业领导艺术及教育、技术竞争优势管理、家族企业的创业管理、创业营销、企业成长战略等。根据不同的教学层次，创业教育课程进行了不同设置。例如，本科生开设的创业教育课程前十名依次是创业或创建新企业、小企业管理、创业咨询、创建和运营新企业、如何写创业计划书、创业财务、非工商管理专业学生的创业、家族企业、创业机会的识别、创业营销；研究生开设的创业教育课程前十名依次是创业或创建新企业、小企业管理、创业咨询、如何写创业计划书、技术转移、创新评价、创建和运营新企业、公司创业、创业营销、家族企业，以及创业投资与私人权益、创业相关法律等。

（六）多渠道创业资金来源

美国的创业教育得到了雄厚的资金支持。主要体现在以下几个方面。

第一，美国国家科学基金会的支持。美国国家科学基金会设立了"小企业创新研究计划"项目，为创业者创业提供资金支持。例如，小企业创办者创业初期可得到联邦政府的资金资助，如5万美元的创办企业经费，继而可发行几百万美元的公共股票。此外，为了支持企业创办，州政府还以风险资本计划的方式允许发行免税工业集资债券。

第二，社会各界的大力支持。美国大学的创业教育得到了社会各界的支持。1951年，美国第一个赞助创业教育的基金会（科尔曼基金会）成立。随后，美国社会上涌现了众多类似的基金会。基金会提供教育基金的方式多种多样，其中主要以商业计划大赛奖金、论文奖学金等形式向高校提供大量的创业教育基金。20世纪90年代后期股票市场的活跃为创业教育获得了大量的捐赠基金。1995年富兰克林·欧林基金会赠予百森商学院3000万美元创业教育基金,这是迄今为止美国商学院收到的最大额度捐赠基金。

四、美国创业教育的方法

(一)基于问题的教学法

基于问题的教学法以建构主义为理论基础。建构主义是人们对于世界的认识和看法的哲学观点。建构主义者认为:世界具有客观存在性,个人主观意识决定自身对于世界的理解和赋予的意义。也就是说,个人对于现有知识的获取和建构,需要依赖已有的知识和经验积累。由此可知,建构主义重视学习者的主观能动性、社会性和情境性。只有个人发挥自我主动性,才能获取新的知识。

将建构主义的概念应用于教学中,可以看出:学生存在认知冲突和困惑,才能激发学习的动力,之后与环境产生互动才产生理解。因此,学生要学什么内容,需要先明确学生的学习目标。

基于问题的教学法是一种以学生为中心,以学生合作的方式解决问题,最后反思自己的体验的教学方法。在创业教育中,基于问题的教学法的主要内容包括确定学习目标、提出问题、展示并陈述问题等。其具有以下几方面特征:第一,学习的动力是富有挑战的、开放性的问题的提出;第二,学习的方式是合作性小组学习;第三,在学习过程中,教师是助推者。在教师的推动和引导下,学生开始积极地思考,并在适当的时机应用所有学习资源。

在基于问题的教学法中,学生充当建构者,利用已学的知识和以获取的经验,在相应的环境中选择多种恰当的解答方法来解决问题,并最终构建新的知识。相应地,在创业教育中,教师预先设定一个创办企业的市场环境,将教室假定为一个商业圈,然后让学生置身这一环境中,提出问题,面对问题,思考问题,最终解决问题。

(二)基于体验的教学法

克耳伯的体验学习理论认为学习的过程就是将经验转换并创造为知识的过程。体验学习就是学习者在参与某项活动的过程中进行反思、总结,最后将总结融入自己的理解中。那么,基于体验的教学法就是指学习者参与到一定情境中获取经验从而将经验应用到学习新知识活动中的一种教学方法。相应地,我们能很好地理解创业教育的体验教学法。

创业教育的体验教学法就是指在创业教育教学过程中,教师利用已有的理论经验,设定一个创业环境,引导学生融入创业环境中,并激发学生的热情,从而让学生亲身感受整个创业过程,领悟创业中包含的知识信息,最终将所感知的知识和信息转化成为自己的知识结构,并最终实现创新的一种教学模式。体验教学的过程实际上就是学生感受、认识、再感受、再认识的一个过程,即学生置身相应的环境中,亲身感受客观"事物",并进行独立思考,然后认识并总结事物的本质。

舍曼等指出,体验教学法具有一定的优势。第一,与阅读活动以及听和看的活动相比,体验教学对学生创业决策的影响更大,更能激发学生创业的冲动。第二,体验教学的影响与学生的兴趣之间呈正面积极关系,即活动的体验性越强,越容易影响学生的创业选择和创业兴趣。

体验式教学将情感和认知有机地结合,最终实现知识的掌握和应用。在体验式教学中,学生作为学习的主体,在教师设定的体验环境中经过教师的正确、适当的引导,学会如何客观评述问题、学会如何规避、解决问题,学会如何更好地带领一个团队获取更多新技能、新知识。

(三)基于权变的教学法

基于权变的教学法是指在现有知识等工具的指引下去开展未知活动的教学方法。基于权变的教学法的理论基础是权变理论。权变理论认为任何事物或事情都不是一成不变的。它强调在任何活动中,要根据自身所处的环境条件(包括内在条件和外在条件)的变化做出适应性的改变。基于权变的教学法的代表人物是美国的莫尔斯和洛希。

创业活动是一个开放性的系统,存在许多我们未知的、没有掌握的变化的事物或现象。创业者要想保持其特有的创业优势,就需要不断地学习,获取那些不能被人们用语言完整表述的隐性知识。因此,我们进行的创业教育活动也应该保持开放性,应该重视发展隐性知识。

权变模式是一个开放的系统,其机会识别与不同阶段之间的准备活动不存在关联性,正如洪尼格在商务教育权变模式中所说的,"模式不是基于信息获取、分析、决策等提出的结构关联"。在创业过程中,创业者可以从任何一个创业点开始,选择任何一个模块开始进行创业实践练习。

权变模式注重学生的发散思维,认为基于一个相同的信息,学生都能提供多种不同的解决方案。因此说,基于权变的教学法可以说是一个收集学生发散思维的教学方法。

创业教育的权变教学是一个辩证综合的教学过程。教学模块设计以识别潜在问题为出发点,教师根据问题给予学生一定的引导和建议,以帮助学生将创业知识与自己原有的知识相融合,从而形成新的认知。创业教育基于权变的教学法要求学生要仔细观察自己所处的商务环境,利用发散思维提出各种适当的解决方案,以尝试解决各种实际问题。创业活动是一个不断变化的活动,在每次知识更迭后,学生都应向新的目标前进,寻求新的不平衡。

(四)基于行动的教学法

高校创业教育课程旨在鼓励学生积极参加实践活动,培养学生的积极创业行为。就这一目标,菲亚特曾提出在教室开展"学生引领"活动。为了实现创业教育理论与创业实践有效结合,美国高校运用了基于行动的教学方法。基于行动的教学方法是一种以学生为主体,注重发挥学生的主观能动性,重视能力培养和采取行动解决问题的教学方法。

在基于行动的教学中,教师提供课程和行动项目,学生以此为基础选择适合自己的行动项目并组建自己的工作团队,在学校孵化器基础设施内组建一个企业。然后,学校邀请有经验的企业家担任企业领导班子成员,企业运作资金由学校或其他单位资助。那么,创业教育就围绕这一企业发展所面临的问题和困难展开了。由此可以看出,一次基于行动的教学活动包括行动项目的选择、团队的组建、问题的思考和解决,以及采取行动的能力。除此之外,还需要区域背景和区域网络的支持。基于行动的创业活动需要地区部门、单位等提供资金支持、场地支持,以及有经验的企业者作为指导顾问、企业领导班子成员等。

基于行动的教学活动侧重学生的自主性、探究性学习,将学生作为活动的主体,让学生全程参与企业从创立到发展的全过程,切实体验企业创办所经历的困难,感受企业创办的艰辛,体会创办企业需要专业技术和研究成果的支撑,需要专业科研人员参与。同时,通过一次基于行动的教学活动,还可以创办一个新企业,培养一批优秀的创业者。

五、美国高校创业教育的成就

(一)开设了第一门创业教育课程

1947年,迈赖斯·迈斯在哈佛商学院开设了"新创企业管理",这是美国的第一门创业教育课程,为美国创业教育和相关学科的发展奠定了基础。随后,1967年,斯坦福大学和纽约大学在MBA课程体系中引入创业教育的内容。1968年,百森商学院第一次开设创业教育的本科生课程。

(二)举办了第一场创业竞赛

1983年,德州大学奥斯丁分校举办了一次商业比赛,标志着美国成为第一个举办创业竞赛的国家。这之后,美国高校竞相举办创业竞赛,而且竞赛越来越具有规模性和系统性,如麻省理工学院、斯坦福大学等10余所世界一流大学举办的创业竞赛已成为规模性的年度比赛,并推广至世界各地高校。

(三)成立了第一所创业型大学

美国的第一所创业型大学创立于20世纪50年代,其创立的目的是发展社会服务功能,推动创业教育发展。1862年,《莫雷尔法案》为美国大学的社会服务功能给予法律支撑。国会认为应该设立农业工程学院,专门培养农业人才,促进农业发展。"威斯康星理念"认为大学应该增加社会服务功能,为区域经济和社会发展提供服务,成为社会发展的助推力。这些观点和主张大力推动了创业型大学的创建。1951年,斯坦福大学创建了斯坦福工业园,主要是利用租赁土地和转让技术的形式而建立的。工业园的建立使提供资助的企业家和被资助的大学之间形成了互惠的合作模式。美国斯坦福大学和硅谷的传奇,预示着大学和社会的关系占领了舞台的中心。

在谈及美国大学发展历程时,纽约大学社会学专业 Henry Ezkowitz 教授谈到创业型大学应该具备三个要点:第一,大学自身是创业型大学的组织;第二,大学的成员可以成为企业家;第三,大学和周围环境的互动要符合创业模式。

美国大学始终坚持创新教育,大力推动社会前进和经济发展,为创业型大学的发展做出了巨大贡献。美国大学将创业教育作为大学课程的重要组成部分,对全国高等教育理念和教育实践产生了重大影响,为全球创业教育发展和研究起到了标杆作用。

第二节 英国的创业教育

一、英国创业教育发展的原因

英国创业教育的快速发展与经济、就业和社会环境息息相关。

首先,英国的经济力日益增强,经济竞争变得异常激烈,致使英国的很多企业在人才需求上发生了变化,他们要求学生要具有创造性,具有将专业技能运用于实践的能力,具有解决问题的能力,以及不断学习的能力。

其次,英国的高等教育日益普及,接受高等教育的人数剧增,导致大学生就业压力倍增,政府迫切需要增加新的就业渠道。

最后,随着社会环境的巨变,企业家精神成为社会文化推崇的焦点,促使众多学生不再安于工作现状,纷纷将目光转向自己创业。但现实却不尽如人意。大学生自主创业能力不足,创业比例较低,对英国的经济发展造成巨大影响。

英国的经济发展现状、就业现状、社会环境等因素促使英国转变认识,意识到必须要开展创业教育,才能提升学生的创业素质和创业能力。

在各种因素促使下,英国的创业教育需加快发展步伐。20 世纪 80 年代,英国政府明确指出,大学不仅要进行基础科学和人文学科研究,而且也要重视社会服务职能,为社会发展和经济发展提供有效服务。英国政府为大学创业教育的发展提供了强有力的支持、引导和规范,发起了"高等教育创业计划"。在这种背景下,英国高校改变原有办学理念,加入新的创业教育理念,逐渐开始重视培养创业型人才,逐步发展成为"创业型大学"。

二、英国创业教育的指导思想

(一)建设高校创业文化

从 20 世纪 80 年代开始,英国政府提出高等教育领域要逐步参入创业理念,逐步注重培养大学生的创业精神。政府的这种做法对英国高校的办学理念和办学文化产生了巨大影响。英国各高校相继增设创业教育课程,促使创业氛围形成。此外,英国政府明确指出,培养创业文化,需要全社会的共同努力。因此,在 2003 年,英国政府建立了 13 个科学创业中心,致力于传授创业技能。2004 年,英国高校大学生创业委员会成立,旨在提高创业文化氛围。同时,英国财政部为保障创业文化建设的顺利进行,提供了充足的资金支持。

(二)加强高校与企业合作

"联合与合作"是英国创业教育的重要指导思想之一。1987 年,英国高等教育的重要文件《高等教育:面对挑战》中提出,高等教育不能只停留在改进教学水平和提高学术水平上,而应该多关注是否满足国家经济发展的需要。高等教育应与工商业合作,满足在业人员需求,增设相应课程,注重培养劳动知识、技能全面,富有创业精神的人才。同时,企业也应适时地参与到高校创业教育中。2003年,英国高等教育白皮书——《高等教育的未来》一书中指出,高校与企业之间欠缺合作,高校传授理论知识和企业关注技术相对立,形成矛盾关系,高校与企业之间的合作关系有待加强。2003年,《兰伯特报告》发布,这是关于英国高校和企业合作的重要文件,其目的即在大力促进商业与大学之间的合作。英国注重高校与企业之间的合作,这为创业教育的蓬勃发展指明了方向。

(三)培养市场需要的高技能人才

英国高校创业教育要发展,需将重心放在适应社会发展的高技能人才的培养上来。2005年,英国教育技能部拟定《技能:在商业中增强》,重点陈述了英国政府建设高技能国家的改革规划。促进创新高技能人才就是该改革规划的重点。因此,高校创业教育应始终坚持培养高技能人才,促进学生就业能力的提升,为学生发展创造更多机会。

三、英国创业教育的课程设置

(一)根据学生需求开设创业课程

针对不同层次的学生,如本科生、研究生或文科生、理科生,英国高校分别开设了创业教育课程。

为本科生开设的创业教育课程主要体现在大一学生创业教育课程和大二学生创业教育课程的不同。总体来说,无论是大一的课程还是大二的课程都是强制性的。为研究生开设的创业教育课程则以选修课为主。以伦敦商学院研究生创业教育课程设置为例。课程内容主要包括训练学生创业创意、市场经济和创业管理等方面的课程。课程安排主要是第一年重在提出新技术项目;第二年分小组训练,就新技术项目进行评价、分析和计划,最终完成一个商业计划书。此外,部分高校根据学生的需求,开设了有针对性的创业教育课程。

(二)根据创业课程特点开设创业课程

英国高校创业教育课程在课程名称和教学内容上存有一定的区别。通过对102所高校创业教育课程进行调查,麦克翁等人发现,创业教育课程主要分为四种,分别针对创业、创新、创新管理及技术管理四个方面。调查结果还显示,绝大多数高校都开设了创业和创新课程,超半数的高校开设了创新管理课程,五分之一的高校开设了技术管理课程。从调查结果我们可以看出,英国高校创业教育课程以创业和创新课程为主。

(三)根据教师配备划分创业教育课程

根据教师的配备程度,英国高校创业教育课程分为商业基础课程和商业原理课程。商业基础课程以讲授商业概念、商业类型和商业运行过程等知识为主,而商业原理课程以讲授商业运作原理为主。商业基础课程能为创业实践活动提供针对性的指导作用,而商业原理课程的知识多为固定的商业知识,与实践活动联系不紧密。商业基础课程的讲授会结合实际,而商业原理课程的讲授仍以传统的授课方式(如课堂授课、出题考试等)为主。

四、英国创业教育的特点

(一)发展创业型的教学实践

发展创业型的教学实践要求教学方法从传统的讲授模型向体验教学转变,为学生提供适用的技能技巧,为学生提供案例研究和实习实践的工作机会。

(二)促成制度化的创业教育环境

促成制度化的创业教育环境要求创业教育目的和结果要清晰,创业教育机构各部门要通力合作,教育资源分配要合理,绩效目标实现途径要明确,教师和学生双方的能力均要提升。

(三)促成内外利益相关者参与创业教育

创业教育的发展,离不开利益相关者之间的紧密合作。创业教育需要牢固的学术理论基础支撑,需要紧跟日益变化的现实社会,需要践行于创业活动中,这些都需要高校内外利益相关者的密切合作,需要大学领导、教师、创业者等相关人员的参与。因此,要促成内外利益相关者参与到创业教育中,就需要政府部门、资金支持者以及高校内部人员之间要建立对话机制。

五、英国创业教育的模型

在"以创业型大学为目标"的报告中,英国大学生创业促进委员会明确了创业教育的三种战略模型:完全一体植入(优化)模型、大学领导的中介模型和利益相关者推动的外部支持模型。

(一)完全一体植入(优化)模型

完全一体植入(优化)模型具有如下特点:第一,在整个学校普及创业教育,采用终生学习的方式;第二,全体部门和学科共同参与(包括与技术转让部门的合作),提供创新性的教学支持;第三,设置跨学科教学学位和中心,为优秀研发部门授予专业地位;第四,注重企业家、学者、教授等的参与,并从中收集创业想法;第五,高校与校外利益相关者(如企业家等)密切合作,实现高校与社会的完美整合;第六,鼓励研究开发,鼓励教师与企业家建立合作关系;第七,鼓励开发和增设新的创业课程;第八,对校办企业进行投资,开放知识产权使用权。

(二)大学领导的中介模型

大学领导的中介模型的特点包括以下几方面:第一,加强项目发展和教学发展,设置校属专业化中心,开发创业项目;第二,接受高校教师领导,接纳有创业意愿的人员参与工作,向人员提供专业培训;第三,与利益相关者建立合作关系,与科技园区和技术转让部门建立合资企业;第四,鼓励企业专家团队参与部门工作,与商业支持服务者和创业投资者保持紧密联系。

(三)利益相关者推动的外部支持模型

利益相关者推动的外部支持模型具有以下几个特点:第一,由企业主管领导,为各部门提供训练方案,为高校教师和学生提供咨询和商业支持服务;第二,研究中心由利益相关者领导,重视高校的参与;第三,模型地址紧邻科技园区和技术转让部门,与他们合作建立合资企业;第四,鼓励与企业和利益相关者的合作,保持与感兴趣的学术人员之间的合作关系。

六、英国创业教育的师资培养

英国创业教育要求从事创业教育工作的教师要具备完善的创业专业知识、丰富的创业实践经验以及强烈的教育责任感。为此,英国高校非常重视对从事创业教育的教师的培训,注重教师自身创业理念和能力的提升,注重教师整体素质的提高。英国高校积极鼓励教师参与到企业中去,积极组织教师到企业进行考察,从而获取创业体验。

(一)选聘优秀教师进行教学工作

在创业教育教师的选聘上,英国高校既注重教师在学术上的造诣,又注重教师拥有的创业实践经验。高校教师参与企业工作,可以适时根据市场动态对创业课程做出适时调整,对学生的创业实践活动提出合理可行的指导意见。同时,教师的教学能力也得到了提升,创业思路也变得开阔。因此,高校积极鼓励教师参与企业工作。另外,高校还积极鼓励教师从事创业活动。众多英国高校的创业课程是多名教师一起讲授的,这些教师团队是由专职的创业教育教师、企业家、创业者共同组成的。例如,拉夫堡大学的"企业经营管理"课程由两名教师讲授,其中一名教师是专职的创业教育教师,另一名教师则是企业家或创业者,这两名教师共同教授同一门课程,一位具有专业性,一位具有实践经验,充分实现了优势互补。这些教师一起教授创业课程,能更好地促进学生创业知识的掌握和创业能力的提升。

(二)加强教师培训

英国高校不断加大对创业教育教师的培训力度。其中,英国东伦敦大学对创业教育教师的培训就是众多英国高校创业教育竞相学习的典范。该校坚持每年开办教师暑期创业培训班,对教师进行系统的创业培训,使教师的创业素质得到提高,使教师更好地了解市场形势、把握经济动态,从而设置出更合理的创业教育课程,丰富创业教学内容,活跃创业教学课堂气氛。高校邀请具有影响力的企业家作为培训讲师,方便高校教师与企业家进行交流,为校企交流和沟通提供了便利,有力地推动了高校创业教育的发展。

七、英国创业教育的实践

(一)学生抓住创业教育提供的机会为未来做好准备

学生会在公共部门、私人部门和第三部门谋取职业,开始工作,但是无论是在哪个部门任职,都要抓住学习和实践创业技能的机会。学生联盟、学生俱乐部以及学生社团提供的职位为学生提供了实践的可能。不仅如此,他们还可以从中学会管理等方面的技能。

(二)创业教育者丰富学生的大学经验

在创业教育过程中,教育者创建一个模拟的实习情境,以此来丰富学生的经历,让学生获得成就感。创业教育者应当积极鼓励学生参加实践,适时为学生提供实践的机会,将理论应用于实践,让学生形成新的商业思维和具备创办企业的技术和能力。创业教育除了能让学生获得成就外,还能让学生体会团队合作的力量,让学生获得社会发展和企业发展所需的技能。学生还可以利用在学校的学生社团里担任一定的职位、承担一定的责任来提升技能。总之,创业教育者能教授学生许多创业所需的技能,包括项目的预算培训等。

(三)创业者和社会企业家完全参与创业教育

创业教育过程中,经常会出现课程设计与雇主需求相脱节的问题,为了有效避免这一问题的出现,高校需要与创业者和社会企业家之间建立密切的合作关系。在创业教育中,保持与创业者和企业家之间的联系,可以让学生随时掌握市场前沿信息,让学生将理论知识应用到创业实践中,实现创业知识、技能的灵活应用。创业者和企业家可以参与高校创业教育课程的讲授,可以担任高校的创业课程教师。通过高校人员与企业人员的密切交流合作,学生不仅获得了工作机会,而且还得到了持续的职业规划发展。

(四)校长提供有形的领导

校长鼓励教学院系、创业教育者、创业者和学生共同努力来克服建构校园创业型文化的障碍。教学院系、创业教育者、创业者应支持创业教育的推广,支持让创业教育成为高校教学的一部分。此外,校长还应积极鼓励创业者为高校提供新的思路和想法,将创业者创业实践中总结的经验写入创业教育教材中,激励积极参与创业教育的教学院系,利用院校的影响力来印证创业效果。

(五)院系促成课程变革

创业教育的相关性应当辐射到不同的学科和专业。英国高校应积极创新创业课程,鼓励教学优异的学科中心和高等教育学科中心传授经验。创业课程教师、职业咨询师等应当鼓励学生适时利用好接受创业教育的机会,充分展示创业技能,利用好院系所取得的创业教育成就。

八、英国创业教育的实施路径

(一)提供更多的创业机会和平台

为了不断激发在校学生的创业热情,英国高校会竞相举行各类创业竞赛,并颁发竞赛奖金以鼓励参赛获奖者用于创业,以此做到"以赛促创"。

(二)提供创业教育的资金保障

创业教育需要资金支持,英国政府是其资金的主要来源渠道。为了促进理论知识应用于创业实践,提升整个国家的创业创新能力,从 20 世纪 80 年代开始,英国政府就为大学生创业投入了大量的资金支持。这些资金绝大部分来源于公共资源,依靠基金会(如高等教育创新基金、科学创业挑战基金等)最后用到大学创业教育中。除了政府提供的资金支持外,其他各种机构,如企业等,也分出一定数量的资金支持大学生创业。总之,英国将创业教育当作国家经济发展的动力,将英国科学创业中心和全国大学生创业委员会作为国家创业管理机构。

(三)充分利用多功能的研究中心

英国高校通过各种方式为学生提供专业师资力量和咨询服务,其中,最主要的一个方法就是创建各种创业、创新和企业中心等机构。这些机构帮助学生与企业进行沟通交流,为学生提供更多的创业技能支持和创业实习渠道,最终促成学生创业成功。

(四)联动全社会支持的网络资源

英国高校多方位为学生创业提供帮助,得到了社会各界力量的支持,包括政府、社区、企业、专门服务机构等。他们构成了庞大的社会关系网络资源。这个庞大的社会关系网络能为学生开辟更多创业渠道,能为学生创业提供更多资金支持,能让学生创业获得更多保障,从而降低创业带来的危机和风险。总之,英国高校有效地利用社会关系网络资源,有力地支持了学生的创业。

(五)着力探索教与学的创业教育课程模式

随着高校创业教育范围的扩大,创业教育需要重新进行定位,更新创业教育理念,重新整合创业课程。英国高校多措并举促使新的创业课程模式的形成,促进创业教育质量的提高。例如,谢菲尔德大学、约克大学和利兹大学合作成立了"白玫瑰创业教与学优异中心",诺丁汉大学成立了"综合学习进步中心"。英国高校创业教育更新价值取向,变换教学目标,以此形成新的教学模式,以便于为学生提供更多创业实践机会,让学生创业思维变得开阔、创业能力得到提升。英国高等教育基金委员会启动教与学优异中心基金,奖励在实践教学中做出突出贡献的教师,激励更多的教师从事实践教学。

第三节 日本的创业教育

一、日本创业教育的发展历程

(一)大学、企业各负其责阶段

1. 日本高校创业教育

20世纪60年代,随着日本经济的发展,日本迫切需要高新技术人才和熟练的技工人才。为了解决这一问题,日本高校转变教学重心,将更多的精力投入到了应用型专科人才的培养上。日本创立了"五年一贯制"高等专科学校,加强与企业之间的合作,开展多形式"产学合作教育"。总之,日本高校将注意力主要集中在培养高级技术人才方面。此时,日本的一些传统的职业学校也开设了部分创业教育的课程,但总体来说是非常有限的。

2. 日本企业创业培训

日本企业人员经营管理方面的知识多依赖企业举办的培训来获取。企业举办的培训方式主要有以下几种:第一,日本大企业自己的专门培训机构,为员工提供企业内部培训;第二,国家和各都、道、府、县设置的大量职业培训机构;第三,针对中小企业的管理者和技术人员,专门创办的中小企业大学校提供培训;第四,政府、企业合作创办的高等技术研修所,为在职人员提供培训;第五,各种社团组织开展的研修讲座、学术活动等。全民免费参加培训,根据相关规定,失业人员还可领到失业补贴。

(二)大学提供管理培训阶段

20世纪70年代以后,日本经济高速发展,企业得以快速壮大和发展,这时就需要高素质和高能力的人才。为此,大学开展了相当多的管理、经营、营销等多方面的培训。日本高校将职业规划教育的理念纳入学校教学、学习和实践,积极与企业展开合作,举办讲座、实践活动等。日本高校建立了具有独特特质的职业规划教育体系。这一体系的重点是学以致用,将专业知识灵活运用到社会实践中,特色是提升语言能力、跨文化交流能力等。此外,日本高校还向企业人员开设了MBA、市场营销等课程。在提供培训的同时,为资金支持寻找新的渠道,为社会服务扩宽道路。

(三)创业教育导入阶段

20世纪90年代以来,日本为保持经济的可持续发展,迫切需要增添新的促使经济活跃的因素。在此种形势下,中小企业因其便利灵活的优势逐渐替代大型企业,风险企业应时而生。风险企业发展势头迅猛,对日本的经济发展产生了强力催化作用。日本高校创办的风险创业企业,依靠其丰富的知识资源和独特的人才优势,将高校的基础研究推向市场,转变成为具有市场性的产品。

风险企业的发展,带动了高校与社会产业之间的正面合作。日本高校提出创业家人才计划,实行"企业见习制度",旨在提升学生的职业素质和职业理念。部分学校还引进"德国职业教育双重制"有力促进学生职业能力的提高。在2000年,日本教育改革国民会议为创业家精神做了明确解释,并提出创业教育就是培养学生的创业精神、提高学生的生存能力和改变学生的创业思维的。高校积极完善基础设施(包括风险企业、研究中心等),努力促成高校与特色产业有机结合。高校以终身教育为目的,实施灵活的创业相关制度,如选拔制度、定员编入制度、科目辅修制度等,以此促成社会人员创业成功。

(四)创业教育理念践行阶段

日本高校实行法人化改革,这促使高校必须要适应市场需求,保证在市场占有一席之地。为此,日本高校大力开创新企业,牢牢抓住创办风险企业的机会。中央教育审议会以"大学风险企业创设"为基点,利用"创业教育激励计划"平台,努力改变学校环境,创建一个适应创业教育的新体系。这一体系包含学生创业教育、大学校园内的指定空间、提供服务网络、社会力量和数据库资源和信息网络五个部分,以大学风险企业为中间交叉部分。

1. 学生创业教育

学生创业教育将大学生和研究者作为教育对象,然后开展商业教育计划。商业教育计划实施途径有很多种,包括学生必修一定科目、一定数量的创业课程,邀请企业家参与课程讲授,安排学生参观风险企业,举办创业计划设计大赛等。

2. 大学校园内的指定空间

日本高校创建了一个创业互助网络体系。这个体系范围广,包括学校的教师。体系具有开放性,教师、学生、企业人士等都可在这一指定空间内进行沟通交流,发表言论。这种体系实现了不同学科之间的互动,不同专业之间的交流,不同创业信息的传递,最终促成了大学资源的综合利用。

3. 提供服务网络

高校创设了各种服务机构,如校内企业孵化设施、创业辅导机构、种子资金服务机构等,在一定程度上为创业者提供各种服务,解答创业者的各种问题,为有潜能的创业者提供资金支持。

4. 社会力量

社会力量包括各种社会资源,如校友网络、非营利机构、地域性企业支援机构等。利用这些力量,可以实现学校和企业、社会之间的有效衔接,最终完善学校创业基础设施设备、完成创业课程教材设计、实现创业风险资金融入,促进经济发展。

5. 数据库资源和信息网络

日本高校建立与创业管理相关的数据资源库,专门为创业者提供创业知识服务。同时,建立与风险企业相关的程序库,专门关注风险企业的发展。建立数据资源库和程序库有两个依据:第一,不同的学校具有不同的创业教育理念和创业教育培养目标。但总体来说,日本高校的创业教育定位离不开创业重视型、地域连接型、全球战略型、日本本土型和理论活用型。第二,政府、产业、学校之间密切合作,相互支撑。创业教育离不开政府、产业、学校之间的互动和合作,若缺少了任何一方,创业教育的内容也就不完整了。

二、日本创业教育的特点

(一)致力于地方经济发展的地域性

20世纪70年代初期,日本经济进入安定增长期,经济管理实行地方分权模式,整体来说,日本迈进了"地域经济时代"。日本政府利用内发式的经济发展方式,促使地域经济变得活跃,从而实现地域经济发展的平衡。在创业教育过程中,日本加大地域经济利用度,着重与地域特色产业联系,将促进地方经济发展、体现低于产业优势作为高校创业型人才培养的目标。日本高校不断进行市场调研,积极探索地域企业发展优势,努力开发具有发展潜能的风险企业,开展与地域产业相联系的附加产业和服务。总体来说,高校的创业教育有力地推动了地域经济的发展,得到了地方政府和地方企业的认可和资助。

(二)"官产学"密切配合的社会性

"官产学"即政府、产业、学校。创新能力的提升,离不开"官产学"的密切合作。"官产学"的紧密良性合作,能促进经济发展,带来巨大的经济利益。在创业教育过程中,"官产学"有效配合,合理分工,为创业教育的开展提供了便利,彰显了创业教育的重要性。

首先,日本政府方面,中央省厅一直把创业教育视为重要课题,政府注重研究、思考和实际行动,这在一定程度上提高了改革效果。近些年,日本政府又制定了一系列利于创业的利好政策,如简化新公司申办手续等,这些政策极大地推动了高校创业教育的开展。

其次,在高校创业教育中,企业也贡献了一定力量。企业向学校提出人才需求,为学校提供"实习基地",为创业项目提供"风险资金"支持,与学校合作编写创业教育教材、设置创业教育课程、设计创业人才培养实施方案。同时,企业还将学校的科研创新成果应用于实践,从而转化为商业技术或产品。在高校创业教育中,企业架起了学校与社会发展之间的桥梁,企业发挥了中间枢纽的作用。

再次,日本高校自身不断发展、完善。高校转变教育理念和教育思路,提出全新的办学思路,增设创业孵化器、创业辅导机构等基础设施,加强与其他资源的合作联系,增设多样化的创业课程,吸引优秀的企业家走进校园,最终构建一个教学理念、教学课程、师资团队全新的完整体系。

(三)学校体系的相互衔接性

日本政府非常重视学校创业教育的衔接性。针对不同教育阶段,开设不同形式的创业教育。从小学阶段开始,1998年,文部省和通商产业省合作在小学开始创业教育。由此看出,日本政府认为创业教育应从小抓起。到20世纪50年代,日本文部省非常重视培养中学生的创业能力,他们把中学生的升学指导和职业指导明确称为"出路指导"。近年来,日本政府进行了创业课程整改,认为应该在"综合学习时间"内开设商店街活动、创业发明大王、动手练习等活动,为学生提供创业模拟平台,以进一步促进学生创业能力的提升。日本众多的职业教育机构(如高等专科学校等)不断开展多样的创业教育活动,提供创业技能培训,为学生实现创业提供了技术支持。日本高校为不同水平、专业的学生提供了充足的学习创业知识的机会。由此可见,日本的创业教育是终身学习,是一个贯穿各阶段的学习体系。不同的学生,通过接受不同方式、不同阶段的创业教育,提高了创业意识,获得了创业技能,在创业的路上更加自信。

三、日本创业教育的人才框架

日本创业教育研究中心曾就日本高校的创业教育模式进行过问卷调查。根据问卷调查的结果,构建了一个符合日本本土文化特色的创业教育框架。该框架主要关注创业家精神和创业家的资质能力。

(一)创业家精神

创业精神是指创业者要具备一定的创业素质和创业能力。这些创业素质和创业能力包括勇敢的挑战精神、强大的实践能力、持久的探索精神和无限的创造性。

1. 创业家精神的灵魂——创新

日本的发展壮大,离不开自身的独特历史文化底蕴。日本的历史文化很好地体现了东方文化与西方文化的交融。在这样一个文化背景下,日本的发展处处透着创新。在漫长的发展历程中,日本不断向其他国家学习,不断借鉴其他国家的成功经验,始终保持创新才能生存、创新才能发展的品质,最终建立了"合金文化"。日本的创新精神是多层面的,不仅仅包括科学技术的创新,还包括管理的创新、方法的创新和途径的创新。同时,日本的创新精神还是全方位的。从国家科学技术基本计划鼓励创新,到结合地区特色开拓产业创新,再到企业内部思路创新,这些都体现了日本的创新。

2. 创业家精神的关键——学习

一个创业者要成功,必须坚持不懈地学习。因为只有学习,才有可能取得成功。对于一个企业,必须秉持持久学习、全员学习、终身学习、团队学习的态度。学习形式多种多样,有学校为企业提供的各种形式的培训和讲座,有企业自行组建的职业能力提升课程,有民间组织(如夜校、私塾、研究团体等)提供的各种培训。这些形式为创业者提供了一个广阔的学习平台,扩充了学习渠道,是创业者学习很好的支持力量。

3. 创业家精神的法宝——顽强

创业家精神体现在两个层面,即静态的个体特征和动态的创业过程。美国国立标准技术院认为,处于基础研究和实用化之间的事业化这一阶段是非常不容易的。因为资金的短缺致使基础研究成果停滞,这被形象地称为"死亡之谷"。新产品开发出来以后,由于无法与已有产品和企业相抗争,导致在自然竞争中被淘汰,哈佛大学李维斯·布兰斯寇将这个时期称为"达尔文之海"。因此说,创业过程不是一帆风顺的过程,而是一个艰辛的过程。美国经济学家罗伯尔认为,日本是一个顽强的民族,日本民众和日本企业具有顽强不息、勇敢追求前进的创业精神。日本企业的这种创业精神主要体现在创新产品推销方面、增产节约方面、市场占领方面和劳动绩效方面等。因为顽强的创业家精神的存在,日本经济发展取得巨大的成就是必然的。

4. 创业家精神的精华——合作

日本是一个追求创新的国家,也是一个注重传统文化的国家。与中国传统的儒家文化一样,日本的武士文化深深地影响着日本的发展。这种武士文化强调个人在团队中的作用。在严重阻碍社会发展、组织生存的外部环境下,将个人融入团队中,依靠团队的智慧和力量来促进个人的生存与发展。因此说,与团队的合作是创业家精神的精华所在。

5. 创业家精神的天性——冒险

创业本身充满着很多风险和不确定性,因此创业家精神也就与风险和不确定性有着密切联系。风险,可以说与危险并存,表现为损害规模与发生频度的乘积。同时,在风险中蕴含着好处。我们可以这样理解,创业者在创业的过程中,必定会经历失败,只有在经历了失败之后才会创造奇迹,失败的经验中蕴藏了大量的机遇和体验。创业者只有不断冒险、不断失败,才能实现创业的成功。

(二)创业资质

对于创业资质,日本创业教育研究中心给了一个明确的定义:创业资质即创业者应具备的资质和能力,包括收集、分析、判断信息的能力,表达能力,决断能力,实践能力,交流能力,协作能力等。这些能力不仅体现在创业精神的方方面面,而且体现在师资团队组建、创业课程设置、创业课程讲授等多个方面。

在创业教育中,日本企业家教育协会和企业教育中心要求学生必须要具备创业资质,即具备挑战精神,具备创造力、行动力,具备信息收集和分析能力,具备团队合作能力,具备表现能力、交流能力,同时具备自信心、探究心等。

学校开展的系统的创业教育提供了一个较为合理的参考模板,众多的创业课程均是在让创业资质充分体现的前提下设置的。

四、日本大学创业教育课程的实施

(一)课程实施状况

日本高校创业课程的设置是一个逐步进步的发展过程。学校不同,创业课程在课程层次、课程人员的参与程度、课程的学习对象等方面均存在不同。为了适应学校发展需求,体现学校自身特色,学校开设了相应的创业课程。从创业课程内容来看,创业课程可以分为以下几大类:第一,与企业家的创业素质和个性特征相关联的课程,如企业心理素质课程、思维课程、创业行为课程等;第二,与创办企业相关的法律知识课程和财税金融知识课程,如法律知识课程包括合同法、公司法、知识产权保护等法律知识的讲授,财税金融知识课程主要讲解纳税知识等;第三,与企业内部运作有关的知识、技能方面的课程,如创业策划课程、资金运作课程、筹集与融资课程、资产管理课程、成本控制课程、市场分析课程、产品开发课程、市场营销课程、产品服务课程等;第四,与企业管理相关的课程,如管理学要素(决策、组织、领导、控制、创新)课程、质量管理课程等;第五,成功企业家和创业者案例分析课程。

这五大类课程组建了一个完整的创业课程体系,为学生创业能力的培养提供了强有力的内容支撑作用。

(二)大阪商业大学的创业教育课程

伴随着社会经济的高速发展、产业结构的急剧变化,大阪商业大学推出了"地域和大学合作创业教育·创业家育成"计划。根据这一计划,大阪商业大学建立了一个包含高中、大学和社会的联合创业教育体系。这一教育体系中,大学为主体。

大阪商业大学的创业教育分为三部分,具体内容如下。

第一,根据不同层次的学生,进行不同级别的创业教育,设置不同层次的创业课程。针对大学生,大阪商业大学设置了创业先锋班,主要讲授公共经营学科、商学科、经济学科等方面的科目课程。针对研究生,大学设置了地域政策学研究科目。此外,大学还开设学生创业俱乐部,举办各种形式的创业设计大赛。

第二,开展创业教育研究会,进行创业教育信息的沟通和交流。开展创业教育的信息交流和创业教育教材的开发。学校鼓励大学与高中之间进行合作,举办"创业想法甲子园"等活动,以激发学生的创业意识。同时,利用创业教育研究会,学校还探讨创业教育教材的开发。利用不同形式,很好地实现了不同教育层次(如大学生、高中生等)之间的有效衔接。

第三,建立创业育成中心、企业孵化器、相关的资助中心等创业基础设施,为具有发展潜能的创业计划或创业项目提供资金、技术等多方面支持。

除此之外,大阪商业大学还开设了其他一些相关课程,如商务开拓者课程、市场调研课程等。这些课程与日本社会形势紧密结合,在分析日本商业街低迷现状的前提下,提出了新的振兴日本商业街的思路和方案。参与商业先导课程的学生可以利用课余时间,深入到学校附近的商业街,亲身去了解商业街的发展状况,并不时地与商户进行沟通交流,针对商业街发展现状进行深入研究分析,最终提出切实可行的解决方案。在提出解决方案之后,将该方案运用到实践中,通过举办商业街活动等形式,激发民众对商业街的热情,让民众深层次了解商业街文化,从而促进商业街的发展。

大阪商业大学优先于日本其他学校,首先提出以实践为基础的创业教育课程设定型学习体系,针对新产品提出新课题、成立新项目。这种学习体系让学生在实践中不知不觉提升了创业能力,学到了创业技巧。

五、日本创业教育的实施途径

(一)创业计划竞赛

日本将创业计划竞赛作为检验学生创业教育成效的一个重要手段。创业团队合作诞生创业计划的过程,对参与者的创业素质是一次绝佳的检验。在创业竞赛方面,早稻田大学最为著名。早稻田大学从1998年开始举办创业计划大赛,帮助创业者完善其创业构想,寻找合作伙伴和支持者。之后,早稻田大学又开设了早稻田风险论坛,征集和选拔具有创意的创业想法。

(二)创业教育讲座

从创业讲座面向的对象来看,52%面向MBA,20%面向MOT,28%面向本科生。所采用的教学手段也是多样的,包括创业精神和技能的课程讲授、创业成功者经验论坛、创业计划制作+演习、实例研究+小组讨论、指导、企业见习制度等。在创业家养成的讲座内容中,"风险企业是什么""创业计划的做成""实例研究""经营战略""营销讲义"的实施率比较高。

(三)创业实践实习

实习是一种重要的接近企业的方式,大学的实习实施率逐年增加,高专的实习率远远大于本科的实习实施率。在创业实习过程中,多数学校将实习活动和地域经济以及产业、企业面临的实际问题联系起来,通过多种途径锻炼学生的实践能力,几乎所有高校都很重视基于实例分析的小组讨论。

(四)国际合作交流

日本在促进青年合作的国际交流行动方面做出积极的贡献。私立大学在20世纪90年代初引进"创办和改善你的企业"项目,给社会人士开展培训,帮助企业更好地发展。国际创新创业发展协会是由多位创业竞赛的专家学者、法人团体、企业人士组成的创新创业教育推进组织,日本是参与国之一。协会通过全球性的交流活动,建立一个足以成为全球焦点的整合性创新创业平台。日本还引入了VBL项目和KAB项目。日本非常重视与国外大学的校际交流,与美国的哈佛大学、麻省理工学院等知名高校在创业教育方面开展合作,学习先进经验。

第四章 大学生创业人才培养方案

新时期,我国要实现国富民强和中华民族伟大复兴的"中国梦",就必须重视人才的培养,尤其要重视创新型人才的培养。新时代,社会发展、人民幸福,"中国梦"实现的关键最终都要落到各类人才身上。人才在各个领域的创新能为我国社会发展奠定良好的思想、知识、技术基础。本章即对大学生创业人才培养方面的相关知识进行系统研究。

第一节 创业人才培养需求分析

大学生创业需要各方面条件的成熟,也需要有良好的外环境与内环境,需要"天时、地利、人和"。从微观层面来说,大学生创业需要有好的团队、充足的资金、场所等,即大学生创业有团队建设需求、资金需求、场地需求。

一、团队建设需求

有俗语称"宁要二流的点子、一流的团队,也不要一流的点子、二流的团队",由此可见团队的重要性。现代社会,个人的竞争力有限,团队竞争更具优势,大学生创业,不仅需要个人具有较强的创业能力,还需要一个优秀的团队。因此,在创业之前要组建一个好的团队。要建设一个优秀的创业团队,寻求合作者,应明确以下几点。

(一)创业目标明确合理

创业目标必须要明确,只有这样,才能让团队中的各个成员都明白自己所努力的方向是什么,也只有目标明确,才能对团队成员起到刺激与激励的作用。

(二)团队成员之间可以互补

创业者之所以要组建创业团队,其目的就是为了弥补创业目标与自身能力方面存在的差距,希望通过组建团队,让团队成员之间的知识结构和能力素养能够互补,从而通过团队成员之间的合作实现"1+1>2"的协同效果。

(三)保持团队的动态性和开放性

创业过程是一个充满不确定性的过程,在这一过程中,创业团队中的成员可能会因为观念、能力等的不同而出现人员变动的情况,有的团队成员离开团队,也有新的团队成员加入,所以,创业者一定要让自己的创业团队具有一定的动态性和开放性,以保证真正具有共同目标和理想的人能够被吸纳进入创业团队中来。

(四)创业团队成员之间必须团结

一个优秀的创业团队内部成员应该是彼此信任、能够同甘共苦的。

首先,团队成员之间必须相互信任,在创业过程中,创业者需要竭力维护这种互信。

其次,团体成员之间必须能共同承担责任,团队成员对创业团队的责任感是建立在有共同的团队目标基础之上的。

(五)创业团队成员间理念一致并且目标相同

第一,所有创业团队的成员都必须要对创业的目标、团队中的分配制度、管理制度、企业文化以及经营理念等认同,要对企业的长久发展具有信心。

第二,团队中的所有成员都应该认识到整个团队是一个整体,大家必须朝着共同的方向努力,必须要将集体利益置于个人利益之上,要明白没有团队的整体发展,个人的价值就无法实现,个人也不可能获得经济利益。团队中没有个人英雄主义,每个人都要为了团队的发展而不断努力。

第三,团队中的每个成员都要对工作充满热情,如果工作需要,个人要做好每天长时间工作的准备。

第四,所有团队成员都应明白,每个企业在成功之前都会遇到各种各样的问题和挑战,不能因为一时的困难就对企业失望,而应与企业同甘共苦,共渡难关,如果个人因为某些原因要离开团队,那么,必须将股权优先转让给团队成员。

二、资金需求

创业需要资金,这是毋庸置疑的,大学生创业,必须要有前期的资本投入,然后才能有之后的产出与收益。大学生在进行融资的过程中一定要遵循以下几条基本原则。

(一)安全性原则

安全性原则是指大学生创业者应根据自己的实际能力来决定企业融资的方式和数量,由于每种融资方式的风险不同,所以,创业者在进行融资之前,一定要对各种融资方式进行客观分析,根据自己企业的特点选择一种适合自己的融资方式。

(二)适用性原则

适用性原则是指大学生创业者应根据企业所需要的资金种类和数量来选择融资方式和数量。一个企业的经营活动对资金的需求具有多样性的特点,从资金的数量上来看,既有对股本的需求,也有对债务的需求;从资金的期限上来看,既有对短期资金的需求,也有对长期资金的需求。所以,大学生创业者一定要遵循适用性原则,根据企业的需求选择资金融资方式和数量。

(三)可得性原则

可得性原则是指大学生创业者应该根据融资的难易程度来决定选择哪种融资方式,并且合理确定融资的数量。在外部条件一定的情况下,不同企业的经营状况、融资方式等决定了对资金的可得性是不同的。例如,股份有限公司可以通过发行股票的方式进行融资,而有限责任公司就不能通过这种方式进行融资。另外,与小公司相比,一些大公司的担保能力强、信誉比较高,而且盈利水平也较高,所以他们的资金可得性就比较强。

(四)收益性原则

收益性原则是指大学生创业者在所需的资金获得方式和数量上,应该以尽可能少的成本去获得所需要的资金。公司是以盈利为目的的经济组织,所以,其经营活动必须要遵循收益性原则,凡事都要核算成本,尽可能地降低成本,争取利益最大化。对于企业来说,每种融资方式所需要的成本都是不同的,所以,企业应该根据自己的实际情况确定融资方式和数量,最终使企业能够以最少的成本获得最大化的收益。

三、场地需求

任何创业都需要有一个固定的办公和经营场所,选择经营场所是大学生创业者的前期准备工作之一。

(一)选择场地的策略

1. 在考察与评估备选地址的基础上选址

创业者要对多个备选地址进行实地考察,并采用科学的定量分析的方法对备选地址进行考察与评估。经过对备选地址的实地考察与定量分析后,选择出最佳地址。

2. 在收集与研究市场信息的基础上选址

市场信息决定着创业者能否正确地做出选址决策。依据影响企业选址的各种因素,创业者可以自己或借助中介机构收集市场信息,并对收集的多方面市场信息进行定性与定量的科学分析,在此基础上进行科学选址。

3. 在咨询与听取多方建议的基础上选址

创业者经过咨询有经验的企业家或相关人士,把新企业选址的备选方案与最佳地址呈现出来,听取他们的意见与建议,获得有益的帮助。

(二)不同类型企业的选址

创业选址应结合创业项目性质不同合理选择。

1. 商业型企业选址

商业企业的生存与发展追求规模效应,需要在客流量大的商圈选址,并具有一定的辐射范围。一般来说,初创企业规模小,缺乏店铺租赁资金,因此,初创企业可以结合企业的具体情况,选择组柜台、委托代销、联合经营等多种方式,抢占商业圈一角,站稳脚跟后再逐渐扩大场地。

2. 生产型企业选址

生产型企业选址应注意以下几点。

第一,生产型企业以商品盈利为目标,为了实现产品变现,应该选择交通便利的地方,以便于企业所生产产品的对外运出。

第二,生产所使用的原料基地、劳动力资源要尽量靠近企业。

第三,生产场地应具有良好的用于生产的物质基础设施条件,有良好的生产用电和用水条件,以免因经常停电、停水而影响生产。

第四,结合政策条件,考虑企业用地的优惠地点选择。

3. 服务型企业选址

服务型企业包括类很多,各类型经营特点不同,选址需求也不同。但不管哪种类型的服务型企业,都应该结合服务对象来选址,充分考虑服务对象的便利性。例如,如果服务对象是学生,那么企业的选址应临近学校;如果服务对象为居民,那么企业选址在居民区附近效果最佳;如果服务对象是社团机关,那么选址就应在服务对象临近地。

需要特别指出的是,选址对于初创企业扩大经营非常有利,但是一个企业真正的竞争力还是要放在经营管理方式上,否则,再好的选址,经营管理不科学,也只能是导致创业失败。

第二节 创业人才培养目标

培养创新人才的目标在于造就创新人才的素质。创新人才的素质包括知识素质、能力素质以及心理素质等。首先,创新人才必须具备渊博的知识,不仅要有精深的本专业知识,而且要有丰富的邻近学科知识和尽可能多的其他知识。知识愈多,联想就愈丰富,激发创见的概率也就愈高。历史上著名的、有创见的科学家都是学识渊博者。其次,创新人才还必须掌握一定的能力素质,基本能力是培养创新人才的关键。创新知识、理论只能提供一些门路,创造一些条件,但要真正逾越一道道创新的"峡谷"和"高峰",还要辅之以创新者足够的能力,只有具备较强的创新能力才能有效地搏击于创新的海洋之中。最后,具有了足够的知识和能力之后,创业者还必须具备良好的心理素质,唯有如此,才有可能取得创业的成功。

一、培养创业人才知识素质的途径

(一)通过大学课堂、图书馆和大学社团获得相关的创业知识

通常来说,大学生的自我意识基本都已经觉醒,大学生都能知道自己的兴趣是什么,以及自己能够具有什么价值,从而能够为自己的人生做一个初

步的规划,这就为之后的发展打下了初步的基础。对于一些有创业想法的大学生来说,在大学期间他们就应该为自己之后的创业积累知识和经验,大学生可以主动地去接受创业方面的教育,去积累创业方面的经验。大学生可以通过大学课堂、图书馆获得相关的创业理论知识,同时也可以通过大学社团等去获得相关的创业经验等,这些都能为大学生的创业奠定良好的基础。

(二)通过媒体资讯获得相关的创业知识

大学生也可以通过媒体资讯来获得相关的创业知识。

1. 通过纸质媒体获得相关的创业知识

人才类、经济类媒体是首要选择。例如《21世纪人才报》《21世纪经济报道》等。

2. 通过电视媒体获得相关的创业知识

电视中的一些节目,例如《赢在中国》《创意中国星》《创业英雄汇》中都对创业的相关知识进行了一定的介绍,通过观看这些节目,可以积累一些关于创业方面的知识。

3. 通过网络媒体获得相关的创业知识

目前,互联网非常发达,大学生可以在网络上搜到许多关于创业方面的知识,了解最新的创业政策。

除以上途径外,通过高校的就业指导中心、科技信息中心、创业服务中心等途径也可以获得关于创业方面的信息。

(三)通过与商界人士进行交流获得相关的创业知识

大学生可以在自己的现实生活中通过与一些有创业经验的教师、亲戚、朋友等进行交谈,从中获得有关创业的知识和技巧。甚至还可以通过打电话或者邮件、微信等形式与一些商业界人士进行交流,或者向一些与自己想创业的项目相关的商业团体进行咨询,以获得他们的支持,从中获得一些有用的创业知识。

(四)通过创业实践获得相关的创业知识

创业实践是大学生学习创业知识的最好途径。创业实践可以分为直接的创业实践和间接的创业实践。

1. 直接的创业实践

直接的创业实践是指大学生可以通过高校所提供的社会实践机会而获得，也可以通过利用课余实践去兼职打工、参与策划或者试办公司等途径获得，还可以通过举办创意项目活动或者是参观和参加高新技术成果交易会等多种方式来获得。

2. 间接的创业实践

间接的创业实践可以通过高校所举办的各种创业竞赛、创业技术大赛或者发明专利赛等各种赛事获得，通过这些竞赛，大学生对创业知识的掌握程度可以加深，对以后的创业活动具有指导意义。

总之，大学生要想获得创业方面的知识，可以通过多种途径来获得，只要用心，无论是在生活中，还是在高校学习中，都有可能获得来自各个方面的创业知识。

二、培养创业人才能力素质的途径

大学生可以通过以下几种途径来提高自己的创业能力素质。

（一）培养良好的社会意识

良好的社会意识包括团队工作的意识、与他人合作的意识、环境意识、竞争意识、品牌意识、安全意识以及强烈的社会责任感等，这是培养大学生创业素质和能力的保证，对提高大学生的创业素质和能力都具有重要作用。

（二）树立牢固的专业意识

专业意识是培养大学生创业能力的重要前提。大学生刚开始创业时所创办的企业规模通常比较小，小企业要想在激烈的竞争中生存，必要具有有特色的产品和服务，这就要求创业者必须要树立牢固的专业意识，拥有与创业相关的扎实的专业知识和技能，并要根据企业的发展和市场的需要不断学习新知识和新能力，以便在激烈的竞争中立足。

（三）努力学习相关知识

知识可以促进能力的发展，任何能力的形成和提高都需要个体首先具有扎实的知识，创业能力也不例外，大学生创业者要想具备较高的创业能力，必须要在大学期间认真学好创业所需的各种知识，只有知识具备了，才能在不断积累的过程中形成创业能力。

(四)请教他人

可以直接向创业成功人士进行请教,特别是自己想从事领域的成功人士。听听这些成功人士的体会和建议,学习他们成功创业的经验,可以有针对性地提高自己的创新创业能力。

(五)迅速掌握一些小技巧

第一,不懂就问,不会就学。
第二,与有能力、有价值的人士合作。
第三,可以交一些"顾问型"的朋友。
第四,善于集中别人的智慧,使自己变成最聪明的人。
第五,知人善任,将各种不同特点的人组合成团队。

(六)参与各类实践活动

实践活动是培养大学生创业能力的有效途径。大学生参加社会实践活动,可以使自身具备的各类基本素质和潜能得到发挥,领导能力、组织能力和合作意识得到加强。大学生应根据自身和专业的特点,积极参加各种实践活动,在确立目的、制订计划、选择方法、执行决定和开始行动等整个过程中,提高创新创业能力。

三、培养创业人才心理素质的途径

(一)通过榜样激励来培养

榜样是具体的、现实的、鲜活的,因而对人们来讲是可信的,能对人的心灵产生震撼。因此,大学生要多看一些励志图书、多学习成功人士以及其他同学的创业案例,以此来唤起自己的共鸣、激发成功的欲望和创业的欲望。

(二)通过心理暗示来培养

暗示对人的影响是潜在的,也是巨大的。在日常的学习与各项活动中,大学生自己要经常对自己进行正面的心理暗示,多参加演讲或各类比赛活动,等等。通过这样的暗示来增强自信、增强创业的胆量和勇气。

(三)通过受挫来培养

人在成长过程中总会遇到各种各样的心理挫折。大学生在学习成长过程中同样会遇到各种心理挫折,而这正是提升自身心理品质的机会。为此,大学生应当注意以下几点。

第一,要始终铭记我国先哲孟子的一句话:"天将降大任于斯人也,必先苦其心志,劳其筋骨,饿其体肤,空乏其身。"

第二,奋发努力。当自己的原来目标无法实现时,要正视现实,主要分析自身原因,发挥自身优势,通过努力争取达到目标。

第三,升华行为。就是当大学生遇到困难挫折时,既不怨天尤人,也不自暴自弃,而是要化这些消极的情绪为积极的动力,以积极的心态去面对和解决这些困难挫折,从而为实现更高层次的目标努力。

第四,寻找补偿。当在一方面受到挫折时,有时通过努力也无法改变这一状况,此时,大学生可以转变思路,试试从其他方面入手,充分发挥自己的优势,有时会取得意想不到的效果。

第三节 创业人才培养规划

一、对创业人才培养的结构进行分析

当前社会对人才的综合素质要求越来越高,在人才需求方面表现出多元化的特点,在高等教育大众化时代,青年人对高等教育的求学需求是多样化的,因此,教育系统的人才培养模式也是多样化。现阶段,为了适应经济社会发展对人才多样化的需求,同时为了满足青年人对高等教育多样化的求学需求,我国高等教育人才培养模式是多样化的、多层次的。我国非常重视高新技能性人才、复合型人才的培养,《国家中长期人才发展规划纲要(2010—2020年)》明确提出了"高端引领,整体开发"的人才培养基本方针,强调要突出培养造就创新型科技人才、大力开发经济社会发展重点领域急需紧缺专门人才。

二、采用创新人才培养的新模式

人才的培养是一个复杂和系统的过程,需要建立相应的人才培养模式,整合各类资源培养人才。目前,在我国高校教育中,高校人才培养模式主要是围绕"培养什么人""用什么培养人""如何培养人""培养的人怎么样"四个问题来思考和谋划的,整个人才培养模式涉及以下几个基本模式要素。

(一)培养目标

在人才培养模式中,培养目标是人才培养模式中的决定性因素,培养目标为具体模式的科学构建和运行指明了具体的方向,是人才培养活动的重要出发点和归宿,其重点解决的是"培养什么人"的问题。新时期,我国人才培养目标确定应符合以下基本要求。

第一,培养符合社会发展要求的人才。

第二,培养目标要以学生的实际发展为目的,应符合学生发展要求,确保学生身心健康、全面发展,不断调动其主观能动性和创新力。

第三,培养目标应具有多元化特征。社会对人才的需求是多元化的,因此,人才培养目标也应当坚持多元化优化创新。

第四,培养目标应体现出系统性特征,不同细小目标之间既有横向联系,也有纵向关系,使人才的培养能保持持续性。

(二)培养内容

人才培养内容具体是指为了实现培养目标,制定的培养制度,以及选择的教育内容、形式及其进程的总和。在人才培养模式中,培养内容解决的是"用什么培养人"的问题,高素质人才的培养,培养内容的确定非常关键,应具备以下基本特点。

第一,培养内容要具有实用价值。

第二,注重学生的创新意识、创新理念的培养。

第三,现代社会迅猛发展,信息与知识的增长几乎是爆炸式的,在人才培养过程中,应不断创新教材、广泛开发人才教育教学资源。

(三)培养方法

在人才培养模式中,培养方法解决的是"如何培养人"的问题,重点涉及高校针对大学生的具体教育教学方法。教学方法应有助于教师与学生之间的有效互动,应有助于学生学习的主动性与积极性的调动。

(四)评价体系

评价体系是对实施教育的过程和结果进行考核和测评,科学的人才评价体系是保证人才培养质量和培养目标实现的重要措施。在人才培养模式中,评价体系解决的是"培养的人怎么样"的问题,主要涉及培养结果层面的质量的考核评价。科学的评价体系有助于对整个人才的培养质量进行有效的信息反馈,从而对人才培养过程中不妥的地方进行调整,使人才的培养更加高效、质量与数量不断提高。

三、构建创新创业人才培养体系

(一)我国几种典型的高校创业人才培养形式

第一,将第一课堂和第二课程结合起来对高校人才进行培养,这一形式强调对高校人才的知识构建和创业意识的培养,通过开展创业计划大赛、创业专题讲座、创新创业大赛等形式,以第一课堂作为依托,结合目前的社会现实以及大学生的创业知识和能力等,鼓励大学生积极参与社会实践,希望通过这种形式来提高大学生的综合能力。中国人民大学就是采取这种形式对高校创业人才进行培养的。

第二,创业知识、技能的培养与实践相结合的高校人才培养形式,这种形式认为大学生创业基本素质的培养是提高大学生创业能力的良好途径。北京航空航天大学和浙江大学都是采取的这种培养形式。

第三,提倡大学生在创业实践中学习并培养其创业的基本素质,这种形式在对大学生进行创业知识教育和创业精神培养的同时也为学生提供相关的资金知识和技术服务,具有更加科学和系统的特点。清华大学和上海交通大学都采取这种培养形式。

(二)我国高校创业人才培养体系存在的主要问题

1. 创业课程体系不完善

目前,一些高校由于没有及时了解市场需求,结果导致创业课程体系不完善。对此,高校应采取以下措施解决。

第一,及时了解市场需求,采用最新的教材。

第二,及时了解市场需求,改革创业课程内容的设计。

第三,根据不同专业的特点,改进教学方法。

总之,高校要以市场需求为导向,不断完善创业课程体系。

2. 创业人才培养目标不明确

由于我国对高校创业人才培养体系的研究时间尚短,所以对创业人才的培养目标不是很明确,有的高校将培养大学生的创业知识和能力作为主要的培养目标,有的高校则将培养大学生的创业意识和创业精神作为创业人才的培养目标。所以说,高校人才的培养目标还需要进一步得到明确。

3. 创业师资结构不合理

师资是教学活动能够顺利进行的基本保障,师资水平的高低对高校教学质量和水平的提高具有重要作用,高校要想达到既定的教育目标,实现培养创业人才的目的,就必须要对高校的师资结构进行调整。如何让师资共享,如何实现大学创业教育的理论与实践的结合,是目前各大高校急需解决的问题。目前,我国在高校创业的师资结构中缺少具有创业实践经验的教师,师资结构不合理,这样导致的后果是培养出的高校创业人才很难适应现实社会的需要,各个高校不同程度地出现了教用分离的现象。

4. 创业实践教育效果不佳

目前,我国大多数高校创业教育中都存在重理论而轻实践的现象,在创业理论和实践教育的时间方面存在配比不合理的现象。因此,高校应该重视这一现象,努力为大学生提供创业实践机会。另外,创业实践的内容与方法也应该根据市场实际情况进行相应的调整,渗透岗位特色教育。

(三)高校创业人才培养体系构建的对策

1. 明确创业人才培养目标

对于不同年级的大学生,高校应该注意创业人才培养目标的不同。对于大学一年级的学生来说,高校要注重培养他们的创业意识,使其对创业有一个初步的了解,树立正确的价值观,明确创业的意义;对于大学二年级的学生来说,高校主要要灌输给他们一些创业方面的知识,鼓励学生多掌握一些创业知识,并具有良好的心理素质,从而为创业打下良好的基础;对于大学三年级的学生来说,高校要通过培养,使其掌握创业的一些方法;对于大学四年级的学生来说,高校应为大学生提供一些实践的机会,让大学生多掌握一些创业能力。[①]

---

① 王东明,刘姬冰. 基于现代教育理念导向的大学生创业教育探讨[J]. 青春岁月,2015(11).

2. 注重课程内容的交互性

高校对于创业课程的设置,应打破传统思想,突破学科的局限,重视与不同专业的相互渗透与融合,丰富与创新创业教育的课程内容。高校中的每一门学科和专业经过了长时期的发展,都已经具有了自己的专业特点和优势,而创业课程作为创新课程的一种,在对不同专业及不同特点的大学生进行培养时,要汲取和掌握不同学科及专业的核心点,将其融入创业课程中来,以发挥创业课程的优势,弥补学生的不足。实现因材施教,对不同专业的学生设置不同的创业知识传授,这样做既可以促进创业教育内容的完善,同时也是培养创业人才的比较科学的方式。

3. 优化创新创业人才培养方案

(1)突出大学生创新创业教育

大学生创新创业教育是面向全体学生的一门课程,因此,高校要将创新创业教育纳入人才培养方案,纳入学分制,纳入创新创业课程体系,通过各种方式鼓励大学生多掌握创新创业知识和能力,以为社会培养合格的创新创业人才。

(2)科学构建课程体系

第一,高校应该不断优化课程体系,将高校中更多的课程设置为应用型,将大学生的一些作品等尽可能地转化为产品、商品,从而促进大学生的创新创业发展。

第二,加强高校课程的整合与充足,充分实现多学科之间的交叉与融合。

第三,提高培养大学生人才素质的力度,努力做到学习、实践与创新相统一。

第四,面向全校学生开设"职业生涯规划""就业与创业"等创新创业类相关课程。

(3)重视实践教学环节

实践教学是培养新型人才的一个重要途径,具体应做到以下几方面。

第一,增加与课程相关的实验,以提高学生的观察能、操作能力和解决问题的能力。

第二,增加实习机会,使学生获得课堂教学无法学习的宝贵的经验,提高其创业能力。

第三,组织学生参加科研活动,开展市场调查,提高学生参与社会的能力,并从中获得宝贵经验。

4. 加强创业专职师资队伍建设

(1) 重视对专职创业理论教师创新创业经验的培训

为了适应社会的发展需要,高校专业的创业理论教师一定要掌握创业的相关技巧,具有一定的创业实践经验,这是高校可以培养出适合社会发展的专业人才的重要举措。高校专业职业理论教师的言传身教会对大学生创业起到潜移默化的影响,对提高教育效果具有重要意义。因此,高校在对专职创业理论教师进行培训时,一定要引导和鼓励教师自主创业或者到实践中去亲身体会创业的艰辛,从中有所收获,以此提高专职创业理论教师的水平。

(2) 壮大专职创业导师队伍

为了保证专业创业导师队伍的稳定性和专业性,可以从学校团委或者招生就业处等高校创业实践管理部门挑选一些在创业实践指导方面具有经验的管理者,然后对他们进行系统培养,通过有针对性的专业培训,使其掌握创业的相关知识和教学技巧,以此壮大专职创业导师的队伍,而且还能够整体提升学校创业人才培养方面的工作质量和水平。

(3) 实现教师队伍的分类任用

对于具有不同知识素养的教师可以进行分类任用,即对于那些具有扎实的创业理论知识的教师,可以让其主要负责教材的选用或者撰写方面的工作,而对于那些有实践经验的创业教师,则可以安排其对学生的创业实践进行指导,使学生能够从实践中积累知识和经验。通过实现教师队伍的分类任用,可以让具有不同知识素养的教师各司其职,从而更好地进行创业人才的培养。

5. 加大创业政策宣传力度

(1) 把创业扶持政策作为课堂教学的重要内容

各个高校要全面开展创业教育,将创业教育纳入教学计划中来,实行学分制管理,建立贯穿整个大学期间的创业教育体系。同时,也要安排一定的课时,为大学生解决创业扶持政策,对每条政策认真解读,另外,一定要关注政策的变化,当政策放生变化时,一定要及时传达给学生,并教会学生可以通过何种途径了解创业政策。

(2) 印发就业创业政策宣传手册

各高校可以组织人员对近些年的创业政策进行搜集、整理,为了避免学生对此不感兴趣,高校可以将这些政策采用图画或者是问答的有趣形式整理出来,让学生可以更直观地理解相关的创业政策。同时,高校还可以通过创业竞赛、知识问答等互动性较强的形式,让更多的大学生对创业政策有所了解。另外,高校也可以在本校的网站上设置专栏对大学生创业的相关政策进行展示,并及时更新,以方便大学生及时了解相关政策。

(3)组织开展创业扶持政策宣传月活动

各高校可以根据本校的实际情况,确定每年中的某个月作为本届毕业生的创业政策宣传月,在此期间,要充分利用各种渠道对大学生进行创业政策宣传,争取在最短的时间内让大学生了解最新的创业政策。

6. 突出学科特点,开展特色创新创业教育活动

大学生要想顺利创业,就必须要具有多方面的知识和能力,针对这一特点,高校应以创业行动计划为核心,以创业竞赛和创业实践活动为载体,开展形式多样的具有特色的大学生创业活动,以培养大学生的创业精神和能力,使其探索出可行的创业道路。

7. 拓展大学生创业实践平台

高校要为大学生拓展实践平台,可以引入微企,微企产品少、种类少,具有操作灵活、结构单一等特点。学生创办微型企业,不仅可以解决自己的就业问题,还可以从中获得收益,为今后的发展奠定基础。同时,国家也有相关的政策扶持微型企业的发展,这就在无形中为大学生做微企提供了良好的条件。大学生选择微型企业创业成功的可能性就较大,但大学生要做好以下几点。

第一,利用校企合作的形式推动微型企业的发展。

第二,在自己的合法权益受到侵害时,大学生要懂得用法律武器保护自己的微型企业。

第三,在符合政府政策的条件下建立符合实际需要的管理体系。

第五章　大学生创新思维与创新意识

创新是民族的希望,也是人类的希望,人类社会的发展史就是一部不断创新的历史,从燧木取火到蒸汽机的发明,从烽火台的狼烟四起到现代互联网技术的迅速发展,这些成果中无不渗透着创新。这些创新成果都是人类智慧的物化,都是思维的凝结。在如今这一创新时代,创造更有力量。创造性的思想,就是财富。

第一节　培养创新思维

一、创新思维的概念

"思"即"思考","维"为"序"或"方向"。通俗来说,"思维"就是按一定顺序去想,或者是沿着一定的方向去思考。思维是认识的高级形式,是人脑对客观现实间接的、概括的反映,就是人的大脑对知识和信息进行加工与处理的活动,它反映的是客观事物的本质属性和规律性的联系。[①] 创新思维是指在已经获得的知识和经验的基础上,提出新思路、新途径、新方式,并创造出形成一定价值的新观点、新理论、新方法等创新思维成果的一种思维活动。它是在一般思维的基础上发展起来的,是人类创新实践和创新能力发挥的前提,是人类特有思维的高级形态。创新思维是人类一种伟大的财富。

二、创新思维的类型

创新思维这一思维类型不是单一的,而是复合的,是综合起来的一种方

---

① 邢群麟,王艳明. 一看就懂创新思维[M]. 上海:立信会计出版社,2010:10.

式。具体来说,创新思维涉及如下几种。

(一)发散思维

发散思维是指在思考问题时从一个思考点出发,然后朝着不同的方向思考,从而得到多种不同答案的思维模式。

1. 发散思维的特征

发散思维具有以下几个鲜明特征。

(1)独特性

独特性是指提出的设想具有新颖性的特点,这是发散思维最本质的特点,独特性可以时思维突破传统的限制,从而获得新颖独特的成就。

(2)变通性

变通性也可以称为灵活性,是指所提出的设想非常灵活,这种灵活既包括对知识运用的灵活,也包括观察问题角度的灵活,这种灵活性是发散思维的关键所在。

(3)流畅性

流畅性指单位时间内产生设想和答案的多少,是衡量发散思维的速度的标准。发散思维的流畅性要求从一个已知的信息出发,从而构想出多种可能的答案,以便为后来的思维提供比较多的选择对象,概括来说,发散思维的流畅性包括字词的流畅性、观念的流畅性、图形的流畅性以及表达的流畅性等。

(4)多感官性

发散思维的多感官性是指发散思维不仅要用到听觉思维、视觉思维,而且还可以充分利用其他的感官来共同参与。

2. 发散思维的训练方法

(1)材料发散法

材料发散法是指以某一种材料为发散点,想象这种材料除了基本用途外,还有其他哪些用途。

(2)形态发散法

形态发散法是指以事物的形态作为发散点,想象着某一形态还可以演变为其他哪些形态。

(3)功能发散法

功能发散法是指以事物的功能为发散点,想象着某一事物除了基本的功能外还具有哪些功能。

(4)因果发散法

因果发散法是指以某一事物或现象为发散点,想象这一事物或现象出现的原因或者产生的结果。

(5)方法发散,指的是以一事物的使用方法为发散点,设想它的多种用途,或为达到某一目的而采用多种方法,即一法多用或一能多法。

(二)辩证思维

辩证思维是指客观地看待某一项事物,并在头脑中形成反映,是辩证法的体现,是要求人们用系统全面的观点看待问题、分析问题。辩证思维是一种科学的思维形式,其与其他思维方式存在差异,并具有系统性与全面性。

辩证思维也有很多的方式,如抽象思维方式、具体思维方式、综合思维方式、分析思维方式、归纳思维方式、演绎思维方式等。这些方法是基于辩证思维的规律为指导的,是辩证思维的主要表现。

当前,辩证思维已经发展成为具体的锚段,是对问题加以解决的主要工具和方式,是促进现代科技进步与发展的杠杆。

(三)收敛思维

通常来说,收敛思维是在发散思维的基础之上进行的,为了能够迅速找到具有实用性的结果,发散思维和收敛思维是不能截然分开的,在进行发散思维的时候,不追求产生最优的结果,多一些和少一些都可以。但是为了确保收敛的时候能得到最佳的答案,发散的数量应尽可能多一些。收敛思维承担着产生最优结果的重任,思维效果直接影响问题是否能够得到最好的解决。为此,就要掌握一些收敛思维培养与训练的方法。

1. 科学掌握收敛思维的时机

收敛思维的方向与发散思维是相反的,如果将两者同时进行,必然会互相干扰,对思维结果毫无积极意义,因此,对于这二者,最好分开进行,当运用发散思维进行思考寻找出尽可能多的答案或者方案时,先不要考虑结果如何。换句话就是说,不要过早进入收敛思维阶段。最好的时机是在发散思维已经难以捕捉到新的设想、方案时,思维再开始进行收敛。与此同时,要适度进行发散思维与收敛思维。在发散思维进行的时候,不能发散起来没个尽头,该收敛时就得收敛;但在收敛时也不能着急,没有发散完毕,收敛就会挂一漏万。在实际生活中,收敛和发散经常是交替进行的。例如,你上街逛商店,要买一件漂亮、时尚而又便宜的衣服。走进第一个商店,看了几种,都不太满意;再走进第二个商店,再看几种,仍然不满意,继续逛,直到买到最满意的为止。这就叫适度进行发散思维与收敛思维。但是,你不能永远逛下去,可能逛到最后还不满意,还不如前面商店的,这样将会毫无结果,一无所获,所以差不多买下来就可以了。但也不能看了一两家就买,买完发现后面的商店的衣服更好、更便宜。

2. 运用知识和积累经验并熟练掌握逻辑思维方法

收敛思维的基础是知识与经验,当人们试图运用收敛思维从众多的方案与结果中找到相应的关系时,知识与经验就发挥着重要的作用,这就要求我们要不断学习知识,积累经验。

收敛思维是根据逻辑链进行的思维方式,其常用的分析、判断、综合、推理等方法都要用到创新主体,这就要求人们熟练掌握逻辑思维方法。

3. 合理把握收敛思维的尺度

在发散思维的基础上,思维主体还要根据自己的知识和经验将前面所产生的各种设想和方案等通过逻辑思维与要解决的中心问题联系起来进行评价和选择。合理把握收敛思维的尺度,这其中的尺度是指评价和选择设想方案的宽严尺度,既不能过宽,也不能过严。由于知识和经验有限,所以人所掌握的创新结果的尺度也不可能全部是正确的,这样就会出现一些具有潜在价值的设想很可能会被你当作无用的而舍弃掉。所以,个体在进行收敛思维的时候,不能随便将一些设想舍弃掉,而应将尺度尽量放宽,从而把有价值的设想尽可能地留下来。

(四)逆向思维

逆向思维,又称为"求异思维""反向思维",指遇到问题时,从问题的相反面考虑。让思维向着对立面的方向进行探索,即"反过来想""反其道而思之",敢于挑战权威和习惯,达到"出奇制胜"的目的。

1. 逆向思维的特征

(1)普遍性

逆向思维在各个领域,各种活动中都有应用,所以,逆向思维在我们的现实生活中具有很大的普遍性。

(2)批判性

逆向思维是对传统、惯例和常识的反叛,是对常规和权威的否定和挑战。在现实生活中,很多司空见惯的事情并不一定是对的,所以,对于任何事情都应持有怀疑精神与批判精神,这也正是逆向思维的重要特征。

(3)反向性

反向性是逆向思维的重要特征,是逆向思维区别于其他创新思维方式的典型特点,也是逆向思维的出发点。在现实生活中,正向思维是以往经验的总结,为解决一些常规问题提供了现成的思路,因而在一定程度上是解决问题的有效途径,提高了工作效率。但是,如果这种"正向思维"被凝固化、绝对化,就会阻碍创新。但需要指出的是,这个世界上不存在绝对的逆向思维方式,当一种公认的逆向思维方式被大多数人掌握并使用时,它就转变为正向思维模式了。

2. 逆向思维的训练方法

逆向思维是一种重要的创新方法,可以通过训练来提高,方式主要有以下几种。

(1)功能逆向

功能逆向是指将事物原来的功能做相反方向的设想,从而生成一种新事物,以探求解决问题的途径,在现实生活中,很多发明创造都是通过功能逆向而获得的。

(2)结构逆向

结构逆向是指对事物的结构,如结构位置、结构材料、结构类型等做相反方向的设想,以探求解决问题的途径。

(3)状态逆向

状态逆向是指对事物原有的状态做相反方向的设想,从而创造出一种新事物,以探求解决问题的途径。

(4)因果逆向

因果逆向是指对事物之间的因果关系进行换位,这种方法在日常生活中运用范围较广,对现实生活具有重要的作用。

(5)程序或方向逆向

程序或方向逆向指颠倒事物的构成顺序、排列位置等。

(6)观念逆向

观念逆向是指要进行创新,就必须要有与他人不同的观念,即对大家所经常用到的观念进行逆向思考,从而产生出新的思想和观念。

三、创新思维的特征

创新思维具有的特征,概括来说主要包括以下几方面。

(一)新颖性

新颖性是创新思维不可或缺的品质。之所以称之为创新思维,就是因为这种思维方式是前无古人的,是一种新出现的思维,它的出现打破了传统的思维和方法,给人一种豁然开朗的感觉,带给人们的是无限的新鲜感,所以说,新颖性是创新思维的重要特征。

(二)灵活性

创新思维由于没有固定的方法和程序可循,所以它具有显著的灵活性特点。进行创新思维活动的人可以快速地从一个思路转换到另外一个思路,从而找出更多、更好地解决问题的方法,这样,创新思维活动就会表现出不同的结果。

(三)开放性

开放性是一种求变的思维方式,这一特点使得创新思维乐于接受新的观念,任何思维上的创造都必须以开放的思维为桥梁。开放就是让思想没有牢笼,没有顾忌地飞翔。开放的对立面是封闭,封闭的环境会扼杀创新思维。

(四)潜在性

创新思维活动是从现实的客体出发的,但它指向的确是潜在的对象,这一对象要么是刚进入人们的实践范围,还没有被人们所认识的课题,要么是人们对它刚刚有一定的认识,但这种认识还不全面,这些都说明创新思维具有很大的潜在性的特点。

(五)审辩批判性

创新思维的审辩批判性突破传统思维定式和狭隘眼界,在思维方式和认知结构上总是对一些约定俗成的现象或者理论持一种质疑的、分析的和批判的态度,以独特的视角和新颖的方法去思考问题和解决问题。

(六)非逻辑性

凡是创新思维都是超乎常人所想的,大都是不被常人所接受的,都具有非逻辑性的特点,纵观历史可以发现,无论是政治上的各种变法、新政,还是科学上的各种观点、核心发现等,在当时都被视为异端邪说,大多是很多年后才被普遍接受,才被证明其先进性和合理性的。

(七)多向综合性

"多向"是指在面对各种问题时,注重运用多种思维方式,从不同的角度和方向去寻求多种解决问题的方法,提出各种不同的设想和方案。综合性是指多种思维形态、思维方式和方法的综合运用,是抽象思维和形象思维在人脑中发生联系,从而迸发出具有创造性的灵感的过程。创新思维是一种较复杂的立体思维,是综合运用各种知识和方法的一门艺术。在创新思维的过程中,既有长期知识的积累和经验的总结,也有短时间内的突破和觉悟;既有归纳、演绎、分析和综合等逻辑思维,又有超越经验的各种遐想。

四、创新思维的作用

创新思维的作用主要表现在以下几方面。

(一)创新思维可以使人的认识能力不断得到提高

创新思维活动及在创新过程中的内在东西是无法进行模仿的。但这内在的东西恰好就是对思维能力的创新。这种能力的获得需要从自己的知识面出发,并结合自己的分析能力与感染力,也需要考虑个体是否了解现状、是否了解历史等。通过创新思维,可以将这些调动起来,当然只有这些经常被调动,人们的认识能力才能够真正地提升。

(二)创新思维可以使人类知识的总量不断增加

在创新思维指导下,人们会探究一些未知的领域,对一些未接触的事物进行发现与探索,然后将这些新发现的知识存储在自己的大脑之中。这样就容易对自己的知识进行丰富,增加知识的积累情况。

(三)创新思维可以使人的潜能得到不断开发

人的大脑有左半球与右半球,二者所发挥的作用是不同的,但是二者有着紧密的联系。一般来说,人的身体会受到二者的交叉控制,右半球对人体左边的神经与感觉进行控制,左半球对人体右边的神经与感觉进行控制。人们习惯使用右手的原因就说明人们对左半球的重视与运用,但是这就对人的大脑的右半球予以忽视。恰好,创新思维就是要求人们多使用右半球,将人的思辨能力、观察能力、幻想能力、识别能力、分析能力、欣赏能力等激发出来。因此,创新思维对人的潜能的发挥是非常重要的。

(四)创新思维可以引导人们获得创新成果

基于创新思维的指导,创新者在不断探索的时候,会带着问题对世界进行观察,对某些现象进行研究,并逐渐进行思考,甚至提出问题,提出自己的好奇点,对某些事物加以批判,也愿意从不同的角度出发去研究问题。当然,自己开阔了自己的思路,那么就更容易获得创新的结果。

(五)创新思维可以为实践开辟新的局面

创新思维具有敢于探索和创新的精神,在这种精神的支配下,人们不满于现状,不满足于已有的知识和经验,并总是力图打破传统的观念,探索客观世界还没有被认识的本质与规律,并以此为指导,开辟出新的领域。

五、创新思维的开发

创新思维开发就是破除思维定式,树立良好的心态并有意识地开发和利用人们与生俱来的创造力。或者简单地说就是培养人的创新思维以提高人们的创新素质的活动。创新思维开发离不开必要的创新思维训练。通过创新思维开发,可以避免人们的头脑僵化或退化,可以提高人们分析问题、解决问题的能力,可以促进人们大脑思维软件的升级换代,从而提出更多的新观念、新方法、新思路。

(一)创新思维开发的条件

1. 合理的知识结构

创新思维是人们利用已有的知识进行创新的思维境界,它需要个体具有合理的知识积累,知识的宽度、广度等是创新思维产生的前提条件。所以,对于高校来说,必须要更新教育观念,改革不合理的教育制度,认真贯彻和落实素质教育建设。对于大学生来说,首先要认真学好本专业的知识,形成扎实的专业功底,同时,还要进行多方面的技能锻炼,形成观察事物的能力、分析及解决各种事物的能力以及独立思考的能力等。

2. 宽松的思维环境

随着知识经济时代的到来,尽管全社会大力倡导解放思想、开拓创新,但很多人的思维还是跟不上时代的步伐,出现了思维保守、思维滞后的现象。有些人即使有一些新思想、新观点,也不会和盘托出。究其原因,主要包括两个方面。

第一,不能从根本上解放思想,仍然持有"枪打出头鸟"的旧观念。

第二,还没有形成系统、有效的鼓励创新,激励竞争的机制。

对于鼓励创新没有形成制度,往往流于形式,更谈不上对好的意见、建议进行合理的物质和精神奖励。因此,必须不断改善创新思维环境,激发创新热情,鼓励学生大胆创新。

3. 良好的思维习惯

要充分发挥主体的能动性,培养良好的思维习惯,并善于对思维材料进行分析和加工,此外,还应充分开发思维器官的功能,勤于思考,发挥集体思维的智慧,在创新思维过程中形成一个群体,使彼此之间产生相互影响和良好沟通的作用。

4. 科学的思维方法

一个时代的思维方式是与该时代的科技发展水平和生产力相适应的,在知识经济时代,创新能力的高低对综合国力的增强具有直接影响。大学生作为社会主义建设的接班人,其思维是否活跃对未来的创新具有重要影响。因此,要想使创新思维居于主导地位,就必须改变传统的、不适应社会发展需要的思维方式。为此,大学生一定要积累知识,只有在系统学习的基础上才有可能创新思维,推陈出新。

(二)创新思维开发的途径

1. 要有丰富的想象力

丰富的想象力是创新思维开发的前提和基础。想象没有绝对的对与错,丰富的想象力,哪怕是异想天开,都必须鼓励和引导,想象不仅能引导我们发现新的事物,还能激发我们作出新的努力和探索,进行创造性劳动。

2. 要扩展思维视角

第一,通过科学的训练来削弱思维定式的强度。

第二,扩展我们的思维视角,学会从多种角度观察同一个问题。

3. 要解放束缚,敢于质疑

质疑是创造性学习的一种表现,心理学研究表明,怀疑易引起人的定向探究反射,有了这种反射,思维便应运而生。所以要培养创造性思维能力,首先要打破思维上的老框子,鼓励自己多发问。而发现问题和解决问题的过程,通常会锻炼员工的思维。

六、大学生常见的思维障碍

大学生常见的思维障碍有很多种,概括来说主要包括以下几方面。

(一)过于迷信书本

书是知识的代名词,因此,很多人认为书本上的所有知识都是正确的,遇到问题要先查书,完全按照书上所说的去做事,一旦发现有些问题和书上说的不一致时,就立马改正,完全按照书本上所教的知识行事。如果发现自己做的事情和书本不一致,那就认为自己肯定是错了。我们把这种对书本的过分相信叫过于迷信书本。没错,书本知识是前人对知识和经验的总结,对现实具有一定的指导作用,但不能过分迷信书本,时代发展了,社会进步了,一些书本上所说的知识已经远远落后于现实,这就要求人们对此有自己的认识,对待书本上的内容,一定要客观,不能让书本上的知识先入为主,阻碍了我们创新的步伐。对于现实生活中与书本上不一致的内容,要勇于思考,有自己的主见。

(二)盲目从众

人们遇到事情时随大流,放弃了独立思考的意识,一切都跟在别人的后面,别人说什么就跟着说什么,别人做什么就跟着做什么,这就是盲目从众。在现实生活中,当遇到陌生而又相对简单点的问题时,我们大部分人会放弃主动思考的意识去从众,大多数情况下,从众会取得良好的效果,但完全相信大众,没有主动思考的意识,很多时候也会犯一些低级的错误。因此,我们应该始终保持清醒的头脑,遇到任何事情都要有自己的判断能力,具有独立思考的意识。

(三)顽固偏执

这里所说的顽固偏执是指喜欢与人唱反调,凡事都爱钻牛角尖。虽然说敢于深入研究问题是一件好事,但是经常和别人唱反调,对一些琐碎的事情缠住不放,这会对创新活动带来负面的影响。对创新者来说,顽固偏执是一大忌。

(四)盲目自大

盲目自大是指对自己过于自信,认为自己无所不能,认为自己的观点总是正确的,所以到哪里都指手画脚。对于这一点,大学生创业者也一定要突破这一思维障碍,创新者应该明白,有自信心是好的,但是由自信变成自负,由自负再变成自大就形成了一种障碍,使得创新者在创新活动过程中由于过于自信而导致疏忽和失误。

(五)过于依赖经验

通过长时间的实践活动所积累的经验对人们的行动会产生一定的启发和指导意义,但并不是说所有的经验都会产生指导作用,人们应该在遇到相应问题时,好好思考,不要一味地依赖经验,避免出现错误。

(六)受缚权威人士

这里所说的权威人士是指在某些专业领域里有所建树的专家、学者等。权威人士由于把更多的时间投入到了某些专业领域,因此对于其所研究的专业领域内的东西,权威人士往往会比普通人了解得更多。因此当人们进入一个新的专业领域,都会非常重视该领域权威人士的见解。这些权威人士的观点也很容易影响人们对该领域内问题的客观判断。对于此,大学生创业者一定要有清楚的认识,千万不能全部相信权威人士的话,因为权威人士虽然对某一方面了解得比较多,但他们的一些观点有时也会存在偏颇之处,大学生创业者应该客观公正地去分析研究,一定要有自己的观点,具体问题具体分析。

(七)惰性和僵化麻木

由于惰性和僵化麻木的思维,我们经常会错过一些非常有价值的线索。创新者对那些见怪不怪的态度是非常害怕的,如果好奇心丧失了,那么他们就不会主动去发现问题,也很难对问题进行解决。好奇心是激发创新意识的动力,正是因为有好奇心,人们才能有创新的勇气和精神。人们要在学习与生活中学会创新,并获取成绩,对遇到的一些奇怪的现象,要善于观察,因为这些现象往往是人们忽略的现象。我们应该避免出现对那些应该探索的问题漠视的态度,避免错过一些重要的发现,对那些迟钝的现象进行克服与警惕。

(八)简单刻板

简单刻板就是在思考的时候思路比较单一,不懂得变通。对于一些简单的问题,刻板思维往往可以解决,但是如果问题比较复杂,那么刻板思维是很难解决的。在思维活动中,往往会存在一些变化的情况,面对这些变化,往往需要将刻板思维打破,能够根据情况随时进行改变,对这些困境情况进行打破,从而实现自己的理想。

(九)自卑自闭

自卑自闭是总感觉自己不会做,也不会去尝试。一般这种人就是缺乏自信,也可能是因为自己懒而不愿意去尝试。但是,越是不敢尝试,就越缺乏自信,或者说产生不良的后果。因此,应该敢于尝试与创新,这样可以不断建立自己的自信。

(十)屈从习惯

屈从习惯即不会变更上一次的选择,按照上一次的选择做出下一次的选择,这就是所谓的重复,从而导致出现无法克服习惯的弊病。屈从习惯的特征在于总是按照某一个选择执行,不会做出新的选择。

第二节 激发创新意识

一、创新意识的概念

创新意识是指人们根据社会现实的需要,引起创造新事物的欲望和动机,在创造活动中表现出强烈的愿望和设想,包括创造兴趣、创造动机、创造情感和创造意志。

(一)创造兴趣

创造兴趣是指对某一事物比较感兴趣,能够促使人们探求新事物的一种心理倾向,这种倾向有利于人们取得创造性的成功。

(二)创造动机

创造动机是开展创造活动的前提,它能够推动人们进行某项创造性活动,并有利于人们付出心血努力探索,从而最终取得成功。

(三)创造情感

创造情感是推动人们主动进行创造活动的心理因素,只有具有正确的创造情感才有可能取得创造的成功。

(四)创造意志

创造意志是在创造活动的过程中克服困难和挫折的一种心理因素,创造意志具有自制性和目的性等特点。

二、创新意识的作用

(一)创新意识是决定一个国家、民族创新能力最直接的精神力量

创新意识有利于推动社会生产力的发展,科学的本质是创新,科学技术的每一次进步都是通过创新来实现的,创新更新了生产技术,提高了劳动者素质,推动了社会生产力的发展。当今社会,创新能力是一个国家和民族解决自身生存和发展的最重要的因素,无论做什么都要具有创新意识,创业能力可以推动国家和社会的发展,是国家和民族发展能力的核心构成。总之,创新意识是决定一个国家和民族创新能力最直接的精神力量。

(二)创新意识对创新实践活动具有调控作用

创新实践活动是一种革新活动,通常是十分艰巨、复杂且困难重重,如果没有创新意识的调控作用,人们在面临巨大的困难时很容易放弃。创新意识的调控作用可以让人们不断反思方法的科学性和适宜性,总结经验教训,及时调整自己的行动,确保创新实践活动有效、顺利进行。

(三)创新意识有利于推动社会的全面进步

创业意识根源于社会生产方式,它的产生和发展也必定要推动社会的发展进步,从而对经济的发展等具有推动作用,有利于社会的全面进步。创新意识推动人的思想解放,会推动社会政策等向更加宽容和民主的方向发展,这是创新发展的基本条件,这些条件又反过来可以促进社会意识的发展,对创新活动具有推动作用。

(四)创新意识能促成人才素质结构的完善

创新实际上代表着人才的一种新的发展方向,随着社会的不断发展和科技的进步,社会越来越需要充满生机和活力的人,需要充满了开拓精神的人,而创新客观上引导着人们朝这个目标不但提高自己的素质,使人的本质力量在更高的层次上得到发展。此外,创新还能够激发人们的自主性和创造性,从而使人们自身的内涵得到极大的丰富。

三、创新意识的特征

(一)质疑性

质疑对创新意识具有重要作用,质疑贯穿整个创新意识的始终,没有质疑,就不会有对常规的挑战,也就没有创造。质疑是对常规进行挑战的第一步,发现问题是创新意识形成的先决条件,而且还是整个创新实践的动力。质疑意识—提出问题—创新意识形成—解决问题—新结果出现—创新实践完成,这一思维逻辑说明强化创新意识需要良好的质疑意识。[1]

(二)新颖性

创新是一个"新"的思维活动,所以说,新颖性是创新意识的重要特征。创新意识的新颖性主要表现在以下几方面。

第一,创新意识的新颖性表现在创新的不同阶段以及与其他事物的区别之中。

第二,创新意识的新颖性表现在解放思想、实事求是、与时俱进方面。

(三)差异性

由于每个人的家庭环境、教育经历、社会背景、兴趣爱好等都不相同,所以每个人都会有不同的创新意识,这就使得创新意识具有差异性的特点。在创新意识培养的过程中,之所以要强调其具有差异性的特点,并不是主张人们可以随心所欲地、毫无根据地去创新,而是为了保护创新主体的创新积极性。

---

[1] 丁飞.当代中国大学生创新意识培养问题研究[D].东北师范大学硕士论文,2014.

(四)社会历史性

创新意识是以提高人们的物质生活和精神生活为出发点的,而这种需要在很大程度会受到社会条件的制约,人们的创新意识所产生的后果应该是可以为社会服务的,是有利于人类进步的。因此,创新意识必须要考虑到其所起到的社会效果,这就决定了创新意识具有社会历史性。需要注意的是,每个阶段的创新意识也是有所区别的。

四、创新意识的本质

(一)创新意识是一种求真务实的意识

创新意识是一种求真务实的意识。要使创新实践活动得到的成果具有价值,其前提条件是要使创新实践活动的开展符合客观规律。寻找事物的客观规律,按规律办事,就是求真务实的过程。创新离不开求真务实。

(二)创新意识是一种求新求异的意识

求新求异是敢于突破常规,不被定式思维所影响的体现。当我们遇到问题的时候,即便有很顺利的解决办法,我们也可以尝试着换一个角度进行思考。现实生活中,求新求异意识显得尤为困难,因为求新求异需要克服一定的心理压力。还需要面对别人异样的眼光,以至于很多时候我们选择了从众。当然,求新求异意识并不是一味求新,还需要避免标新立异。

(三)创新意识是一种问题意识

创新意识也是一种问题意识,培养良好的问题意识是增强创新动机的一种重要途径,有良好问题意识的人比较善于发现问题并且提出问题,发现了新问题之后,就要想办法解决,如果通过现有的途径或者方法得不到解决的话,那么就必须要用新的办法。在我们日常生活中,不可能凡事都是一帆风顺,发展与矛盾会同时存在,只有脑子里时刻装着一些问题,时刻保持问题意识,才能多一份清醒和自觉。当然,发现问题不是目的,解决问题才是目的,而解决问题又将是一个创新的过程。

(四)创新意识是一种求变意识

这里所说的"变"主要是指变革、革新。科学创新是离不开求变的。科学发展是不断发现错误,消除错误,逼近正确认识的永无止境的过程,是不断推陈出新的过程。科学创新也即不断变革的过程,创新意识因此又表现为求变意识。

五、创新意识的类型

(一)逆向创新意识

逆向创新是指将原来解决问题的思路倒转过来,从其他的方面进行思考,以寻求新的解决问题的途径和方法。逆向创新法也可以称为反向探求法,这里所谓的"逆向",既可以是时间上的"逆向",也可以是空间上的"逆向";既可以是思路上的"逆向",也可以是方法上的"逆向";既可以是功能上的"逆向",也可以是方法上的"逆向"。总之,逆向创新意识是创新意识的一个重要类型,对创新具有重要作用。

(二)分离创新意识

分离创新是指将某一需要创新的对象分解为多个要素,然后抓住其中的关键要素进行创新。分离创新的途径主要有以下两种。

1. 结构分离

结构分离是指对某一事物原有的结构进行分离,以寻找出一种新的创新模式。

2. 市场细分

市场细分是指根据消费者的动机、需求以及购买欲望等将整体市场分为若干个子市场,即根据职业、年龄、性别、教育背景、家庭条件等将消费者划分为若干消费群体,然后根据其差异再进行创新设计。

(三)移植创新意识

移植创新是指吸收或者利用其他学科的技术成果来开发新的产品,在机械创新设计方面,运用移植创新的例子有很多,例如,组合机床就是运用了积木玩具的结构方式,从而完成了移植创新。

(四)还原创新意识

还原法就是回到事物起点的方法,换句话来说,就是暂时放下所要进行创新的问题,而回到驱使产生创新动力的起点。打火机的发明就是运用了还原创新的意识,即它突破了火柴的局限,将起火这一最本质的功能提取了出来,从而将摩擦生火变为以气体或者液体作为燃料的打火机。

(五)价值优化创新意识

价值优化是创新活动应遵循的基本理念,概括来说,价值优化的途径主要有以下几种。

第一,产品的功能保持不变,可以通过降低成本来达到提高价值的目的。

第二,产品的成本不变,可以通过提高其使用功能来达到提高其价值的目的。

第三,功能保持不变,但成本大大降低,以此达到提高其价值的目的。

第四,适当增加成本增大产品的功能也可以提高其价值。

第五,如果既可以使成本降低,又可以使功能增加,价值得到提高,那么这就是最理想的途径,也是优化价值的最高目标。

(六)综合创新意识

综合是指将研究事物的各个方面、各种要素等综合起来进行考虑,从而能够从根本上把握事物的本质和规律。综合不是将事物的各个要素等进行简单的相加,而是根据其内在联系进行重新组合,综合已经具有的不同的科学原理创造出新的原理,即综合创新就是运用相关的法则去进行新的创造的过程。

六、创新意识的培养

(一)充分激发创新思维潜能

1. 理论与实践相结合

唯有理论与实践相结合,理论才有意义。大学生应该活读书、读活书。只有精通理论,才可能去改进实践;只有拥有丰富的实践经验,才可能产生新的理论。

2. 处处留心皆学问

学习并不仅仅一定要通过上课或者读书获得,只要有心,处处都有学问,无论是在看电视还是在上网,只要用心,随时可以学习。

3. 开拓创新斗志

大学生一定要强化自己的创新意识，开拓自己的创新斗志，凡事敢想人之不敢想，敢于走别人没有走过的路，只有不断探索，才有可能创新。

4. 打破砂锅问到底

大学生要想培养自己的创新精神和意志，对于事情要敢于质疑，多问几个为什么，当还是存在一些困惑时，一定要打破砂锅问到底。只有探究了根源，才能从源头上分析，对创新具有积极意义。

（二）树立创新理想

创新理想即主体对目标的追求。树立创新理想，需要考虑如下几个层面的问题。

第一，在创新信念上要坚定，信念是有关社会和人的基本信条、基本志向或奋斗目标，是进入创新境界的重要前提。

第二，要对科学真理进行积极探索，只有树立为探索科学真理而甘愿献身的精神，才能激发勇气和热情。

第三，要将民族责任感树立起来，民族责任感是激发创新理想的强大动力。从学生的角度来说，要将爱国主义教育、民族精神和民族责任感教育作为重点，使他们确立崇高的创新理想，从而为创新创造做出贡献。

第四，要学会并善于自我欣赏，善于自我欣赏是在创新创造活动中强化创新理想的重要手段。

（三）有效激发创新动机

创新动机的产生，是离不开远大目标这一重要源泉的。因为只有目标远大，才会乐于创新，居陋室而不闷，处逆境而不馁，遇挫折而不丧志。一个不想思考的人是不会主动去考虑创新的，只有乐于思考的人才会乐于创新。

因此，乐于思考是诱发创新动机的激素。要想将创新动机激发出来，只是思考是不够的，还需要进行切磋讨论，这是非常重要的手段，不可或缺。切磋讨论不仅是对别人产生启发，更重要的是激发自己的创新动机，使自己的思路不断拓宽，从而更加主动地投入创新之中。

（四）培养创新兴趣

兴趣是需要培养的，而培养的环境就是人的社会实践过程。一般来说，要想保证兴趣培养的效果和与实际需要相适应，要保证兴趣培养与人的认识过程、社会发展需要相适应,这是最为基本的前提条件。兴趣需要鉴赏力与理解能力,这一能力是基于一定的知识水平建构起来的,如果不具备一定的知识水平,那么即便是再独特的现象,也不会引起你的注意,也不会让你产生发现它的兴趣。此外,兴趣的培养还需要好奇心的参与,好奇心是一项重要的品质,其能够让人们增加想象力与敏感性,将自己的思维活动活跃起来。可以说,好奇是形成兴趣的直接导因。

(五)提供良好的创新环境

创新意识的激发需要将内在动力与外在条件相结合,良好的环境对于大学生创新意识的激发是非常重要的,因此应该为大学生创设良好的创新环境。具体来说,这些环境主要涉及如下几点。

1. 家庭环境

对于一个人来说,家庭环境是孕育他们创新能力的最早环境。很多资料显示,凡是具有创新成就的人,他们在早期都受过家庭的熏陶。好的家庭氛围,有助于构建民主的生活。生活在这样环境下的大学生,不仅受到严格的训练,还能够将自己的观点与见解发表出来,比较容易具备创新意识。

2. 学校环境

学校好的环境不仅为学生提供充足的知识,还能够教授给学生学会运用知识进行创新的能力,鼓励学生进行思考与进步。学生不仅能够在知识的海洋里遨游,还能够提升自己的创新能力与意识。

3. 社会环境

在一个社会中,如果每一个人都尊重与热爱创新活动,支持与羡慕创新者,那么整个民族的斗志就会被激发出来,从而人人都努力构建自己的创新意识。在这样的社会中,才能够出现大量的创新人才。

4. 群体环境

人们在创新活动过程中,很多时候需要依靠团体形式展开。如果团体比较好,就能够将团体中的创新潜力挖掘出来,培养出创新的人才。同时,这样的团体也善于对矛盾与冲突进行解决,并将团体内的紧张变成一种竞争意识与激发力,因此在良好的群体环境中,更容易发挥出个人的创新能力。

5. 国家体制

专制、昏庸会导致人民的创造力泯灭,而开明与民主会将人民的创新力激发出来,因此,国家体制的好坏,也会对人民的创造力产生影响。好的国家体制不仅有庄严的法律,还有丰富的文化生活与经济、政治,不仅要求国家意志的统一,还要求个人独立人格的发挥。

(六)磨炼创新意志

意志磨炼是指人的坚韧性、顽强性、克服困难的品质锤炼。坚强的意志是克服困难的条件,是事业成功的保证。所以,要想达到自我实现的目的,就必须不断磨砺坚强的意志。具体来说,磨炼创新意志需要做到以下几点要求。

1. 树立自信心

自信心是创新事业成功的保证,是创新思维不竭的源泉。这就需要通过对独立自主精神的培养和切合自己能力的奋斗目标的确定,来培养出自信心,由此,来保证精神和心理上的自我始终屹立不倒。

2. 确定勇敢果断的决心

创新是智者与勇士的结合。创新型人才果敢品质的磨炼需要从彻底摆脱胆怯、拘谨和懦弱的心理开始。其中关键因素在于自信心的树立和正确的自我评价。

3. 拥有坚韧不拔的毅力

坚韧性是指人的顽强毅力,不达目的誓不罢休的精神状态。创新活动有成功有失败,成功的创新活动离不开顽强的毅力,与此同时,更多的失败的创新活动能够通过对毅力的激发,来进一步实现创新活动。

(七)培养创新情感

创新型人才不可缺少的一个重要的心理素质就是创新情感。要培养创新情感,有以下几点建议。

1. 培养发现美、欣赏美、创造美的情感体验

自然的美景、精美的艺术创造、美好的社会现象都会给人带来美的享受。要做到这一点,需要先让学生享受自然美,然后鉴赏艺术美,再体悟科

学的美,最后是体味社会的美。

2. 培养幽默感

幽默感是指一种理解和表达幽默的能力。健康积极的幽默感能够有效推动创新思维的发展。同时,幽默感也是一种情绪的减压阀,有助于适度地缓解冲动和不安的情绪。因此,富有幽默感的人不仅有着丰富的想象力,还有着非常强的创造力。

3. 培养高尚的道德情操

高尚的道德情操是创新型人才必须具备的素质之一,也是创新心理品质的重要组成部分。培养高尚的道德情操的途径主要包括以下三种。

第一,帮助学生树立远大的理想,形成正确的世界观、人生观和价值观。

第二,通过榜样的力量,培养青少年学生的高尚道德情操。

第三,对学生的道德观念教育要耐心细致,晓之以理,动之以情。

(八)养成创新性格

性格是人的个性心理特征的一个组成部分,是处于重要的核心地位的。人生塑造性格,性格描绘人生,创新的人生就是一个不断完善自身性格的过程。而良好的性格特征也为创新活动提供了必不可少的心理保障。要想培养创新性格,可以从以下几个方面着手。

1. 培养独立自主的心理品质

独立自主的心理品质能够在生活、认知、情感等多个方面有所体现。创新者批判和质疑精神就是在此基础上培养出来的。

2. 培养勤奋惜时的心理品质

勤奋,指不畏艰难困苦,分秒必争,辛勤学习、工作和劳动。任何人的成功都是要经过勤奋这一特质来实现的。勤奋刻苦是创新成功之本,而珍惜时间、合理利用时间则是成为创新人才的前提条件。

3. 培养善于推陈出的新心理品质

具有新颖性和独特性是创新产品的两个特色。在创新心理品质中,主要表现为不因循守旧,不盲从权威,不迷信书本教育,以无畏的批判精神和质疑精神冲击传统观念和思维定式的束缚,勇于变革,独创新途,标新立异,敢为天下先。

3. 要培养学生合作交往能力

第一,养成师生合作与家长和孩子合作的意识。

第二,要有意识、有目的地来改善学生的"交往圈"。

第三,采取的合作形式应该是多种多样的,将有效的合作作为关注的重点。

4. 培养勇于质疑的心理品质

怀疑是创新人才极有价值的一种心理品质。疑问是发现问题、探求知识的起点。因此,要对怀疑精神加以培养,具体应做到以下几方面。

第一,要求教育者要具备怀疑的品质,切忌压制有争鸣现象的学生。

第二,要对学生的大胆质疑持包容态度,让学生能够畅所欲言,表达出自己的想法。

第三,要鼓励和倡导学生将已学的知识和想法应用于实践中,以此来检验其可行性。

(九)鼓励大学生充分发挥想象力

作为一种复杂的心理活动,创新意识主要是从想象力中来的。想象是创新的前提与基础,大胆地进行想象与创造,才能够推动科学的进步。只有想象的丰富,才能够促进时代的发展。

这就是说,善于创造的人一般都具有丰富的想象力,善于进行想象。在人类历史发展中,很多伟大的科学家、思想家等都具有丰富的想象力,这样他们才能将这种想象赋予自己的创新实践与发明创造中。

随着知识的进步与发展,要想将大学生的想象力发挥出来,就应该从想象的特点出发,对学生的想象力进行培养。具体来说,可以将大学生的视野扩大,让他们获得丰富的生活经验与认知,从而使自己的想象力不断增强。同时,也可以组织学生开展艺术活动,通过这些活动将大学生的想象力发挥出来。

(十)培养怀疑精神

在人们的日常生活中,定式思维是一种常见的思维活动,其可以使人们获取的经验与知识很难发生转移,也很难在原有知识积累的层面进行突破。因此,学生要对定式思维有清晰的认识,要不断进行突破与创新,这样才能打破这种定式思维。

所谓怀疑精神,即人们不迷信,不相信存在终极真理,是一种敢于挑战旧传统、旧思想的品质。这一品质是创新思想进步与发展的动力与源泉。因此,大学生要培养自己的怀疑精神。

(十一)提高大学生的人文素质

在大学生的创新意识中,人文素质也是一个重要的层面。就当前来说,随着素质教育的大力提倡,大学生的人文素质受到了关注,但是总体来说,他们的人文素质水平还是较低的。

一般来说,人文素质包含的内容有很多,如文学素质、爱国精神、事业心、荣辱感等。高校可以为学生设置一些专门的课程,让学生进行学习。在科技发展的今天,基于新媒体的环境,高校要充分运用网络,对人文素质的空间加以拓展。

对于大学生来说,他们除了利用课上时间,还可以充分利用课外时间,对各种丰富的人文素质活动进行参与,从而不断提升自身的人文素养。当然,随着大学生人文素质的提升,他们的创新意识也得到了激发。

(十二)增加阅历

激发大学生的创新意识,也可以从身边的一些事情做起,从大学生已经知道的情况入手。通过一些生活中的经历,他们会不断提升自己的感情阅历,这样就会不断提升自身的创新意识。在平时的工作中,如果学生找不出一个好的方向,那么就从自己的生活中出发,找到一个契合点,并从里面借鉴一些成功的经验,这样能够拓展自己的创意思路。

(十三)掌握培养创新意识的基本方法

概括来说,培养创新意识的基本方法包括以下几方面。

1. 头脑风暴法

1939年,美国创造学家奥斯本提出了头脑风暴法,这是一种以小组的形式无限制的自由联想和讨论,产生新观念或激发创新设想的思维方法。头脑风暴法可以激发人们的竞争意识和欲望,产生联想反应,从而起到热情感染的效果,为了使人们能够畅所欲言、互相启发,运用头脑风暴法时一定要遵循以下几个原则。

第一,不得以任何理由去批判或阻止别人提出自己的想法。

第二,提倡畅所欲言,无论想法如何奇怪,都可以大胆提出来,以启发人们产生新的想法。

第三,鼓励巧妙地利用或者合理地改善他人的设想。从他人的设想中,很多人可以得到启发,从而得出自己的新的设想。

2. 5W2H 法

5W2H 是英文中的七种提问方式,5W2H 法是运用这七种提问方式提问分析,进而进行改进创新的创新方法。五个 W 分别是 Why(为什么)、Who(何人)、What(做什么)、Where(何地)、When(何时);两个 H 是 How to(怎样)和 How much(多少)。提出疑问对于发现问题和解决问题是极其重要的。创造力高的人,都具有善于提问题的能力。5W2H 法的七个设问要抓住事物的主要特征,视问题的不同,确定不同的具体内容,其使用步骤如下。

第一,对一种现行的方法或现有的产品,从七个角度检查问题的合理性。

第二,对七个方面逐个提问审核,将发现的难点、疑问列出来,为下一阶段的工作做准备。

第三,分析研究,寻找改进措施。

3. 逆向反转法

逆向反转法从现有事物的反面进行思考,能使思维的功能和作用发生转化,有助于人们得到启示,便于激励创新性思维,从而达到解决问题的目的。事物对立统一的形式有多种,逆向思维也可从不同角度思考,所以逆向反转法的"逆"可以是方向、位置、过程、功能、原因、结果、优缺点、破(旧)立(新)矛盾的两个方面等诸方面的逆转。因而,逆向反转法根据不同的思考方向就能够得到不同类型的方法。

(十四)积极投身社会实践

要开发大学生的创新思维,除了要使其学习相关的理论知识外,还必须使其积极投身社会实践,在实践中获得创新意识。事实证明,每一项发明创造都必须要经历无数次的实践过程,只有经过实践检验的,才是切实可行的,"实践是检验真理的唯一标准"。目前,高校在针对大学生创新思维的培养方面,一定要多组织开展行之有效的社会实践活动,只有经过实践的检验,大学生才能明白想与做的区别,才能在实践中将自己的理想变为现实。

第六章 大学生创业团队建设

创业能否成功不仅取决于你是谁,也取决于谁在帮助你。作为初始创业者来说,应该邀请哪些人加入团队,是与自己相似的人,还是与自己互补的人,这都是在创建过程中需要面对的问题。经研究发现,在大多数情况下,创业团队成员都是同事关系或家庭成员。那么,如何挑选合适的创业伙伴,组建一支优秀的创业团队,大学生在创业团队建设中又要注意什么问题呢?本章即对大学生创业团队的相关问题进行研究。

第一节 创业团队概述

一、创业团队的定义

创业团队是由两个以上人员组成的具有一定利益关系、才能互补、责任共担、愿为共同的创业目标而奋斗的工作团队。团队中的每个人都既能够满足特定需要而又不与其他的角色重复。一个创业团队只有处在角色平衡、人数适当的状态时,才能充分发挥高效运转的协作优势。

二、创业团队的构成要素

团队有五个重要构成要素,即创业目标(Purpose)、创业人员(People)、创业团队的定位(Place)、创业团队的权力(Power)、创业计划(Plan),管理学家把它们概括为五个"P"(图6-1)。

(一)创业目标

目标对创业团队成员的思想和行为具有引导的作用,所以,创业团队都应该具有一个明确的共同目标,如果没有明确的目标,那么创业团队就没有存在的价值。

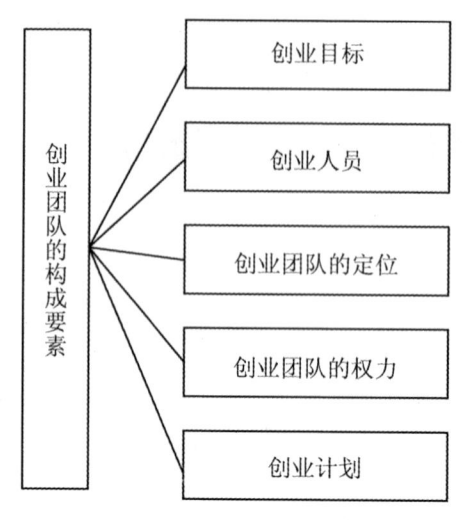

```
                    ┌──────────────┐
              ┌────→│   创业目标    │
              │     └──────────────┘
              │     ┌──────────────┐
创  │         ├────→│   创业人员    │
业  │         │     └──────────────┘
团  │         │     ┌──────────────┐
队  │─────────┼────→│ 创业团队的定位 │
的  │         │     └──────────────┘
构  │         │     ┌──────────────┐
成  │         ├────→│ 创业团队的权力 │
要  │         │     └──────────────┘
素  │         │     ┌──────────────┐
              └────→│   创业计划    │
                    └──────────────┘
```

图 6-1　创业团队的构成要素

(二)创业人员

对于创业团队来说,最核心的力量便是所拥有的人才,两个及两个以上的人就可以组成团队。

(三)创业团队的定位

创业团队的定位包含以下两层意思。

1. 创业团队的定位

创业团队的定位主要包括以下几方面内容。

第一,团队在企业中处于什么位置。

第二,团队由谁来做决定。

第三,团队最终对谁负责。

2. 个体的定位

对团队成员进行分工,明确角色定位。

(四)创业团队的权力

权力是指为了保证职责的有效履行,团队成员必须具备的对某事项进行决策的范围和程度。创业团队应需要处理好以下两种权力。

1. 团队成员的权力

要对团队成员授权,明确各自应履行的职责。团队核心领导人的权力大小与创业团队的发展阶段相关,一般来说,在创业团队发展的初期,权力相对集中,团队成熟后,核心领导人所拥有的权力相对小些。

2. 团队权限

要确定在组织中整个团队拥有哪些决定权,如财务决定权、人事决定权等。

(五)创业计划

计划是对达到目标所做出的安排,是未来行动的方案,可以把计划理解成目标实施的具体工作程序。计划是一步一步地推进落实的。

三、创业团队发展的五个阶段

创业团队发展分组建期、激荡期、规范期、高产期和调整期五个阶段(图 6-2)。

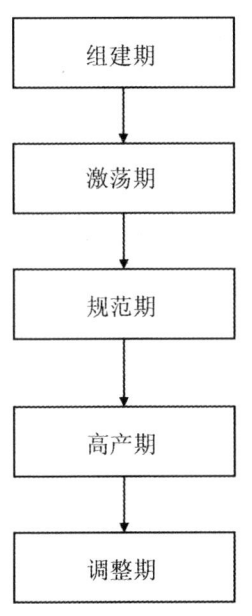

图 6-2 创业团队发展的五个阶段

（一）组建期

在组建期，创业团队应完成以下三方面的工作。

第一，初步形成团队的内部结构框架，主要包括制定目标、任务和计划，设置职能部门和配备人员，建立制度和运行机制等，对核心团队管理成员进行分工等。

第二，建立团队与外界的初步联系，主要包括争取有关方面的支持，建立与企业协作者的联系，建立与社会有关方面的联系等。

第三，尽快让团队运转起来。在此阶段，核心创业者必须确保团队组建有效进行。尽快掌控团队，多与团队成员交流，清楚直接地告知成员自己的想法和目的，取得大多数成员的认同。要尽快让团队成员进入角色，降低不稳定的风险。此阶段的领导风格要采取控制型，不能放任自流，要建立必要的行为准则和制度规范，尽快让团队进入正常轨道。

（二）激荡期

在这一阶段，成员们对于团队的发展方向争论不休，外面的压力也渗透到团队内部，团队成员的注意力偏离了工作目标。这个阶段之所以重要，是因为如果团队通过这一阶段，团队工作、人际关系就会比较稳定。这一阶段出现的激荡现象主要包括以下几方面。

1. 团队中成员与成员之间的激荡

进入这一阶段之后，各成员由于各方面存在的差异会短暂忘记自己的工作目标和原则，此时，人际关系陷入紧张状态，其结果是一些人回避甚至退出了团队。作为核心创业者，一定要认识到这一阶段是团队成长必然要经历的阶段，要与其他成员积极解决冲突，绝不能采取压迫的手段，而应引导大家理智地化解。

2. 团队成员与环境之间的激荡

这种激荡主要体现在以下几方面。

第一，成员与企业技术系统之间。如团队成员在新的环境中可能对团队采用的信息技术系统等由于不熟悉等原因而导致出错，这时最重要的就是对其进行技能培训，使成员迅速掌握团队采用的技术。

第二，成员与企业制度系统之间的激荡。如不适应企业的人事制度、考评制度、奖惩制度等。这时，一方面要根据实际不断完善制度，以适应团队发展的需要。另一方面，表示推行新制度的决心，消除团队成员的顾虑。

第三,团队成员和整个团队之间。团队成员由于自身条件等原因也会与整个团队发生矛盾冲突,此时就需要核心创业者不断进行协调。

第四,团队与社会环境的关系也需要协调,团队应尽量使自己与社会环境相协调。

3. 新旧观念与行为之间的激荡

在激荡期,团队建设可能会碰到很多阻力,如成员可能会因为害怕改变等而拒绝改革创新。这时需要运用舆论宣传,培训教育等一系列手段促进团队成员思想观念和行为方式的改变,促进团队的成长。

(三)规范期

经过激荡期后,团队逐渐走向规范。团队成员逐渐了解核心创业者,建立共同的愿景和价值观。在这个阶段,团队内部成员之间开始形成亲密的关系,团队表现出一定的凝聚力,并再次把注意力转移到工作目标上,关心团队的开展和彼此的合作,逐步消除团队建设中碰到的一系列阻力。新观念也为团队成员普遍接受,新的行为规范得到确立并为大家所认可。

在这一阶段,团队成员对核心创业者依赖性很强,还不能形成自治团队。这时的工作重点就是通过提高团队成员的责任心,形成团队文化,形成共同价值观,强化责任意识,倡导敬业和奉献精神,营造成员间互相合作、互相帮助、关心集体的氛围,增强团队的凝聚力。同时,还应努力调动团队成员的工作积极性,增强工作推进力,始终掌握企业的控制权,否则回收时会使团队成员难以接受。当团队稳定下来,团队成员对行为规范基本达成共识并自觉执行,这个阶段就结束了。

(四)高产期

在这一阶段,团队成员开始充分地发挥作用,团队协调高效运行。整个团队建立了科学民主的决策机制,有较强的理解力和执行力。团队成员能充满自信地完成各自的任务,效率和效益不断提高,能有效地应对各种挑战,经受各种风险,工作更加富有成效。团队成员彼此之间加深了了解,增进了友谊,相互信任,彼此尊重,学会以建设性的方式提出意见,工作时相互配合和相互支持,并能较好地处理内部冲突。团队成员能接受新思路、新观念和新方法,工作上勇于创新,出色完成各项工作任务。高产期是一个出成果的阶段,在此阶段,自治团队已形成,团队爆发出前所未有的潜能,不断创造出非凡的成果。

(五)调整期

在这一阶段,团队目标已实现,团队中出现松懈现象,团队业绩持续不理想。此时,核心创业者更需要全面、系统和深入地思考,重新进行团队定位和局部调整,进行新一轮的团队建设,以确保企业可持续发展。

需要指出的是,以上五个阶段反映的是团队建设的一般性过程,在实际操作中,团队建设过程有时不会完全按照这种顺序,而出现跨越现象,或出现各个阶段融合的现象。

四、创业团队成员的角色定位

每个团队成员角色定位是不同的。各合伙人要根据才能特长和性格特征进行分工,即进行角色定位。一般来说,团队需要的角色有五种类型。

(一)策划者

策划者是"点子型"的人才。知识面广、观念新、思路开阔、思维活跃,具有高度的创造力,喜欢打破传统,推动变革。

(二)主导者

主导者眼界开阔,洞察力和决断能力强。一旦做了决定就不轻易改变,大局意识和责任意识较强,组织协调能力强。处事冷静稳重,胸怀宽广,办事公正客观,听得进不同意见,不带个人偏见,除权威之外,更有个性感召力,能够激发团队成员的才能优势,共同为实现目标努力奋斗。

(三)外交者

外交者的强项是与人交往,在对外交往的过程中获取信息。他们对外界环境十分敏感,一般最早感受到变化。

(四)监督者

监督者对工作方案的实施情况等进行监督。他们喜欢对一件事情反复推敲,决策时能综合各方面因素,挑剔但不易情绪化,思维逻辑性很强。在实际工作中,一个团队有时是一人兼多个角色,要根据实际情况来确定。

（五）实施者

实施者能将计划变为实际行动,遇到困难时,总能找到解决办法,执行力强。实施者非常现实、传统甚至保守,他们崇尚实际,计划性强。

五、创业团队的社会责任

在创业过程中强化创业团队的社会责任是新时代创业的全新要求,同时能够给新创企业以及在成长期的企业带来机遇。对于新创企业来讲,将社会责任纳入创业团队的共同理念当中对企业的发展具有促进作用。企业的生存与发展有赖于一定的社会环境,回应社会的需求是企业理性的表现。随着新创企业地位和作用的提升,人们有理由希望它不仅仅关心利润和向股东负责,而且应当自觉担负起必要的、更多的社会责任,并将其融入创业团队文化当中。具体来说,创业团队的社会责任主要包括以下几方面。

（一）扩大就业

创业是解决就业问题的有效措施,在减轻社会就业压力方面积极创造条件发挥主渠道的作用。

（二）合法经营

创办新企业最基本的社会责任是合法经营,尽可能为社会创造更多的财富,为国家上缴更多的税费。依法、光明正大、最大限度地为自己创造财富,这是为国家和社会做出贡献和承担责任的前提。诚实纳税是作为企业家最基本的义务。

（三）遵守市场规则

新创企业和其他企业一样,应当遵守市场规则,与竞争对手公平竞争,与供应商诚信往来,向消费者提供符合安全标准的产品、公平交易等,这都是企业社会责任的一部分。

（四）服务社区

企业有责任、有义务为社区服务,如投入一定的财力、物力、人力帮助社区进行教育、卫生、交通等基础设施建设,改善居民的工作、生活环境等。虽然新创企业在创立初期无法做到这一点,但随着企业规模的逐渐扩大,企业就应该学会融入当地,为社区服务,这样做一方面可以树立企业的形象,另一方面也可以回报社会。

(五)珍惜生命

员工为企业发展做贡献,企业应当重视员工的安全,保证安全生产,珍爱生命。企业应当确保安全生产所必需的资金投入,切实采取必要的安全生产和劳动保护措施,加强员工的上岗培训,努力改善员工的生产条件。这既是企业自身发展的需要,也是企业应当负担的社会责任。

(六)保护环境

无论任何企业都应该在经济活动中充分考虑资源的合理利用,环境的保护、污染的治理等目标,担负起相应的社会责任。

六、团队创业的优劣势

(一)团队创业的优势

俗话说:"一个好汉三个帮。"几个人齐心协力,整合各自优势,所产生的能量会远远超过个体单独产生的能量。同样的道理,一个由研发技术、市场、财务、融资等组成的可以进行优势互补的创业团队,是创业成功的法宝。概括来说,团队创业会带来各方面的优势,主要包括以下几点。

1. 可以实现专业化分工

创业团队可以把有不同的文化背景和知识结构的各种人才有效地联合起来,把互补的技能和经验组织到一起,每个人都发挥自己的长处和优势,实现高效的配合,从而达到事半功倍的效果。

2. 可以实现个人无法完成的创业目标

创业需要的是一个系统,作为单独的一个人,不可能具备创业所需要的所有技能和资源,而创业团队则可以实现个人无法完成的创业目标。

3. 能够整合多方资源

一个好的创业项目需要资金、技术、经验、信息、人脉等多方面资源的支撑,创业团队能够对上述资源进行合理配置和科学整合,更好地发挥其竞争优势。

4. 能够使组织更好地适应内外环境的变化

能够在组织内部建立合作、协调机制以提高效率,能够更迅速、更准确地对千变万化的市场做出反应,能够适应市场需求多样化的要求而变大规模生产为灵活生产,变分工和等级制为合作与协调,能够更好地培养成员的团队协作精神,发挥整体优势。

5. 能够减少决策风险

一个新创企业在起步阶段总会遇到各种困难,如果创业者在遇到麻烦时完全亲自解决,不仅会花费大量的精力和时间,而且常常会由于创业者对问题洞悉不到位而加大问题的解决难度,从而增加决策风险。而当创业人员是一个团队,成败就变成了集体的事情,只要创业团队成员能够同甘共苦,发挥每个成员的特长,就必定能增加成功解决问题的可能性。

6. 能够促进优势互补

任何人都不可能在知识、资源、能力、技术等方面具有同样的比较优势,特别对于那些首次创业的人,他们往往缺乏对市场的判断力,缺乏对潜在市场的洞察力。创业团队的建立将会十分有效地解决这些问题。在一个团队中,不同的人掌握不同的社会资源,他们具备不同的知识、能力和经验,有的有客户关系,有的有理论、有经验,有的懂技术,有的擅长内务,这种优势互补的创业模式将会极大地强化团队成员间的彼此协调。一般来说,一个团队的角色结构和能力结构越合理,这个团队的知识面就越宽广,创业成功的可能性也就越大。

7. 能够缓解融资问题

中小企业融资问题一直困扰着很多新创企业,究其原因,无非是银行贷款难度大,同时民间借贷利率偏高,许多中小企业难以负担。在外部融资极其困难的情况下,内部融资成了解决中小企业融资,特别是新创企业融资问题的办法。在经济不景气的大环境下,内部融资的作用尤其显著。

8. 能够激发创业者的斗志和灵感

创业团队的存在,一方面无形中给创业领导者一种压力,因为创业领导者在考虑自己的同时,也要为团队成员的未来考虑。因此,领导者必须时刻保持高昂的斗志,这样才能带动整个团队的氛围。另一方面,在团队遭遇困难时,团队成员之间群策群力,产生灵感火花,并通过互相鼓励和支持,迅速摆脱困境,实现新创企业的快速成长。

9. 能够缓解创业初期的矛盾

在创业的初期,往往存在人员紧张、组织结构不完善、职能划分不清等问题,而创业团队可以有效地解决这些问题。团队成员各尽其能,以别人的长处弥补自己的短处,从而提高自身的创业效率。

10. 有利于获取外界投资

简单来说,个人独自创业的创业者去寻找投资者,投资者很可能兴趣不大。但如果告诉投资者自己有一支高水平的创业队伍,那么投资者很有可能给这位创业者一个机会。

(二)团队创业的劣势

团队创业虽然有诸多好处,但是在现实生活中我们也发现,组建了自己的创业团队并不一定就能成功,有时,团队创业并不一定是一种完美的创业模式,也具有一定的劣势,概括来说,主要包括以下几方面。

1. 思想冲突

新创企业团队一般都由少数几个人组成,大多数成员都直接参与管理决策,而且因为都是企业的创始人,不论是否有经验,他们在企业中都担任要职,都发表"重要意见",关于一个问题难免会出现不同的见解,提出不同的方法。在出资人出资比例相当的情况下,这种现象尤其严重,甚至会引发激烈争论,问题却迟迟得不到解决,一旦出了问题又互相指责,互相推诿。

2. 利益冲突

企业利润会随着企业的壮大而增加,当企业规模壮大后。当初出资谨慎的企业合伙人常常由于原先出资过少而后悔,心态逐渐开始不平衡,工作量不少可分红时却少于别人,容易产生"老板为老板打工"的心态,还有那些掌握核心技术或无形资产,没有出资或出资较少的创业团队成员,当这些知识投入没有被恰当量化成货币时,有的人会产生不平衡的心理。当诸如此类的局面不能被合理化解时,合伙人之争常常会瞬间激化。

3. 情感冲突

创业团队成员个性、兴趣不合,导致磨合问题,难以正常开展创业活动。多数情况下,团队创业总会发生这样那样的冲突。可能导致冲突的原因是多方面的,比如创业思路、行为方式等的不一致;对权力、利益安排的不认同;创业中的情绪紧张等。一旦出现这些情况,团队成员间的冲突就在所难免。

4. 管理冲突

既是员工又是出资人的双重身份,往往使合伙人成为创业团队最难管理的人群。许多创业团队的成员不能在企业中摆正自己的身份,常常认识不到自己也是企业的员工,也应该遵守企业的规章这一事实。在现实中,很多创业团队成员会自觉或者不自觉地提高自己的地位,越位发号施令,这会导致企业管理成本的增加。

5. 成员间权力及责任的不平等

在多数创业团队中,某个人被选作董事长或总经理,其他人自然只能担当其他职务,尽管每个创业者是平等的,但所担任的职务不同,决定了成员间权力、责任、利益的不平等,这就可能导致某些人产生离开团队的想法。

6. "请神容易送神难"

组建团队时创业发起人请来了某个人,并给他股份,期待未来他能对企业做出较大的贡献。但如果他没有达到预期的业绩,甚至根本不可能实现事先的承诺。只要他预期这个企业是有前景的,他就可能赖着不走。在这种情况下,就很难将他"送出"新创企业,甚至难以收回创业当初给予他的股份,这就必然影响新创企业未来的运营与发展。

七、成功创业团队成员的特征

一般来说,创业团队成员之间存在高度的互补性,但是只有在性格、能力等方面具有一定共同特质的人在一起组成的团队才能开拓出一番事业。有关专家对一些成功的创业团队成员进行调查和分析,得出结论。一般来说,一个成功的创业团队均具备以下特征。

(一)目标清晰

一支好的团队要有一个共同的奋斗目标,是使团队成员为之振奋而又切实可行的目标,为了这个目标,团队成员会全心致力于企业价值的创造,通过不同的途径把企业做大、做好。在高绩效的团队中,成员清楚组织希望他们做什么工作,以及他们怎样共同工作以完成任务。

(二)坚守基本经营理念

新创企业要得到快速发展，必须坚守基本的经营理念。它主要包括顾客第一、质量至上和诚信经营的原则，在此基础上，还要做到科学管理，重视科学技术在企业中的具体应用，尊重员工，为员工的发展提供良好的平台。

(三)强烈的企图心

企图心是指一个人做成某件事情或达成既定目标的意愿。新创企业往往会面临资金、技术、人脉等诸多问题，尤其需要创业团队成员有坚定的创业信念和不屈不挠的斗志，如果没有强烈的企图心，创业团队会失去发展的动力，新创企业很难在激烈的市场环境中生存和发展。团队成员强烈的企图心可以促进整个团队努力进取、克服困难。

(四)心胸宽大

新创企业在规范管理方面还处于萌芽阶段，制度和规范，尤其是对人的规范往往没有建立起来，大家所站的立场，以及个人经历、性格特点各不相同，团队内部很容易产生争议。创业者应该有博大的心胸，能宽厚待人，懂得如何把握合作带给自己的快乐、喜悦和丰收的硕果。

(五)专业能力互补

好的创业团队，成员间的能力通常都能形成良好的互补，而这种能力互补也会有助于强化团队成员间彼此的合作。

(六)公平合理的利益分配机制

对新创企业来说，建立起一整套公平合理的利益分配机制至关重要。在创业时，首先要明确创业团队成员是需要激励的，要尊重并认可成员为企业所创造的价值，并要及时给予他们应有的回报。在创业实践中，许多创业团队在创新创业初期还能够大家心往一处想，到了企业走向正轨时，因为利益分配问题常常会导致创业团队离心离德。因此，在设计利益分配机制时，要做到合理、透明与公平。

(七)良好的沟通

有效团队的成员通过畅通的渠道交流信息，管理层和团队成员之间有健康的信息反馈机制，并经常进行以获取超过个人水平的见解为目的的"深度会谈"，鼓励成员将他们认为最困难、最复杂、最具冲突性的问题放到团队中来讨论,自由地表述各自的观点并加以验证,使彼此真诚相对,让每个人以真实的想法在交流中碰出火花。

(八)较强的凝聚力

优秀的创业团队都具有很强的凝聚力,正是凝聚力使所有的团队成员紧紧地团结在一起,从而最大限度地发挥出自己的作用,促使组织目标的实现,形成组织发展的强大的生命力。团队成员之间的相互忍让和团结协作在企业的发展过程中非常重要,一个具有发展潜力的企业一定会拥有一支能够协同合作的创业队伍,而不仅仅是一两名杰出的企业家或管理者。优秀的创业团队往往注重成员之间的相互配合,提高团队的整体效率,而且通过彼此之间的合作来发展团队成员之间的友谊,扩大团队成员合作的基础。

第二节 大学生创业团队的组建

一、组建优秀创业团队的要点

通常来说,组建优秀的创业团队,应特别注意以下几点。

(一)彼此了解

创业团队的所有成员都应该相互非常熟悉,团队成员都应非常清醒地认识到自身的优劣势,同时对其他成员的长处和短处也一清二楚,这样可以很好地避免团队成员之间因为相互不熟悉而造成的各种矛盾,从而强化团队的向心力和凝聚力。

(二)相互信任

信任是解决分歧、达成一致的唯一途径。大学生创业团队不仅要志同道合,更需要彼此信任。最初创业时,要把最基本的责、权、利说得明白透彻,尤其股权、利益分配等。这样在企业发展壮大后,才不会出现因利益、股权等的分配分歧产生矛盾。

(三)理念一致,目标相同

第一,所有团队成员都必须认同大家共同确定的创业目标、分配制度、管理制度、企业发展战略、经营理念、企业文化等,都必须保持对企业长期经营的信心。

第二,所有团队成员都必须对工作抱有满腔激情,必须要有每天长时间工作的准备。

第三,所有团队成员必须认识到团队是一体的,所有成败都是整体而非个人的。大家必须能够同甘共苦,必须将团队利益置于个人利益之上。团队中没有个人英雄主义,每位成员的价值表现为其对团队的贡献。大家愿意牺牲短期利益来换取长期的成功果实。

第四,所有团队成员均应了解企业在成功之前将会面临的挑战,并承诺不会因为一时困难而退出。如确有特殊原因需提前退出团队,必须将股权优先转让给团队成员。当企业面临困难时,大家必须齐心协力,共同面对。

(四)取长补短

从人力资源管理的角度来看,建立优势互补的创业团队是保持创业团队稳定的关键。因此,要使创业团队发挥最大的能量,在创建团队时不仅仅要考虑成员之间的关系,更重要的是考虑成员特点之间的互补性,如彼此之间性格、经验、专长、技术等的互补,以此来达到团队的平衡。一般来说,一个优秀的创业团队必须包括以下几种人。

1. 一个很好的"领袖"

第一,此人必须能够为企业制定明确的战略。
第二,必须有很好的人品,处事公正,能够服众,能够团结整个团队。
第三,必须具有很好的协调能力,能够及时化解团队成员的矛盾。

2. 一个很好的"管家"

此人主要负责企业的日常运营及各项规章制度的制定。由于企业日常事务非常琐碎,因此,此人必须工作细致、心思缜密。

3. 一个很好的"营销总监"

产品是基础,营销是龙头。如果营销不行,产品就不能变成钱,企业只有关门大吉。

4. 一个很好的"财务总管"

资金是企业的生命线,因此,创业团队中最好有个好的"财务总管",能合理地安排企业收支,帮助企业融资。

此外,如果创业企业是一个技术类企业,可能还需要一个很好的技术专家,从而帮助企业不断地将技术或产品推陈出新,始终站在行业的前沿。

二、创业团队的组建方式

组建一支优秀的创业团队,对于刚起步的创业企业来说是首要的任务。组建方式的选择,决定着创业团队的合作水平和竞争能力,根据侧重点不同,组建方式的类型分为理性逻辑团队和非理性逻辑团队。组建方式的选择取决于创业者看重的是创业的客观要求还是创业者的主观偏好。

(一)理性逻辑团队

这种组建方式更看重资源的互补性,选择以理性逻辑来组建创业团队,创业团队会在组建之前分析创业所需要的资源和能力,通过与自身所拥有的进行比较,试图填补资源与能力的空缺,达到整合优秀资源来推动创业成功的进程。

1. 理性逻辑团队的优势

选择理性逻辑组建的创业团队优势比较突出,实力较强、平均规模较大,团队成员之间由于资源、技能的互补性,因而异质性相对更强。

2. 理性逻辑团队的劣势

理性逻辑创业团队成员之间熟悉程度相对较低,相互之间的沟通和交流比较少,甚至不清楚其他成员所做的事情。

(二)非理性逻辑团队

选择以非理性逻辑来组建创业团队,创业团队不再寻求团队成员的互补性资源和能力,而是看重团队成员的人际吸引力,团队建设的重点在于团队成员的凝聚力建设,着重于创业团队文化的构建和加强。

1. 非理性逻辑团队的优势

团队成员之间惺惺相惜,由于共同的特质而聚在一起,因而同质性更强,彼此更容易理解和沟通,相互之间的熟悉程度更高,自然沟通和交流更加频繁和顺畅,团队凝聚力更强。

2. 非理性逻辑团队的劣势

选择非理性逻辑组建的创业团队一般平均规模较小和实力相对较弱。

三、组建创业团队的步骤

团队组建是把具有不同需要、背景和专业的个人聚集成一个整体,形成高效的工作团队的过程。团队组建具体分为四个步骤(图6-3)。

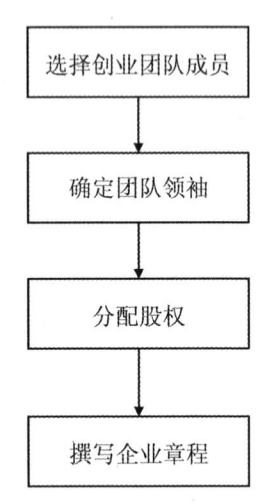

```
选择创业团队成员
      ↓
  确定团队领袖
      ↓
    分配股权
      ↓
  撰写企业章程
```

图6-3 组建创业团队的步骤

(一)选择创业团队成员

创业团队通常由若干合伙人组成,创业初期一般合伙人人数不多。选择团队成员时主要遵循三个原则。

第一,目标明确,志同道合。

第二,诚实守信,能做事。

第三,扬长避短,优势互补。

(二)确定团队领袖

创业团队中无论有几个合作者,都必须确立一个领袖。创业团队领袖是创业团队的灵魂,是团队力量的协调者和整合者。团队成员的思想和行动方向如果没有一个领袖主导,那么新思想很容易会不断地否定原来的思想,新的行动方向又会不断地取代原定的方向,很快就会导致巨大的内耗和矛盾。在现实中,团队领导往往是由挑头创业且股份比例最大的创业者担任,尽管这样,团队领导者也必须以书面形式确定下来。

（三）分配股权

实现利益共享是维护创业团队长期稳定的重要举措。通过分配股份把成员的利益同团队的利益联系起来，以此激发各个成员的能动性，促使团队成员为团队的长期利益考虑，从而使每个成员的利益长期最大化，同时也避免和减少不必要的矛盾。国内不管是兄弟型创业团队，还是伙伴型创业团队，能够做大做强的企业不多，就是因为缺乏创业契约文化，由于事先没有约定好所有权分配，企业发展起来了，团队却因利益分配问题而解散。好的团队必须在合伙之前设计好股权结构，合理分配股权，明确各自享有的利益和承担的风险，明确各自的权利和义务，并将这些以公司章程的形式写入法律文件。公司章程是团队必须认真思考、讨论、制定、执行的第一份契约，有了它才能保持团队的安稳。

如何给团队成员分配股份，是一个非常重要并且应认真考虑的问题。如果某成员的股份太低，其能动性就无法完全发挥；如果某成员的股份太高，一旦犯错代价太高。实际上，一切关于所有权和表决权分配的问题，对于团队来说，都足以影响全局。企业股份要依照什么样的标准来划分，没有确切答案。要解决这个问题，除了须掌握一定的共性知识外，关键在于企业的实际情况。总的来说，股权分配一是要看团队领袖对企业控制权的态度，希望保持自己对企业的控制权，就出资多一点，股份占比大一些。二是任何股份量一定要与该股东对公司具有的价值量对等，即股东可以以投入的资金、拥有的知识产权、拥有的行业经验、拥有的社会资源、在公司的角色分配与承担的责任义务等方面来衡量对于公司的价值。三是股份划分不必一次到位，可留出一部分用于今后引进人才、激励团队成员等。

需要注意的是，初创企业的股权结构不能太复杂。后续的投资人特别是风险投资人会关注公司的股权结构，如果股权结构太复杂，下一次股权融资就很困难，风险投资人不会愿意投资给股权结构太复杂的团队。

（四）撰写企业章程

撰写企业章程是组建团队初始必须做的一件事。企业章程是企业组织与活动的基本准则。作为企业组织与行为的基本准则，企业章程对初创企业成立及运营具有十分重要的意义，既是初创企业成立的基础，也是初创企业赖以生存的灵魂。

在创业之始，团队成员必须有共同的约定，并把这种约定确定下来，变成大家必须共同遵守和维护的行为准则。只有这样，才能使团队行为规范，稳定发展。企业章程就是发挥这种作用的。企业章程是由发起人或企业最初的全体股东依法制定的,规定企业的组织结构、注册资本结构、生产经营方向、管理制度以及企业设立宗旨等重大问题,以及调整股东之间、股东与企业之间,企业对外经营活动中的各种关系的文书。

第三节　大学生创业团队的管理

一、创业团队管理的技巧

(一)建立信任

作为高素质团队的起点,信任能推动团队的发展。团队能不能发展首先要看团队成员间能不能建立起相互之间的信任。

1. 信任是合作的基础

对于一个团队而言,团队成员是相互信赖的且团队合作往往是建立在信任而非利益的基础上。尤其在现今的工业社会中,虽然信任与合作正朝着一体化的方向发展,但是合作是以相互信任为前提的,信任是一个高效团队成功的关键因素。信任即彼此独立,有效率,有吸引力,共同承担责任,相互鼓励和信赖。

2. 信任也需要相互监督

信任无疑能提高组织成员的积极性、满意度,有效地提升组织创新、生存能力,然而,信任也有成本,一旦信任被利用了,高得可怕的信任成本便显示出极强的破坏力,因为没有约束的信任将伴随着风险。

(二)合理授权

第一,合理授权能够显示出团队领导者对成员的信任,这种信任有利于奠定团队信任的基础,可以给团队成员很好的成长空间。

第二,合理授权有利于充分发挥团队成员的积极性、主动性和创造性,团队中的每个人都有实现自己的愿望,在工作中取得的每一项成功,同时也是团队成员实现自我价值的成功。

第三,合理授权有利于决策的及时性和有效性,一方面,团队成员在自己有权利的范围内可以根据情况变化及时决策,另一方面,领导者通过合理授权,可以解放自己,将自己的工作重点放到更为重要的工作上,去决策更为重要的事情。

(三)团队角色建设

1. 做好角色定位

对团队来说,角色定位主要由组织和团队中资深的人员根据自身的知识和经验来确定,角色知觉[①]的正确性、准确性直接影响团队角色定位与角色实现,因此,组织中的团队必须提高角色知觉信息的正确性。团队领导者要尝试让角色适合队员的个性,而不是让队员去适应角色。

2. 优化角色组合

重要的团队角色应符合团队任务的结构要求。结构是多样化的,有决策与执行之分,也有体力活和脑力活之分。一旦团队结构与任务结构脱节,任务就失败了一半。

(四)团队凝聚力建设

团队凝聚力是团队对其成员的吸引力和成员之间的相互吸引力,包括"向心力"和"内部团结"两层含义。只有当这种吸引力达到一定程度,而且团队成员资格对成员个人和团队都具有一定价值时,团队才具有凝聚力。要打造一个有凝聚力的团队,需要团队建设人员去挖掘相同点,为团队建设服务。概括来说,增强团队凝聚力的途径主要包括以下几种。

第一,发挥团队领导者的个人魅力。
第二,增强团队忧患意识和团队的竞争性。
第三,确定团队长远的发展目标。
第四,完善团队内部管理机制。
第五,加强信息沟通和交流,密切团队成员之间的关系。

(五)团队培训与学习

对于企业来说,每个成员都需要发展,而且都需要找到合适自己的方式来不断发展。这种适合方式是建立完善的团队培训与学习机制。提升团队成员的素质和能力,将企业发展的需要和员工自身发展和谐统一起来,激发员工发展的内驱力,从而促进企业和员工的全面持续发展。因此,团队管理

---

① 角色知觉是指个体对某一场合应如何作为的认识。

的一项重要任务,就是要构建一个学习型团队,懂得不断充实自己的学习型团队,在发展的社会中会创造出更多的奇迹,当团队真正在学习的时候,不仅团队能有出色的表现,其成员的成长速度也快。要构建一个学习型团队,需要从以下几方面着手。

1. 营造开放的学习环境,构建创新型学习团队

营造开放的学习环境是建立学习型组织的基本条件。营造开放的学习环境,构建创新型学习团队应强调以下几方面。

第一,强调终身学习。

第二,强调全员学习。

第三,强调全过程学习。

第四,强调团队学习。

第五,强调团队成员不仅要掌握本岗位的工作技能,而且要学习、了解其他岗位的工作技能。

2. 构建新颖有效的学习模式,促进企业与员工双赢发展

建设学习型团队,已不再局限于传统的学习教育培训模式,而应从企业、员工自己的工作特点和现实需要出发,大胆进行观念、机制和活动形式的创新,不断丰富和完善学习的形式和载体。

3. 建立长效学习机制,为双赢发展提供保障服务

联想集团之所以能虚心学习,是因为其总裁柳传志有一个有趣的"鸵鸟理论":当两只鸡一样大的时候,人家肯定觉得你比它小,当你是只火鸡,人家是只小鸡时,你觉得自己大得不得了,而人家会认为咱俩一样大,只有当你是只鸵鸟时,小鸡才会承认你比它大。正是有了"鸵鸟理论"作指导,联想集团才不自高自大,才会经常看到自己的短处,发现别人的长处,并努力学习,取长补短,使自己不断得到提高,由此可见建立长效学习机制的重要性。

二、创业团队的管理

创业项目的持续性推进离不开良好的创业团队管理,科学的创业团队管理主要包含冲突管理、核心创业者的领导、生命周期管理。

(一)创业团队冲突管理

合作中的冲突常常无法规避,冲突管理是团队日常管理的内容之一,也

是影响团队信息交流和凝聚力的主要因素之一。创业团队的冲突主要有认知冲突和情感冲突两类。

1. 认知冲突

认知冲突主要是针对企业生产经营过程中的有关事项,团队成员所持有的意见和看法不一致,典型的特征是对事不对人。在日常生产经营管理过程中,成员之间考虑的角度不同,坚持的看法自然不一样,相互之间争执、讨论,看似冲突不断,其实更容易碰撞出思想的火花,有利于优化生产经营方案,及时发现漏洞;有利于提高团队决策质量,进而提高组织绩效。

2. 情感冲突

情感冲突是情绪化的矛盾,容易在团队成员之间形成敌对、不信任等表现,而情感上的抵触会影响团队成员间的合作精神,使团队工作效率降低。因此,创业团队一定要加强对情感冲突的管理。

(二)对核心创业者的管理

创业团队中的核心人物是创业成功的关键,他的领导才能和魅力对创业团队的管理有着至关重要的作用。成功的领导者要能够激发创业团队的创业热情和无限的创造活力,能够领导团队确定独特的创业理念,明确企业发展的愿景,带领团队坚持不懈地朝着共同的目标奋斗。创业团队应树立核心创业者的核心意识和关键地位,协调各方面的关系,使得核心创业者能够发挥核心作用和团队凝聚作用。

(三)创业团队的生命周期管理

创业团队犹如一个有机的生命体,有生命的开始,自然也会有生命的结束。创业团队的发展大致会经历组建期、激荡期、规范期、高产期和调整期五个阶段。以上每个阶段都有其特点,管理者应该清楚了解自己团队所处的阶段,有效管理。

(四)创业团队的风险管理

1. 影响创业团队的风险因素

创业团队的风险在一定程度上成为创业道路上最大的阻碍,创业团队的风险因素归纳起来有以下几点。

(1) 分配不公

在整个业务流程中,团队成员希望他们的收益与贡献相匹配,希望在利益分配上显示公平,但创业团队成员的贡献总是动态变化的,在创业的不同阶段,创业所需要的资源可能会大不相同,每个创业团队成员所拥有的资源也会发生动态变化。很多企业由于发展初期缺乏明确的利润分配方案,而导致未来的利润分配方案存在争议。

(2) 信任缺失

在创业过程中,创业团队成员容易出现不信任的问题,创业团队的带头人如果对团队成员不信任,那么就会使团队成员的工作热情降低,主动性和创造性将大打折扣,当这样的信任危机遇到利益分配不公和认知不同时,就会激化矛盾,造成团队崩溃等破坏性后果。

(3) 理念差异

众所周知,提高团队效率的关键在于团队成员要有一致的创业目标、创业思路,但创业之初,对于这些可能是清楚、一致的,也可能是不清楚,不一致的。在不清楚、不一致的情况下,共事一段时间之后,部分人就会发现原来大家没有共同的价值观,这时创业团队就有可能解散,这种情况是非常普遍的。

(4) 个性冲突

个性是一个人区别于他人的,在不同环境中显现出来的,相对稳定的影响其心理特征的总和。有很多创业团队是由一些合作伙伴共同创立的,他们拥有良好的个人关系,在这种情况下,团队成员的性格差异和处理问题的不同态度很容易被掩盖。这种情况往往是导致创业团队失败的重要原因。

(5) 欠缺沟通

创业团队成员之间的沟通是非常重要的,创业团队成员之间缺乏真正的沟通,会导致情绪和人际关系的冲突。

(6) 失去信心

在竞争激烈的情况下,如果团队成员的抗风险心理能力弱,对创业团队的未来没有信心,缺乏必胜的信念,而且没有提供及时、有效的激励,那么必然会危及团队的生命。

(7) 自我膨胀

自我膨胀是指超越自己的实际情况表现出来的自信,进而演变为盲目傲慢和自负自大。当一个团队成员认为,离开一个团队仍然能实现目标,最终可能导致创业团队的分化。特别是核心团队成员更有可能因自我膨胀而"自力更生"。

(8)外部诱惑

当创业团队出现问题,团队成员遇到更好的发展机会时,人才流失的现象就可能发生。特别是掌握了核心技术和关键资源的成员流失,将会使团队遭受致命损失。

2. 创业团队风险防范对策

(1)统一认知

企业的管理需要智慧,创业团队的管理更需要用心。在管理创业团队时,需要明确的第一件事就是统一认知,统一思想,关乎团队成长、建设的核心问题必须有一致的认识。

(2)明确权责

企业的建设是一项系统工程,要完成这一工程,团队成员需要协同作战,不仅要有共同的愿景,还必须根据各自所长承担相应的责任,以保证团队权责明确。团队成员权责明确,各司其职,才能保证企业稳步成长。

(3)充分信任

毫无疑问,成员彼此之间缺乏信任的团队是走不远的,而一个人能让自己得到信任的前提是相信别人。对于有责任感的创业者来说,信任本身会形成一股强大的力量促使团队成员为团队做出更大的贡献。

(4)有效沟通

保证创业团队高效运作的一个关键因素是团队成员之间能够进行有效的沟通。只有有效地沟通,团队成员之间才会产生一致的认知,才能激发新颖的想法,才能消除误解和矛盾。

(5)共同成长

团队的成长会带来企业的成长,相反,团队的停滞也会导致企业的萎缩。因此,创业团队必须营造出一个良好的氛围,以保证成员可以不断地学习,不断地前进和成长。

(6)沉淀文化

在创业团队的运转和管理方面,最高深的内容之一就是培养沉淀团队独有的文化。拥有文化支撑的团队,在运转的过程中企业文化已经渗透进了团队成员的"基因",他们的思维和行为模式已经烙上了团队的印记。

三、创业团队管理的三维结构

创业团队可以从知识结构、情感结构和动机结构三个方面入手来实施结构管理。

(一)知识结构管理

知识结构反映的是创业团队成功创业的能力素质。知识结构管理的核心是建立以创业任务为核心的知识和技能互补性,强调创业团队有完备的能力来完成创业的相关任务。事实证明,在一个创业团队中,知识和技能互补性是实现有效分工的重要依据。

(二)情感结构管理

情感结构是创新创业团队维持凝聚力的重要保障。情感结构管理的重点是注重年龄、学历等不可控因素的适度差异。中国文化注重层级和面子关系,如果创业团队成员之间年龄和学历因素差距过大,就很容易在混沌状态下发生冲突和争辩,很容易使彼此感觉丢面子进而演变为情感性冲突。一旦出现这种情况,就不利于创业成功,所以,情感结构管理具有重要作用。

(三)动机结构管理

动机结构是创业团队实现理念和价值观认同的关键因素。动机结构管理的关键在于注重创业团队成员理念和价值观的相似性。相似的理念和价值观有助于创新创业团队成员保持愿景和方向的一致,有助于创新创业团队克服创新创业挑战而逐步成功。

四、团队管理中最容易出现的问题

在团队管理中出现频率较高的问题有以下几个。

(一)管理者的影响力和管理能力不够

管理人员管理经验不充分,没有强有力的个人影响力和号召力,在管理中经常出现一些不可预见的沟通交流上的问题和失误,这也是不能完全让员工真正做到和公司同心同德的原因之一。

(二)团队目标感不强

经常感觉到领导的目标是领导的,员工的目标是员工的,这会造成许多问题。

第一,思想不统一,各有各的想法,员工的工作能力不能发挥到最佳。

第二,用力方向不致,员工之间有内耗,降低了工作效率与成果实现率。

第三,员工对团队和公司的认同感不强,产生精神离职的现象。

要解决这个问题,领导人必须在制定团队目标时反复与每一个员工沟通,不只是让员工明白自己的目标,还要让他理解团队的目标。

(三)团队内部和团队之间沟通不够

工作中的问题只能通过沟通来解决,但是往往团队内部员工与员工之间、团队与团队之间的沟通是不够的。例如,公司目标不明确、员工对目标不理解、员工对公司或领导有意见等,当这些问题出现时却没有及时做出处理,结果导致问题越积越多,等到问题很多的时候才去解决,这样的沟通是不成功的。

(四)团队的战斗力不强

有些部门员工的主观能动性不够,战斗力不强,只会完成领导安排的任务,而且有时连这些任务都完成不好,更不用说多考虑工作以外的问题。这些员工遇到问题总是知难而退,不论是业务问题还是沟通问题都浅尝辄止,这点在不同部门工作成果进行对比时感觉最明显。这恐怕不单是工作能力的问题,更多的是工作态度和责任心的问题。

以上问题在许多公司中是客观存在的,在以后更激烈的市场竞争中,公司将面临更多这样的问题,因而我们有必要以切实可行的方法来加强团队建设。

第七章 大学生创业机会与创业风险

机会是创业的核心要素,创业离不开机会,但并不是所有的想法和创意都能成为创业机会,不同的创业机会价值也不同。机会往往处于一种隐性的状态,同样的机会被不同的创业者开发,产生的效果差别巨大。创业机会的识别是创业成功的前提条件和必要条件,是创业者应当具备的最重要能力之一。在创业过程中也存在着各种各样的风险,对于创业风险也应能够识别,以便及时规避。

第一节 大学生创业机会的内涵

一、创业机会的概念

"创业机会,主要是指具有较强吸引力的、较为持久的、有利于创业的商业机会。创业者可以据此为市场提供有价值的产品或服务,并同时获益。"[1]

二、创业机会的特征

有的创业者认为自己有很好的创意,对创业充满信心,但许多创业者仅凭创意去创业而失败。有创意固然重要,但是并不是每个大胆的创意都能转化为创业机会。创业机会具有以下特征。

---

[1] 王涛,刘泰然. 创业原理与过程[M]. 北京:北京理工大学出版社,2019:21.

（一）潜在的营利性

对于创业机会来说，营利性属于前提与基础。创业者创造创业机会的主要目的在于为自己营利。如果不存在营利性，那么创业机会也就不存在了。同时，创业机会的营利性是具有潜在特征的。具体来说，需要创业者具备一定的知识与经验。因此，这对于创业者来说有一定难度。从表面看，很多创业机会具有较大的营利性，但是经过实践之后，可能并未获得营利。因此，这就要求创业者需要付出更多的努力，进行识别与评价。

（二）适应性

商业环境是初创企业赖以生存和发展的重要条件，包括政策法规环境、经济环境、社会环境、生产环境等。创业机会必须适应商业环境，能够使创业者在该环境中获得收益，创业活动才有可能延续下去。

（三）客观性

创业机会是客观存在的，无论创业企业是否意识到，它都会客观存在于一定的社会经济环境之中。客观存在的创业机会对所有人都是公开的，每个创业者都有可能发现，不存在独占权。在创业者发现创业机会的时候，就要考虑潜在的竞争对手，不能认为发现创业机会就意味着独占，独占创业机会就意味着成功。

（四）时效性

创业机会存在于一定的时空范围之内，随着产生创业机会的客观条件的变化，创业机会就会相应地消逝和流失。而且由于机会的公开性，别人也可能利用，这就改变了供需矛盾，加速了事物的变化过程，机会也就失去了效用，甚至成为创业者的威胁。对于创业者来说，要抓住创业机会并及时利用，越早发现创业机会并采取措施将机会付诸实施，成功的可能性也就越大。

（五）偶然性

创业机会需要靠人去发现，但是由于缺乏科学方法的指导而没有发现创业机会是很正常的，但不能说没有创业机会。大多数时候，创业机会不可能明显地摆在创业者面前，机会的发现常常具有一定的偶然性，关键要靠创业者去努力寻找。创业机会无处不在、无时不有，关键在于寻找和识别，要从不断变化的必然规律中预测和把握机会。

（六）独特性

创业机会的独特性就在于能经由重新组合资源来创造一种新的目的——手段关系，是一种独特的商业机会。奥地利经济学派认为创业机会与商业机会的根本区别在于利润或价值创造潜力的差异，创业机会具有创造超额利润的潜力，而商业机会只可能改善现有的利润水平。

（七）隐蔽性

生活充满机会，机会每天都在撞击着我们的大门。可惜的是，大多数人都意识不到它的存在。这就是机会的隐蔽性。创业机会更是如此，有了隐蔽性。如果人们一眼便能看到它，一伸手就能摸到它。那么，也就不能成为创业机会了。

（八）不确定性

创业机会总是存在的，但机会的发展事先往往难以预料。创业机会在一定的条件下产生，条件改变了，结果往往也会随之而改变。创业者在发现创业机会的时候，一般是根据已知条件进行的，但结果可能会出乎意料，因为条件改变了，或者创业者利用机会的努力程度不够。

（九）资源可获得性

创业者只有具有或者有途径获得足够的资源，才有可能取得创业的成功。

三、创业机会的分类

根据不同的标准，可以将创业机会分为不同的类型。

（一）根据目的的性质进行分类

根据目的的性质，可以将创业机会分为问题型机会、趋势型机会和组合型机会三种类型（图7-1）。

1. 问题型机会

问题型机会是指由实现中存在的未被解决的问题所产生的一类机会。

第七章　大学生创业机会与创业风险

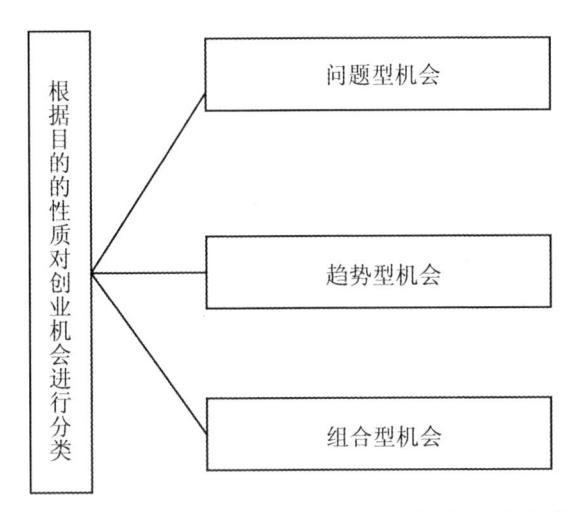

```
                    ┌─────────────┐
                ┌──→│  问题型机会  │
根              │   └─────────────┘
据              │
目              │   ┌─────────────┐
的              ├──→│  趋势型机会  │
性              │   └─────────────┘
质              │
...             │   ┌─────────────┐
                └──→│  组合型机会  │
                    └─────────────┘
```

图 7-1　根据目的的性质对创业机会进行的分类

2. 趋势型机会

趋势型机会就是在变化中看到未来的发展方向,预测到将来的潜力和机会。

3. 组合型机会

组合型机会就是将现有的两项以上的技术、产品、服务等因素组合起来实现新的用途和价值而获得的创业机会。

(二)根据目的与手段关系的明确程度进行分类

根据目的与手段关系的明确程度,可以将创业机会分为识别型机会、发现型机会和创造型机会(图7-2)。

1. 识别型机会

识别型机会是指市场中的目的与手段关系十分明确时,创业者可通过目的与手段关系的连接来辨识机会。

2. 发现型机会

发现型机会是指目的或手段任意一方的状况未知,等待创业者去发掘机会。

```
                    ┌─────────────────┐
              ┌────→│   问题型机会    │
              │     └─────────────────┘
根据目的与手段│     ┌─────────────────┐
关系的明确程度├────→│   趋势型机会    │
    分类      │     └─────────────────┘
              │     ┌─────────────────┐
              └────→│   组合型机会    │
                    └─────────────────┘
```

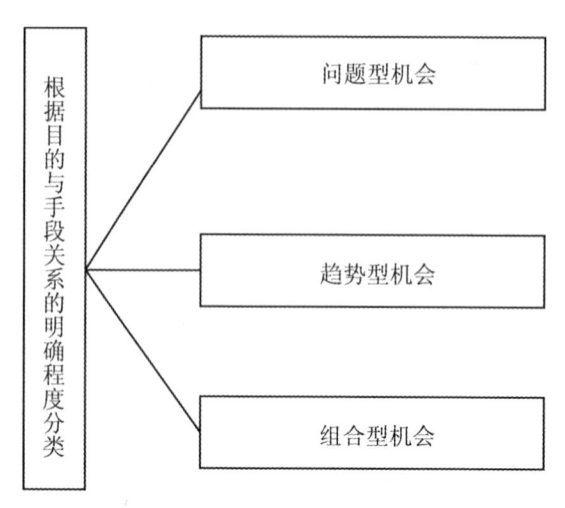

图 7-2　根据目的与手段关系的明确程度对创业机会的分类

3. 创造型机会

创造型机会是指目的和手段皆不明确,因此,创业者要比他人更具先见之明,才能创造出有价值的市场机会。

四、创业机会的来源

机会无处不在,需要用心才能发现。机会更青睐于心态积极善于决断和能抓住有用信息的人,机会也偏爱勤奋且具有坚持不懈精神的人。无论创业机会的潜在价值有多大,都需要创业者独具慧眼,以灵敏的眼光去发现和探索机会,以积极的心态去耕耘,以坚持不懈的精神去实现创业。概括来说,创业机会主要来源于以下几方面。

(一)宏观环境机会

为了从繁乱复杂的市场信息中寻找创业机会,创业者需要将目光聚集到具体的创业项目之上,创业者首先需要关注整体的宏观环境,这是影响创业活动推进的大环境。对创业机会识别的宏观环境分析主要是从以下几方面进行分析。

1. 经济环境

经济环境是制约企业发展的宏观经济因素,包括经济结构、经济周期、国民收入及其变化趋势、居民可支配收入、储蓄及其资本市场发育程度等。经济的发展,如投融资、普惠金融、融资担保等各种业务推陈出新地为创业者提供了创业机会。

2. 科技环境

科技环境包括社会科技水平、社会科技力量、国家科技体系、科技立法等。企业的活动或多或少被这些环境影响,尤其是高科技创业活动。创业者如果对国家对科技的重点投资对象有所了解,并且了解科技成果商品化的速度及预期淘汰时间,并且在这个基础上选择投资的时机和对象,那么就会比较容易取得创业的成功。

3. 自然环境

自然环境因素主要考察企业创立所需要的资源和环境条件是否具备。在新的发展形势下,社会对环境保护和资源利用的重视程度日益增加,这些因素对于企业的建立及发展都产生了重要的影响,创业者必须在经营中协调自身利益与消费者利益、社会利益及生态利益,实现可持续的发展目标。

4. 政治环境

政治环境主要包政局和政治事件、国家政策等。无论大小企业的创办与发展都必须重视政治环境,这是其发展的前提。因此在进行创业之前要对易受政治环境影响的产品进行政治敏锐性分析。为深入分析政治环境因素,创业者应当了解与创业机会有关的政策,考察这些政策是否会对市场进行或多或少的干预、许可、鼓励、支持或是限制、抑制、打击等,同时还应当对政策的稳定性和变化的趋势进行分析。

5. 社会环境

社会环境的构成因素是众多而复杂的,包括人口结构、生活方式等社会文化因素。企业经营活动的基础和最终对象就是人,人口的变化会影响市场结构的变化,人口的生活方式也直接影响着市场上消费需求的种类和数量、购买习惯和行为等。企业只有全面地了解和准确判断社会文化环境,才能把握住消费者的需求。

6. 法律环境

法律规范着企业的经营行为并且影响着消费需求数量和结构变化。创业者在创业之前首先要了解我国的基本法律环境,在创业中也必须拥有充分的法律意识,用法律来解决创业活动中的争端。

(二)地区环境机会

近年来,创业的地区环境机会增多,主要表现在以下几方面。

第一,担保服务机构、风险投资机构、信用服务机构、顾问咨询等服务机构得到发展,更有利于创业的启动与发展,为创业者提供了便利的条件。

第二,国家和地方政府对基础设施的投入力度加大,商业运作硬件条件得到较大的改善,创业园区孵化基地、园区建设、社区建设、企业服务中心、指导机构等不断新增。

第三,创业教育的普及、创业者文化素养的提高和创业专业服务机构的发展,为创业提供了较好的支持,使得创业项目和创意理念能够更顺畅实现市场价值。

(三)行业机会

对行业环境进行分析能够有助于创业者抓住合适的机遇。本书从行业的生命周期、行业进入障碍、行业的竞争要素和行业内部结构四个方面分析行业机会。

1. 行业的生命周期

行业的发展阶段就是要分析创业机会所属行业的发展态势。对于大多数行业来说,其发展过程大致可以分为四个阶段。

(1)孕育阶段

在这一阶段,行业之中存在大量的创业机会,而且抢先进入市场的创业者能够率先制定行业生产、技术标准,优势十分明显,但是由于行业的发展尚不明朗,也存在着较高的创业风险。

(2)成长阶段

在成长阶段,行业刚刚形成,规模比较小,而且产品的总量和品种也很少,所以留给创业者开拓的余地比较大,因此创业机会也非常多。

(3)成熟阶段

在成熟阶段,行业的发展已经趋于稳定,企业之间竞争激烈,实力强的企业会继续发展壮大,还会兼并或淘汰实力较弱的企业,因此,处于成熟阶段的行业留给创业者的创业机会相对来说比较少。

(4)衰退阶段

在衰退阶段,行业逐渐进入消亡、退出市场的阶段,技术和产品都出现了新的替代品。这一阶段没有什么创业机会,若是在这个时期加入,创业者的成功概率就很小。

行业生命周期在运用上有一定的局限性,因为生命周期曲线是经过抽象化了的典型曲线,各行业按照实际销售量绘制出的曲线不会光滑规则,因此判定行业所处的阶段具有一定的困难。

2. 行业进入障碍

在选定行业之后,创业者就需要考虑进入这一行业可能会遇到的障碍。事实上,那些隶属于全新行业的创业机会相对来说较少,而出现这种创业机会时,由于该行业刚刚出现或者尚未出现,未知因素太多,市场风险太大,很多创业者可能不敢直接进入,反而是那些行业市场已经发育到一定程度的创业机会成为创业者追捧的对象。一般来说,影响或阻碍创业者进入行业的因素主要包括以下两个方面。

(1)行业的规模

不论是进入哪个行业,创业的项目都必须达到一定的规模,才能达到一定的盈利水平,否则就无法抵销成本实现盈利。一个行业所需要的生产经营技术越复杂、固定设备要求越高,则需要的投资规模就越大,而且这些投资都具备高风险,一旦创业失败就无法收回成本。因此,当一个行业的最低投资规模的水平过高时,创业者进入这一行业就会有较大的难度。

(2)销售渠道的限制

行业内部原有的正常销售渠道已经为原有企业服务。创业者往往需要通过合作、提供服务和津贴等方式来说服原来的渠道接受它的产品,这也构成了创业者进入市场的成本。如果企业进入一种行业不能利用原有的销售渠道,这就提高了销售渠道开发的费用,进入该行业的难度也大大提升。

3. 行业竞争要素

(1)现有竞争者之间的激烈竞争

在一个行业中,企业最先关注的是现有竞争对手及竞争对手采用的竞争行为。当行业中的企业数量众多,则会出现有些企业为占有更大市场份额和取得更高利润而采用打击、排斥其他企业的竞争手段,从而形成激烈的竞争场面。当行业有相当高的固定成本或库存成本时,企业会降低单位产品固定成本,因而会采用价格战的竞争方式加剧市场竞争。如果行业产品差异化很小或没有行业转化成本,这时会使供给方在价格和服务上展开竞争,购买者有较大的选择自由。当行业退出时障碍大,如清算价值低、转换成本高、退出费用高、政府和社会限制等原因,经营不好的企业只能选择继续经营,会使得行业内竞争激化。

(2)替代产品的威胁

替代产品指那些与本行业的产品有同样功能的其他产品。由于其他产品与本行业的产品具有相同的功能,如果替代产品的价格较低,则投入市场会使本行业产品价格受限,降低本行业利润率。替代产品价格越有吸引力,则对本行业构成的压力越大。因此,创业企业在制定战略时,需要识别替代产品的威胁及威胁程度。

(3)潜在进入者的威胁

迈克尔·波特认为,潜在进入者的威胁大小取决于该行业的进入壁垒和潜在进入者对行业内已有企业的反击。如果进入壁垒高、潜在进入者认为现有企业严阵以待,则这种威胁会变小。进入壁垒的高低取决于规模经济、产品差异优势、资本需求、转化成本、获得分销渠道等因素。创业企业在进入一个行业前,需要对该行业的进入壁垒和行业内所处情况进行全面分析。

(4)供应商的议价能力

行业所受压力还可能来自供应商通过提价或降价所购产品或服务的质量的威胁。供应商向一些行业销售产品且每个行业在其销售额中占比不大时,当供应商的产品是买方的工艺或产品质量的关键时,供应商便有更大的议价能力。

(5)购买商的议价能力

买方的议价能力体现在购买商可能要求降低购买价格,同时要求高质量产品和更优质的服务,这使得行业的竞争者之间相互竞争,致使行业利润下降。当购买商们相对集中,并且购买的产品占购买商购买量中很大的比重、购买商的行为转化成本低、购买商的利润很低、购买商掌握供应商充足的信息的情况下,购买商的议价能力较强。

4. 行业的内部结构

在选择进入行业市场时,为了考察未来创业项目在行业内的成长空间,创业者还需要对于行业内部的主要力量进行分析。行业内部的主要力量分为竞争对手以及供需双方。

(1)行业内竞争对手的分析

通常可以从行业内的竞争者数量以及竞争者规模两个角度考察。行业内的竞争越激烈,行业的平均利润就越低,创业者未来就要面临更为巨大的压力。另外,竞争者之间不仅仅只有竞争还有合作关系。创业者总是希望能够寻找竞争者更少的行业,事实上,一个竞争者少的行业多半成长性太差或者刚刚起步,因而价值并不明显。试图进入具备吸引力的行业的创业者总是会遭遇竞争者,创业者应当试图用合作的观点去影响竞争者。

(2)供需双方分析

供应方包括行业所有外购投入如技术、设备、资金、原材料、劳动力和信息等要素的提供者,购买方则包括为消费而购买的消费者和为销售而购买的经销商。供应方和购买方应当满足创业者的基本需求,帮助创业者实现价值创造。但如果行业中的供应方或者购买方实力太强,那么未来创业者在与之交易的时候就会面临更多的压力,利润也会受到挤压,因此,创业者需要慎重选择供需双方,使得自己的创业主张和经营方案能够在行业内部顺畅地推行下去。

(四)市场机会

1. 现有市场的需求

(1)规模经济下的市场空间

行业不同,企业的最佳规模也不同。大小企业生产经营都要遵循这一规律。有最佳规模经济存在,市场就存在需求空间。

(2)企业集群下的市场空缺

企业集群是一种动态的企业联盟。企业集群是指在某种产业领域内由于具有共性和互补性而联系在一起的、在地理位置上相对集中的企业和机构的集合体。企业集群内中小企业存在高效的竞争与合作关系,形成高度灵活的、专业化的生产经营协作网络,从而使企业获得专业化生产的低成本和差异化优势,克服规模与产品研发方面的劣势,实现外部规模经济优势,提高企业的竞争优势。随着社会分工和专业化的发展,生产技术变得越来越细密,因此,在企业集群下必定会产生新的市场空缺。

2. 潜在市场的需求

潜在市场的需求来自新科技和需求的多样化,成功的创业者能敏锐地感知这种需求,并从中捕捉到创业机会。通信技术和互联网的发展,改变了人们工作、学习、生活、交友的方式,网上办公、网络教育、网上购物快速发展。经济社会的不断发展推动了市场需求的多样化。一方面,消费潮流的不断变化带来了新的创业机会,另一方面,企业从消费者的角度出发,通过产品和服务的创新,引导需求并满足需求。

3. 衍生市场的需求

(1)经济活动的多样化

经济活动的多样化和个性化为创业拓展了新途径。经济社会的快速发展,带来了经济活动的多样化,也促进了社会需求的多样化和个性化。现代社会人们对信息情报、咨询、文化教育、金融、服务、修理、运输、娱乐等行业提出了更多、更高的需求,从而促进了服务业的发展。由于服务业一般不需要大规模的设备投资,它的发展为中小企业提供了非常多的成长点,也为其的经营和发展提供了广阔的空间。

(2)产业结构的调整

国企改革、民营经济的发展,为创业提供了新契机。产业结构合理的主要标志是各产业协调发展,能合理利用资源,能提供社会需要的产品和服务,能提供劳动者充分就业的机会,能推广应用先进的产业技术,能获得最佳经济效益等。在产业结构调整过程中,由于国家政策的调整会产生出很多创业机会。随着国企改革的推进和民营经济的发展,中小企业除了涉足制造业、商贸餐饮服务业、房地产等传统业务领域外,有了介入中介服务、生物医药等领域的创业机会。

五、创业机会的开发

具体来看,创业机会的开发一般经过以下几个发展过程(图7-3)。

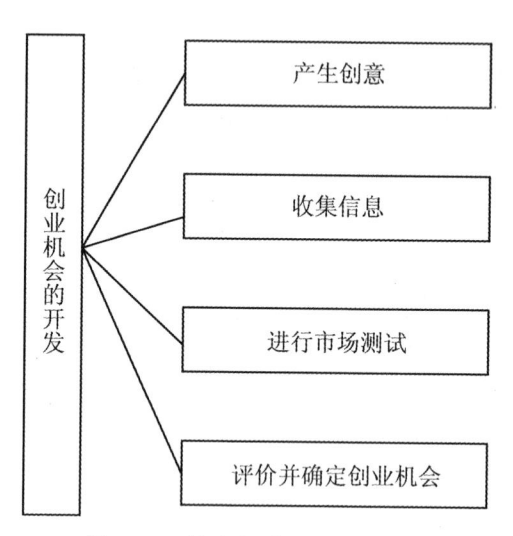

图7-3 创业机会开发的过程

(一)产生创意

有一些人将创业点子的产生,归因于机缘凑巧,所谓"无心插柳柳成荫"。不过,研究创意的专家以为,创意只是冰山上的一角,没有平日的用心耕耘,机缘也不会如此的凑巧。所谓的机缘凑巧或第六感的直觉,主要还是因为创业者在平日培养出侦测环境变化的敏锐观察力,因此,能够先知先觉形成创意构想。

激发创意的方法有很多,下面对几种常见的方法进行简要分析。

1. 头脑风暴法

头脑风暴法是一个非结构化的过程,在一个有限的时间内,通过小组成员的自发参与,针对某个问题产生几乎所有可能的创意,这将十分有利于参与者发挥他们的想象力。头脑风暴法的运用一般应该遵循以下四个原则。

第一,小组中的任何成员都不允许批评。

第二,鼓励随心所欲。

第三,希望产生大量的构思。

第四,鼓励对构思进行组合和改进。

2. 功能组合法

功能组合法将使用范围相同但功能各异的两种或多种现有产品作为组合项,根据各组合项在结构上的可共用性,将其不同的功能赋予一种新的结构,从而创造多功能新技术、产品的方法。

(1)功能组合的实现方法

功能组合可以通过以下三个方面实现。

第一,功能引申,如收录机到随身听再发展到复读机。

第二,功能渗透,通过功能渗透使产品更加适应市场的需求。

第三,功能叠加,如白加黑就是通过功能叠加造就了市场的奇迹。

(2)功能组合的形式

功能组合的形式包括以下几种。

第一,同类组合,如礼品盒、两支钢笔、子母灯以及将几百个微型彩色小电灯并联在一起(烘托节日气氛)、双向拉链、情侣装等。

第二,异类组合,如塑钢门窗、钢筋混凝土、香味橡皮、音乐贺卡等。

第三,重组组合,如变形金刚式的万能自行车,再如吸尘器可以有垂直式、手柄式等。

第四,概念组合,就是以词类或命题进行组合。

第五,综合,是各类组合的集大成者,它具有系统性、完整性、全面性和严密性。

3. 六项帽思考法

六项思考帽是一个全面思考问题的模型。这六项帽分别为白帽、红帽、黑帽、黄帽、绿帽和蓝帽。白帽象征中性思维,代表一种现状。红帽象征真实。黑帽代表谨慎。黄帽代表阳光,代表乐观积极的思维。绿帽代表创造性思维。蓝帽代表对讨论者的思想进行总结,通常由会议的组织者使用。这种方法的特点在于可以切换思维角度,不冒犯别人,避免对问题讨论的争执不休。

4. 思维导图法

思维导图又叫心智图,是把人大脑中的想法用彩色的笔画在纸上。它把传统的语言智能、数字智能和创造智能结合起来,是表达发散性思维的有效图形思维工具,也是创意产生的一种方法。思维导图注重图形的应用,同时配以文字标签,通过分层分级的方法依据一定的逻辑把各级主体形象地展现出来,把主题关键词与图像、颜色等建立记忆链接。使用思维导图时,以问题为核心,用简洁的词语或图片表达出来,再运用放射性思维,将所有有关问题的方面都囊括在内。

(二)收集信息

具体来看,收集创业机会信息,可以通过以下渠道进行。

1. 现有企业

如果创业者对于自己的创业方向有了一个大概的确定,此行业内的现有企业是创业机会的另外一个来源。例如,可调查感兴趣地区的企业。针对自己居住区或你想创办企业的地方,按照以下步骤搜集现有企业的信息,以及潜在企业信息,进而挖掘创业项目。

(1)按表格记录你已经选择区域内不同类型的企业,统计每种类型的企业有多少个,具体的企业名称是什么。

(2)研究这张现有企业一览表,尽力找出以下问题答案。

第一,哪些企业多,哪些企业少,分析原因。

第二,关于当地市场和此区域的居民消费方式,你的一览表给你提供了什么信息?写出你对当地市场的看法。

第三,除了现存企业,潜在市场还有发展余地吗?你认为你还有创业机会吗？填写潜在企业一览表。

2. 消费者

消费者是企业产品需要面对的最终购买者，直接到消费者中间去，了解和分析消费者的需求，是创业者需要做的重要一步，也是创业机会的重要来源。收集消费者的信息，主要是与消费者偏好、消费者的个人收入、消费者行为相关的信息。

(1)消费者偏好。在市场上，即使收入相同的消费者，由于每个人的性格和爱好不同，人们对商品与服务的需求也不同。消费者的偏好支配着他在使用价值相同或相近的商品之间的消费选择。

(2)消费者的个人收入。收入的增减是影响需求的重要因素。一般来说，消费者收入增加，将引起需求增加，反之亦然。

(3)消费者行为是指消费者为获取、使用、处置消费物品或服务所采取的各种行动，包括先于且决定这些行动的决策过程。消费者行为可以看成是由两个部分构成。

第一，消费者的购买决策过程。消费者在使用和处置所购买的产品和服务之前的心理活动和行为倾向，属于消费态度的形成过程。

第二，消费者的行动。消费者行动则更多的是购买决策的实践过程。在现实的消费生活中，消费者行为的这两个部分相互渗透，相互影响，共同构成了消费者行为的完整过程。

3. 政府机构

传统上政府本身并不参与市场，但企业的经营是处于政府的种种法规管制之中的，很多市场也受到政府的影响。另外，政府对市场的规制也是一个值得重视的方面。

4. 分销渠道

分销渠道是企业和消费者之间的桥梁，是企业产品推向市场的直接通道。分销渠道的各个环节之间需要通过信息网络来协调关系，实现商品的合理供给和利润的合理分配；同时，信息网络作为最终顾客了解市场的媒介，还承担着弥合消费者与生产商之间信息不对称的职能。

5. 研发机构

研发工作可能是在大学、科研机构、企业中，或者仅仅是个人行为。我国属于企业主导型的研发投入模式，基础研究不单纯是纯学术研究，还包括具有社会和经济目的、包含技术创新成分的战略性基础研究,在产业链上往往表现为共性技术或关键技术,高新技术企业的研发不是追求"领先知识",而应树立"知识创造财富"的理念。很多企业或者大学都拥有很强的研发能力,但由于种种原因而没有实现产业化,创业者将其重新包装和推出,往往可以取得出人意料的效果。因此,创业者也需要注意对研究机构信息的收集。

(三)进行市场测试

市场测试是指在选定的较小市场,将产品或服务进行展示和促销,检验产品或服务的相关信息。如果说市场调查是询问一个消费者是否想购买,那么市场测试是检验这位消费者实际是否购买。市场测试规模较小、成本低,通过提供一种真实或模拟市场的测试来评估产品,识别产品的弱点,并给创业者提供机会改正这些弱点。市场测试所获得的信息包括评估市场份额与容量,新产品对市场上已有的类似产品销售量的影响程度,购买产品的消费者特征。这些信息有利于创业者有效地改进产品的营销战略。市场测试期间竞争者的反应也可以提供一些信息,预示产品在全面推广后竞争者可能的动态。

(四)评价并确定创业机会

在一些研究中,机会识别和机会评价是共同存在的,可以说,机会评价伴随在整个机会识别的过程中。创业机会评估的最后一部分是确定从创意到新企业所需的关键环节,并将这些环节进行排序,还要对每个环节需投入的时间和资金进行预算。要客观评价现有资金和财产,如果自有资金不足,则需确定资金的来源。

第二节 大学生创业机会的识别与评价

一、大学生创业机会的识别

(一)创业机会的识别方法

创业机会的识别方法大致可归纳为以下几种。

1. 通过问题识别创业机会

寻找创业机会的一个重要途径是善于发现和体会自己和他人在需求方

面的问题或生活中的难处。需求方面的问题就是创业机会,许多成功的企业都是从问题起步的,顾客需求在没有满足之前就是问题,而设法满足这一需求,就抓住了市场机会。美国"牛仔大王"李维斯的故事多年来为人们津津乐道,19世纪50年代,李维斯像许多年轻人一样,带着发财梦前往美国西部淘金,途中一条大河拦住了去路,李维斯设法租船,做起了摆渡生意,结果赚了不少钱。在矿场,李维斯发现由于采矿出汗多,饮用水紧张。于是,别人采矿他卖水,又赚了不少。李维斯还发现,由于跪地采矿,许多淘金者的膝盖部分容易磨破,而矿区有很多被人丢掉的帆布帐篷,帆布帐篷非常结实,不易磨破,他就把这些旧帐篷收集起来洗干净,做成裤子销售,"牛仔裤"就这样诞生了。李维斯将问题当作机会,最终实现了他的梦想。因为有各种各样的问题,才有各种创业机会。问题永远存在。旧的问题解决了,新的问题又会出现,因此,创业永远存在机会。

2. 通过技术创新识别创业机会

任何产品或服务都有生命周期,会不断趋于饱和,达到成熟,直至走向衰退,最终被新产品或新服务所替代,创业者如果能通过技术创新跟踪产品或服务替代的步伐,就能够不断识别新的发展机会。

3. 通过传媒、社会关系网等途径识别创业机会

当今,电视、广播、报纸、杂志和网络渠道都有各类创业项目的广告宣传,特别是招商加盟的广告宣传。要强调的是,一个成功的项目,它的原型必须是成功的,对这些广告宣传的项目,要认真对原型进行考察,切实从中找到好的创业机会,千万不可被虚假广告宣传忽悠。个人社会关系网的深度和广度影响着创业机会识别,在通常情况下,拥有很多社会关系的人比拥有少量社会关系的人容易得到创业机会,很多成功的创业者,都是在社会关系网的作用下识别和确定创业项目的。

4. 通过顾客建议发现机会

一个新的机会可能会由顾客识别出来。顾客建议多种多样,最简单的,他们会提出一些非正式建议。他们还可以有选择地采取非常详尽和正式的短文形式。例如,如果顾客是一个组织,巨额支出就得包括在内,一些组织在将他们的需求"反向推销"给潜在的供应商的过程中非常积极。无论使用什么样的手段,一个讲究实效的创业者总是渴望从顾客那里征求想法。

(二)创业机会识别的基本条件

面对具有相同期望值的创业机会,并非所有的创业者都能识别和把握。成功的创业机会识别是创业愿望、创业素质和能力等因素综合作用的结果。

1. 创业愿望是创业机会识别的前提

许多很好的创业机会并不是突然出现的。需要有创业愿望的人去寻找、发现。创业愿望是创业的原动力,推动创业者去识别创业机会。没有创业意愿,再好的创业机会也会视而不见,或失之交臂。

2. 创业素质和能力是创业机会识别的基础

识别创业机会在很大程度上取决于创业者的创业素质和能力,这一点在《当代中国社会流动报告》中得到了部分佐证。报告通过对1993年以后私营企业主阶层变迁的分析发现,私营企业主的社会来源越来越以各领域精英为主,经济精英的转化尤为明显,而普通百姓转化为私营企业主的比例较少。

(三)影响创业机会识别的因素

在现实中,许多人都有创业的想法,富有创业幻想,但能否在众多的创业想法中发现真正的创业机会,并有能力抓住它,最终成为一个成功的创业者,这受到许多因素的影响。概括来说,这些影响因素主要包括以下几方面。

1. 机会的自然属性

机会的自然属性主要是指机会的特征。机会特征是影响人们是否对之进行评价的基本因素。创业者选择这项机会是因为相信其能够产生足够的价值来弥补投入的成本,创业机会的自然属性很大程度上决定创业者对其未来价值的预期,因而对创业者的机会评价产生重大影响。

2. 创业者的个人特征

对于机会识别来说,更重要的因素应当来自创业者的个人因素,这是因为从本质上来说,机会识别是一种主观色彩相当浓厚的行为。事实上,即使某一机会已经表现出较好的预期价值,但是并非每个人都会抓住这个创业机会,并且坚持到最后获得成功。因此,对于创业机会识别来说,创业者的个人特征具有重要影响。从整体上来看,影响创业机会识别的个人特征主要包括以下几方面的内容。

(1) 自信

成功的创业者需要有执着的信念,并且能够坚持他们的事业直至最后成功。创业者的自信能够增强他们对机会的感知。

(2) 警觉性

创业者要比一般的人对信息根基具有警觉性,他们更加渴望信息,更倾向于在信息搜索上花更多的时间,所使用的搜索方式也更加有效。

(3) 风险感知

机会评价与创业者的风险感知显著相关,而创业者的风险感知又取决于创业者的自信心不依赖计划、渴求控制等因素。

(4) 社会网络

创业者的网络对机会识别相当重要,拥有大量社会网络的创业者与单独行动的创业者在机会识别上有显著的差异。通常来说,拥有大量社会网络的创业者更容易发现创业机会。

(5) 已有的知识

创业者更加关注与他们已经拥有的信息、知识相关的机会,并且创业者拥有的知识将从技术开发、机会识别、机会开发三个方面影响机会的发现。

3. 先前经验

在特定产业中的先前经验有助于创业者识别机会。在某个产业工作,个体可能识别出来被满足的市场。另外,创业经验也非常重要,一旦有过创业经验,创业者就很容易发现新的创业机会,这称为"击底原理",这个原理提供的见解是,某个人一旦投身于某产业创业,将比那些从产业外观察的人更容易看到产业内的新机会。我们的调查发现,创业者创业前所担任过管理职位的多样性越高,行业经验相关性越强。相对于创新性较低的机会而言,创新性较强的机会更多地被经验多样性高的创业者所识别和开发。

二、大学生创业机会的评价

(一)创业机会评价的技巧

常规的市场研究方法不一定对创业机会评价完全适应,特别是对原创性创业机会的评价,初次创业者必须牢记以下关键内容。

1. 问卷调查

如果条件允许,可以在目标市场中对未来的顾客群做一次针对性的问卷调查。对未来的服务以及产品进行一个详细的描述,在问卷调查中,主要调查顾客对它的反应,通过这个调查报告,从而对这个项目的可行性进行确定。

2. 商机评估

如果一个创业项目在经过商机评估之后的结果不够完美,市场的竞争并不十分理想,或者是在对顾客进行调查时可以发现,经营的设想并不被大家看好。但是这并不代表不可以创业,这意味的是需要对这个创业项目进行重新的设计。

3. 确立目标

只有商品或者服务被市场看好时,人们才会来购买它,钱才会滚滚而来,有了钱才可以扩大业务。"确立自己可达到的目标,然后去实现这些目标!"现代市场,是需求决定产品而不是产品决定需求。

4. 分析对手

第一,对顾客的需求和竞争对手的情况做一次深入的分析。
第二,推出符合市场需求的服务或产品。

5. 独特创意

以市场需求为导向,了解竞争对手的优势和劣势。对项目所在的行业要了如指掌,才能在同类产品中脱颖而出,做出特色。产品只有与众不同,企业在市场上才可以立足。

6. 求教咨询

和有经验的成功创业者多进行交流与沟通,他们可以将创业过程中的一些经验传递给创业者。一个成功的企业家,往往会将一些系统的、实用的建议传递给创业者,从而将创业者引向成功之路。

(二)创业机会的主要评价方法

创业机会的评价方法主要包括以下几种。

1. 定性方法

定性方法的评估内容包括以下几方面。

第一,通过前期调研分析,确定该创业机会所必须具备的成功条件。

第二,分析本企业在该市场机会上所拥有的优势。

第三,公司创立之后所拥有的竞争优势。

第四,分析与本公司的发展方向和目标是否一致。

2. 定量方法

在初步拟定营销规划的基础上,从财务上进一步判断选定机会是否符合创业目标,一般从以下几方面进行分析。

(1) 运行成本分析

运行成本主要研究利用该机会所需要付出的资金人力成本,应从投资成本、生产成本和营销成本三方面进行分析,可采用专门的成本预测方法,如直线回归法和趋势预测法等。

(2) 市场需求量预测

通过市场需求量的预测,可以了解该机会所面临的市场状况及市场潜量,也是进行经济效益分析的基础。市场需求量的预测可以运用有趋势预测法、因果预测分析法、市场调查分析法和判断分析法等方法来进行。

(3) 项目利润分析

在市场需求量和成本的预测基础上进行利润核算,一般可采用损益平衡模型、简单市场营销组合和投资收益率等分析方法进行。

3. 阶段性决策方法

阶段性决策方法要求创业者在创业机会开发的每个阶段都要进行机会评价。一个创业机会是否能够通过每个阶段预先设置的障碍,在很大程度上取决于创业者经常面对的约束或限制,如创业者的目标回报率、风险偏好、金融资源、个人责任心等。

4. 蒂蒙斯创业机会评价框架法

蒂蒙斯的创业机会评价框架涉及行业与市场、经济因素、收获条件、竞争优势、管理团队、致命缺陷、创业家的个人标准、理想与现实的战略差异等八个方面的53项指标。对照蒂蒙斯的创业机会评价框架可以对创业机会进行全面的评估(表7-1)。

表 7-1 蒂蒙斯创业机会评价框架①

方面	指标
行业与市场	1. 市场容易识别,可以带来持续收入 2. 顾客可以接受产品或服务,愿意为此付费 3. 产品的附加价值高 4. 产品对市场的影响力高 5. 将要开发的产品生命长久 6. 项目所在的行业是新兴行业,竞争不完善 7. 市场规模大,销售潜力达到 1000 万～10 亿元 8. 市场成长率在 30%～50% 甚至更高 9. 现有厂商的生产能力几乎完全饱和 10. 在五年内能占据市场的领导地位达到 20% 以上 11. 拥有低成本的供货商,具有成本优势
经济因素	1. 达到盈亏平衡点所需要的时间在 1.5～2 年以下 2. 盈亏平衡点不会逐渐提高 3. 投资回报率在 25% 以上 4. 项目对资金的要求不是很大,能够获得融资 5. 销售额的年增长率高于 15% 6. 有良好的现金流量,能占到销售额的 20%～30% 以上 7. 能获得持久的毛利,毛利率要达到 40% 以上 8. 能获得持久的税后利润,税后利润率要超过 10% 9. 资产集中程度低 10. 运营资金不多,需求量是逐渐增加的 11. 研究开发工作对资金的要求不高
收获条件	1. 项目带来附加价值的具有较高的战略意义 2. 存在现有的或可预测的退出方式 3. 资本市场环境有利,可以实现资本的流动

---

① 吕强,张健华,王飞. 创新创业基础教育[M]. 成都:电子科技大学出版社,2017:85.

续表

方面	指标
竞争优势	1. 固定成本和可变成本低 2. 对成本、价格和销售的控制较高 3. 已经获得或可以获得对专利所有权的保护 4. 竞争对手尚未觉醒，竞争较弱 5. 拥有专利或具有某种独占性 6. 拥有发展良好的网络关系，容易获得合同 7. 拥有杰出的关键人员和管理团队
管理团队	1. 创业者团队是一个优秀管理者的组合 2. 行业和技术经验达到了本行业内的最高水平 3. 管理团队的正直廉洁程度能达到最高水平 4. 管理团队知道自己缺乏哪方面的知识
致命缺陷	不存在任何致命缺陷
创业家的个人标准	1. 个人目标与创业活动相符合 2. 创业家可以做到在有限的风险下实现成功 3. 创业家能接受薪水减少等损失 4. 创业家渴望进行创业这种生活方式，而不只是为了赚大钱 5. 创业家可以承受适当的风险 6. 创业家在压力下状态依然良好
理想与现实的战略性差异	1. 理想与现实情况相吻合 2. 管理团队已经是最好的 3. 在客户服务方面有很好的服务理念 4. 所创办的事业顺应时代潮流 5. 所采取的技术具有突破性，不存在许多替代品或竞争对手 6. 具备灵活的适应能力，能快速地进行取舍 7. 始终在寻找新的机会 8. 定价与市场领先者几乎持平 9. 能够获得销售渠道，或已经拥有现成的网络 10. 能够允许失败

5. 贝蒂的选择因素法

在贝蒂的选择因素法中,通过对 11 个选择因素的设定来对创业机会进行判断,如表 7-2 所示。如果某个创业机会只符合其中的 6 个或更少,该创业实践的成功机会较小;相反,如果这个创业机会符合其中的 7 个或更多,那么该创业实践将大有希望。

表 7-2　贝蒂的选择因素法判断表[①]

选择因素	是/否
这个创业机会现阶段是否只有你一人发现了?	
初始的产品生产成本是否可以承受?	
初始的市场开发成本是否可以承受?	
产品是否具有高利润回报的潜力?	
是否可以预期产品投放市场和达到盈亏平衡点的时间?	
潜在的市场是否巨大?	
你的产品是否是高速成长的产品家族中的第一个成员?	
你是否拥有一些现成的初始用户?	
是否可以预期产品的开发成本和开发周期?	
是否处于一个成长的行业?	
金融界是否能够理解你的产品和顾客对它的要求?	
总分	

---

① 吕强,张健华,王飞. 创新创业基础教育[M]. 成都:电子科技大学出版社,2017:84.

第三节　大学生创业项目的选择

一、创业项目与个人匹配

创业活动是创业者与创业机会的结合,影响创业机会识别既有主观因素,也有客观因素。由于创业者个性特质的差异,更由于各个创业者所面临的创业环境和资源约束条件的不同,创业者尽管发现了创业机会,但这并不意味着要创业,更不意味着成功就在眼前,因为并非所有机会都适合每个人。

(一)判断创业机会是否适合自己的主要依据

判断创业机会是否适合自己的主要依据在于机会特征与个人特质的匹配。学者们普遍认同,一方面,创业者识别并开发创业机会;另一方面,创业机会也在选择创业者。只有当创业者和创业机会之间存在着恰当的匹配关系时,创业活动才最有可能发生,也更有可能取得成功。

(二)个人特质和机会特征匹配理论

个体能否感知到创业机会的存在,取决于他们是否拥有先前经验和特定知识去甄别外部信息,这意味着掌握特定领域的知识对识别创业机会至关重要。从个人特质和机会特征匹配的视角看,创业机会识别过程大体可分为以下两个阶段。

1. 识别"第三人机会"阶段

所谓"第三人机会",是指对于某些市场主体而言感知到的某种潜在机会。创业者依据先前经验和认知因素,对外部信息进行搜集、分析和甄别,通过增补型匹配、互补型匹配和结构性匹配三种匹配方式,识别出第三人机会。

第一,增补型匹配,指有关顾客信息与创业者所掌握的知识相同或相似,或者有关技术的信息与创业者所掌握的技术知识相同或相似,从而能产生类似于成员—组织匹配理论中的增补型匹配的效果。

第二,互补型匹配,指个人因素或机会因素能在一定程度上改善创业环境或者补充创业环境所缺少的东西,从而产生类似于成员—组织匹配理论中的互补型匹配的效果。

第三,结构性匹配,指已知某种知识关系(如某种技术或服务适合应用于某类顾客)通过直接推理、类比推理、相似性比较、模式匹配等方式,把这种知识关系应用于改进新的潜在或实际的顾客需求与创业者所拥有的知识、技术和服务方法或新技术之间的匹配上,这与认知领域结构匹配理论中的结构性匹配相类似。

2. 识别"第一人机会"阶段

"第一人机会"阶段是指对于创业者本人而言有价值的机会的阶段。根据创业意图理论,创业者在考察创业机会时会重点考察机会特征中的营利性和不确定性,而机会的创新性与机会的营利性和不确定性密切相关,同时创业者个人的认知因素、成就需要、自我效能感也有所区别。因此,在识别出第三人机会的基础上,若该机会的创新性、营利性和不确定性程度,能与特定创业者个人特质中认知因素、成就需要和自我效能感相匹配,那么创业者就可能感知和识别出第一人机会。如果两者不能匹配,那么,创业者就会放弃第三人机会。可见,创业机会是否适合自己的主要依据在于机会特征与个人特质的匹配。

二、创业项目选择的过程

创业项目的确定一般需要经过这样几个步骤(图7-4)。

```
创业环境分析
    ↓
创业市场调研
    ↓
创业机会评估
```

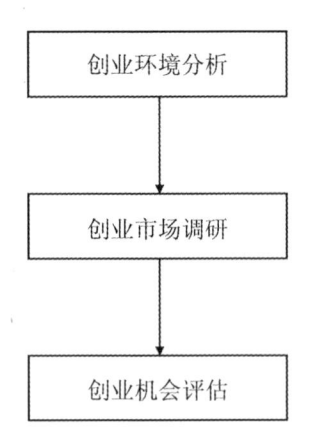

图7-4 创业项目选择的过程

(一)创业环境分析

创业环境是指创业者周围的境况,是在创业者创立企业的整个过程中,围绕着新创企业生存和发展变化,对其产生影响或制约新创企业发展的一系列外部因素及其组成的有机整体。在选择创业项目之前一定要对创业环境进行分析。

(二)创业市场调研

1. 创业市场调研的内容

创业市场调研是指为创业项目的相关决策提供依据或者为验证创业决策中的相关推断和策划而进行的各种市场信息的收集、整理、分析和应用的过程。创业市场调研的内容主要包括以下几方面。

(1)行业调研

创业者对自己即将从事的行业,需要有全面、充分、系统、细致的考察与评估。比如,你即将进入的行业是属于成长型行业,还是属于已经成熟甚至达到饱和状态的行业?主要的合作商和客户是谁?未来的发展趋势如何?只有对此类问题有了深入的了解,你才会知道如何更好地进入特定的市场。

(2)政策调研

创业者只有熟悉政策,利用好政策中对自己有利的因素,规避不利因素,才能少走弯路,从而更快地让企业启动起来。

(3)客户调研

进行客户调研就是了解客户需求的过程,了解即将开发的产品和服务能否满足客户和市场的需求。客户调研包括对客户的消费心理、消费行为等特征进行调查分析,研究社会、经济、文化等因素对购买决策的影响,同时还要了解潜在客户的需求情况、影响需求的各因素变化情况、消费者的品牌偏好等。

(4)产品和服务调研

对同类产品的调研,主要解决以下问题:这些同类产品的外观、色彩等都有什么特点?这些同类产品具有什么样的优势,是质量取胜,还是功能取胜?同行业中失败的产品存在什么样的问题?对这些问题的答案都是你创建未来产品特色和优势的有效依据。对目标消费人群的调研分析,需要着重了解以下问题:哪类人群可能是你的长期客户?他们更看重同类产品的什么功能和服务?他们期望得到什么样的服务?

(5)商业模式调研

商业模式就是企业通过怎样的模式和渠道来盈利。商业模式是企业生存的根本,因此在企业启动之前,需要了解成功企业的商业模式是怎样的,失败企业的商业模式又是怎样的。只有这样,才能在确立自己企业的商业模式时有所借鉴、扬长避短。

2. 创业市场调研的方法

(1)直接调查法

收集市场信息最直接的方法就是直接观察或者调查相关人员有关问题或感受,根据得到的答案或信息整理出有用的市场信息。问卷调查法、面谈访问法、电话询问法、观察调查法、实验法等都是通常直接收集信息的方法。

(2)间接调查法

间接法收集市场信息就是收集已存在的、别人调查整理的二手信息、情报、数据或资料。这些间接信息可以从报纸、杂志、互联网、行业协会、研究机构、政府部门、统计机构、银行财税、咨询机构等各个渠道得到。

(三)创业机会评估

创业机会评估的一个重要部分是创业机会与个人的匹配问题,关于创业机会评估的技巧及方法在本书已有详细阐述,这里不再赘述。

三、创业方向的选择

(一)科技服务

大学生可以通过学校、老师加强与企业的联系,帮助企业解决科技难题,为企业提供科技服务,从而实现科技创业。如果某项科技服务成果能成为大企业的一个长期的配套产品或服务,这就将为创业者奠定一个稳定发展的基础。

大学生创业应立足实际,切忌好高骛远,不一定把眼光放在改变社会生活的大项目上,与人们日常生活联系密切的小的科技服务项目也可能有大的市场。

(二)科技成果

当前社会,科学技术发展迅速,高校是培养高科技人才的重要场所,大学生如果自己在某一领域有科技成果,则可以利用自己的成果走科技创业的道路。

大学生进行科技创业时,要充分利用学校的资源,如校内其他人的科技成果、技术,以及校内有效设备、老师和同学等学校资源,将其转化为具有现实意义的成果。

(三)信息技术

在现代知识经济社,信息技术发展迅速,IT产业一直被视为大学生争抢就业与创业的"香饽饽",信息技术领域成为就业和创业的热点领域。大学生可以借助互联网信息技术的发展来进行创业,如电子商业服务。

电子商务成本低,不受时间、空间限制,大学生从小接触计算机,大学生网上创业不应停留在网上开店,买卖传统商品上,可结合自身特点提供一些网上智力服务,或开发创意电子商务。

(四)创意小店

大学生思维活跃、学习能力强、喜欢接受新鲜事物,可以发挥自己特点开一些有创意的小店。例如,陶艺、绣艺DIY店、幼儿绘画坊、个性礼品店、个性饰品店、咖啡屋等。

(五)智力服务

大学生创业应发挥自己的知识优势,选择一些需要知识和专业的智力服务,如翻译、电脑维修维护、家教培训等,或把软件设计应用到一些传统行业、中小企业、商务及商业连锁领域中。

(六)连锁加盟

连锁加盟是一种成功的商业模式,可以为加盟者提供成功的模式和经验。大学生经营、管理经验不足,可以选择通过连锁加盟形式创业,快速掌握经营所需的经验和知识,降低风险。大学生选择加盟连锁企业时,一定要选择体系相对完善、适合自己的项目,以更进一步降低创业风险,提高创业成功率。

四、选择项目时避免进入创业误区

(一)盲目跟风

大学生缺乏创业实践经验,在创业道路上容易盲目照搬他人模式,例如

"别人怎么干,我就怎么干""跟着成功的大企业走不会有错",但往往是人家创业成功,自己创业却失败。此类创业失败的原因无外乎以下两个方面。

第一,创业者急于求成,认为复制别人的创业经验与办法是一条捷径,没有认识到创业是一种创造性的生产活动,不能充分认识和有效使用自己的资源。

第二,有些创业企业为了实现快捷发展、做大做强目标,盲目套用大公司的成功经验,忽略本企业规模小和创办时间短的实际,机构臃肿、决策缓慢、执行力弱,丧失竞争优势。

(二)全民创业

当前,我国已经进入全民"创业时代",经济的快速持续增长,为创业者提供了大量机会,创业者的发展空间广阔,越来越多的人具有创业意愿并付诸行动,但创业市场竞争激烈,创业成功者毕竟属于少数。面对激烈的社会竞争,很多大学生想创业,又不敢创业,认为创业困难大、难以成功,因此,放弃创业。

(三)认为资金充足创业就一定成功

很多创业者在创业初期面临的最大困难就是资金问题,因此,导致很多创业者认为,"只要有资金就不愁发大财",实际上这是一种错误的创业认知,创业资金对于创业成功具有重要的影响,但绝不是创业成功与失败的决定性因素。

创业初期资金过于充分,对于创业者而言是一把双刃剑,可能给企业管理者和员工造成安乐感,缺乏约束的、冲动的花费可能给企业带来严重的人事管理和资金管理问题,要将钱花在关键之处。

(四)不重视合作

无数成功的企业发展案例告诉我们,单枪匹马地做强做大企业几乎是不可能的,即便是做大做强也难以持久,企业的发展只依靠一两个人是不够的,而是需要整个团队的共同努力。

大学生创业者各方面经验都比较缺乏,在创业时,更应该多寻求与人合作的机会,总想完全拥有整个公司的所有权和控制权只会限制企业的成长。创业者要有开阔的眼界、广阔的胸怀。

(五)急于求成

受各种因素的影响,很多创业者选择创业可能是投入了全部家当,只能背水一战。迫于各方面的压力,一些创业者会想要快速实现企业的盈利,渴望在短期内取得很大的成功,盲目追求扩大规模、扩大经营,急于求成,可能导致决策的失误,从而给年轻的企业带来不可挽回的致命打击。

必须充分认识到,任何一个企业的发展都有一个成长周期,是由小到大逐步成长的,在创业的前几年更应该为企业的未来发展奠定基础,扎实务实、不要冒进。

第四节 大学生创业的风险

一、创业风险的主要类型

从创立企业的功能上,可以将创业风险可分为以下几大类。

(一)创业资金风险

在创业风险中,资金风险是最致命的风险,因为创业中投入的资金极有可能会血本无归。大学生在创业初期,缺乏资金是最普遍存在的问题。例如,创立销售型企业,资金短缺有可能导致货源供应不上,就有可能流失客户;或者创立某高科技技术企业,资金一旦供应不上,导致高科技技术无法转化成现成的产品,时间一长,辛苦研究的技术就会迅速贬值,最后的结果是前期的投资付诸流水。

(二)创业技术风险

技术创新与产品生产之间存在着天然的鸿沟,不是所有技术创新都可以在实践中转化为产品。一旦新技术在产品生产过程中出现障碍,那么掌握新技术的创业者极有可能要面对失败的结局。

(三)创业市场风险

创业市场风险是指在市场实施期间,由于市场环境的变化导致创业失败的情况。简单地说,新企业在创业之初,总会推出一些新型产品吸引消费者,许多消费者因为对新产品陌生,都采取观望态度。假如这种情况长时间持续下去,往往会使企业半路夭折,或者创业者对产品价格定位失误,导致产品的销售业绩长时间徘徊在低位,也会导致创业失败。新产品推向市场能否得到市场的认可,是很难预料的。所以,在将产品推向市场前要多做调研,使产品尽可能地符合大众需要。此外,在遇到问题时,还要及时进行调整,做到时刻紧跟市场脉搏。

(四)创业管理风险

创业管理要求企业管理层做到持续注入创业精神和创新活力,增强企业的战略管理柔性和竞争优势。一名优秀的创业者,可以不具备优秀的个人技术,但他一定要是一名优秀的管理者。创业管理更强调团队中不同层级员工的协同创业,而不是单打独斗式的创业。拥有先进技术是技术型公司成功的重要基础之一。但仅有技术,没有得力的管理人才,先进技术的效用也得不到最大限度的发挥。管理不是小事情,它关系到创业者能否充分整合现有资源,形成团队合力,共创成功。

(五)创业环境风险

影响创业的因素很多,包括市场需求变化,政治、政策、法律法规的调整,以及突发的自然灾害等。这些因素共同构成了创业的大环境,其中任一因素的改变,都有可能给创业者带来致命的打击。因此,大学生创业之前,必须重视创业环境的分析和预测,从而将创业风险降至最低。

二、创业风险的特征

创业风险具有显著特征,概括来说主要包括以下几方面。

(一)客观性

风险的客观性表现为风险不以人的意志为转移,是由客观存在的自然现象和社会现象引起的。

(二)相对性

风险的相对性指的是风险因为面临对象的不同,基于时间和空间的差异,不同的对象面临的风险大小不完全相同。

(三)不确定性

风险的不确定性指的是风险发生的条件、风险的程度和种类都是不确定的,有时候就是防不胜防。

(四)可测量性

随着科技的进步和人们对风险认识的加深,企业可以通过定性或定量的方法对风险进行评估和测量,为风险管理提供可靠依据。

三、创业风险的来源

概括来说,创业风险主要来源于以下几方面。

(一)资金短缺

创业需要资金来支持整个环节的运转,资金的流动伴随着整个创业过程。资金筹集通常来自个人、银行贷款或民间机构,但创业初期往往需要大量的资金投入,短期内却看不到收益,投资人可能因此失去信心而选择撤资。一旦资金出现短缺,就会给创业带来极大的风险。

(二)信息沟通不畅

创业集合的是一群人的力量,团队之间的沟通尤为重要,这决定了有效信息能否及时被捕捉和传达。团队的每一个人所处的位置不同,那么看待问题的角度自然也就不同,这决定了公司未来的命运。但往往因为团队成员之间还不能彼此信任,而导致相互之间不能进行有效的沟通,从而带来更大的风险。

(三)市场定位不准

市场定位往往涉及市场调查、市场分析以及消费者行为分析等专业领域的知识,所以需要一定的专业型人才。但往往创业者忽视了这方面的需求,从而找不准自己的市场定位,而导致了一系列的市场风险。

(四)研究困难

研究缺口主要存在于仅凭个人兴趣所做的研究判断和基于市场潜力的商业判断之间。当一个创业者最初证明一个特定的科学突破或技术突破可以成为商业产品基础时,他仅仅停留在自己满意的论证程度上。然而,这种程度的论证后来不可行了,在将预想的产品真正转化为商业化产品的过程中,即具备有效的性能、低廉的成本和高质量的产品,在从市场竞争中生存下来的过程中,需要面对大量困难且可能耗资巨大的研究工作,进而形成创业风险。

（五）资源缺口

创业如果没有所需的资源,创业者将一筹莫展,创业也就无从谈起。在大多数情况下,创业者不一定也不可能拥有所需的全部资源,这就形成了资源缺口。如果创业者没有能力弥补相应的资源缺口,要么创业无法起步,要么在创业中受制于人。

（六）管理不规范

创业者不一定是知识渊博的学者,不一定懂得大量的管理学方面的知识。创业者往往只是因为发现了一个其他人都忽视的市场或某一个创新的点子,才萌发了创业的想法。但他们在战略规划上不具备出色的才能,或不擅长管理具体的实务,从而形成管理缺口。

四、创业风险的识别

创业风险识别是指创业者依据创业活动的迹象,在各类风险事件发生之前运用各种方法对风险进行的辨认和鉴别,是系统地、连续地发现风险的过程。

（一）创业风险识别的特点

创业风险识别的特点主要包括以下几方面。

1. 制度性

创业风险识别是一项制度性的工作。制度性是指创业风险管理作为一项科学的管理活动本身需要有组织上和制度上的保障,否则就难以保证此项工作的系统性、连续性。

2. 系统性

风险识别是一项复杂的系统工程。系统性是指风险识别不能局限于某一部门或某一环节,而应对整个企业各个方面的风险进行识别和分析。

3. 连续性

风险识别是一项连续性的工作。连续性是指创业风险识别随着企业及其经营环境的不断变化必须时刻关注新出现的创业风险与各种潜在的创业风险。

(二)创业风险识别的步骤

识别创业风险主要包括以下步骤(图 7-5)。

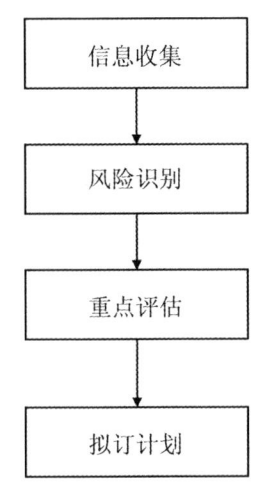

```
信息收集
   ↓
风险识别
   ↓
重点评估
   ↓
拟订计划
```

图 7-5 创业风险识别的步骤

1. 信息收集

信息收集工作的好坏直接关系到对创业风险的评价。

第一,通过调查、问询及现场考察等途径获得相关信息。

第二,需要敏锐的观察和科学的分析,对各类数据及现象做出处理,在实践中最好自己亲自整理信息,这样对信息的敏感性就会得到加强,便于更好地决策。

2. 风险识别

根据信息的分析结果,确定创业中存在的主要风险或潜在风险的范围。

3. 重点评估

根据量化结果,运用定量分析、定性分析、假设和模拟等方法,进行创业风险影响评估,预计可能发生的后果,提出可供选择的方案。

4. 拟订计划

根据评估结果,广泛征询建议,提出处理风险的方法和行动方案。

（三）创业风险识别的方法

不同的创业风险要采用不同的识别方法。因此，创业者要根据自身的具体情况，采用合适的识别方法。概括来说，创业风险识别的方法主要包括以下几方面。

1. 观察分析法

创业者可以通过直接观察企业进行的各种经营活动和企业拥有的生产设备，记录下现场所发现的漏洞，以便找出其中所隐藏的风险。

2. 询问法

当创业者由于自身的知识结构的限制不能靠自己的力量来进行风险识别时，就可以花钱请专家或专业的公司来进行风险识别，并请他们给出风险解决方案。

3. 流程图分析法

创业者可以将自己的原材料采购、产品生产、产品运输及销售等整个业务进行细分，划分为多个具体的细节，再将每一细节具体化为更加具体的流程图，依次来找出每一个细节现有的或潜在的风险。

4. SWOT 分析法

在制订创业计划时，创业者会对整个市场进行全面的调查，此时可以采用 SWOT 分析法对自身的优势、劣势、机会以及成本有一个清晰的认识，从而识别出其中的创业风险。

5. 财务报表分析法

通过对资产负债表、利润表、现金流量表等报表进行分析，了解每一笔资金的去向及资源损耗情况。方便创业者确定企业在哪种情况下，可能出现的何种损失以及为什么会出现这种损失。这种方法可以更直接和准确地识别出创业风险，所以被采用得比较多。

五、创业风险的规避

（一）创业风险规避的原则

在规避创业风险时需要遵循一定的原则，概括来说，这些原则主要包括以下几方面。

1. 科学性原则

企业设立的指标必须是可以衡量的,概念要清晰、明确,这样建立的体系才能够完整、可靠。

2. 比较性原则

企业设立的指标体系在横向和纵向可以进行对比,从而更好地规避创业风险。

3. 简单性原则

企业设立的指标是可以进行定量计算的,其计算过程是简单、易懂的,其结果是真实可信的。

4. 关键性原则

企业设立的指标在风险规避上可以起到关键性作用的,能够体现出风险的特殊性。

5. 预测性原则

企业设立的指标能够体现出创业资源以及生产经营等风险的未来趋势,从而寻找到规避风险的有效方法。

6. 关联性原则

企业所设立的指标能够全面地、系统地体现出风险规避的具体内容,指标之间是相互关联的,是一个有机的整体。

(二)创业风险规避的方法

1. 创业者不断提高自身素质

要想成为一个优秀的创业者,必须具备一定的学识和技能。

(1)具备市场的相关知识

市场问题是每个创业者都必须面对的问题。虽然不是一定要求创业者有能力解决所有的难题,但是创业者应该对市场有一定的了解。创业者可以通过请教专家或询问专业公司等途径,来获取所需的市场知识。这样可以帮助创业者制订正确的营销策略,从而降低创业的风险。

(2)具备管理的相关知识

创业往往聚集的是一群来自不同行业的人,有人的地方就涉及管理。所以创业者要想提高团队的工作效率就得进行有效管理。创业者应该对企业管理有基本的理解,掌握整个企业的管理流程,以此来规避管理过程中可能会出现的风险。

(3)具备组织与判断能力

组织能力是指创业者能够建立有效的指挥体系,可以保证企业各部门或各环节能够高效运转,保证各项工作能够顺利开展。另外,创业者还应该具备一定的判断能力,知道哪些信息是有用的,哪些信息是虚假的,要有自己的见解,从而具备及时发现创业风险的能力。

(4)具备创新与沟通能力

创业者要想自己的企业立于不败之地,就要不断创新,给企业不断注入新的活力。创业者不能因为眼前的胜利,就有所松懈、停下前进的脚步,而是不断地学习新的知识,保持思维的活跃度。创业过程中会接触到形形色色的人,怎样让别人接受,这就需要一定的沟通能力。良好的沟通能力可以帮助创业者协调好各种人际关系,从而创造出友好的合作氛围。

2. 有效地保障信息的传递

如何有效地保障信息的传递是企业要优先考虑的。企业外部信息的收集、内部信息的交流以及信息传递的安全性等问题,是企业所要解决的。企业可以建立专门的信息传递通道,保障信息的畅通,减少因为信息沟通不畅而导致的风险。

3. 常常反省与改良

企业应该记录在经营过程中所遇到的风险事件以及在面对风险事件时所采取的解决办法。经常回顾这些风险事件,反省自身为何会导致风险事件的发生,吸取教训并找出缺陷,提出改良的办法,提高企业应对风险的能力,避免以后出现类似的风险。

4. 不断完善管理体系

企业的管理指的是对企业的生产经营活动进行计划、组织、指挥、协调和控制等一系列职能的总称。每个成功的企业都有一套管理体制,创业者大可不必复制成功企业的管理机制,只需要完善自己现有的管理体系,使之提高自己的核心竞争力,降低经营风险。

第八章　大学生创业市场评估

创业者有了创业的具体构想之后就需要相关的市场营销知识,要对构思的市场进行评估,了解顾客和竞争对手,还要制订市场营销计划。市场营销计划将指明企业的发展方向,是企业各部门工作的核心和龙头。

第一节　了解顾客与竞争对手

一、了解顾客

(一)顾客细分

顾客细分是将市场划分成不同类型顾客的过程,不同的顾客可能需要不同的产品和服务。顾客细分能帮助创业者了解以下内容。

第一,顾客是哪些人。

第二,顾客需要什么样的产品、服务,他们最看重产品、服务的什么方面等。

第三,顾客愿意出多少钱购买产品和服务。

第四,顾客喜欢在什么地方、什么时候购物。

第五,顾客的购买量有多大。

第六,顾客的数量能否增加和保持稳定。

(二)确定目标顾客

顾客对企业非常重要,但是,不是所有顾客都是企业所需要的。对企业来说,要想顺利发展必须准确地定位企业的目标顾客。目标顾客是指企业生产的产品或提供的服务所针对的对象,是产品或服务的直接购买者或使用者。目标顾客由人、需求和购买力三个要素构成。三要素的关系相互依存、相互作用。面对众多的顾客,企业经营者需要清楚未来哪些顾客会购买自己的产品或服务,他们的消费水准有多高,他们有什么共同之处,针对他们的需求需要开展怎么样的营销活动。这些问题都是关于怎么才能确定自己的目标顾客,要解答这一问题应结合目标顾客三要素,需要经营者转变经营思路,由"怎样赚钱?"转变为"我能帮助顾客解决什么问题?"而且至少完成以下两个步骤。

第一,根据顾客需求及购买习惯的不同对顾客进行分类,并描述清楚每个顾客的特点和范围。

第二,选择一个或多个顾客群体作为你要了解或者选择进入的目标市场。

(三)了解顾客的意义

顾客购买产品和服务的目的是满足不同的需求,从政治经济学的角度来说,就是为了实现商品的使用价值和自然属性。通过了解顾客的意义,在创业的过程中要时刻记住:没有顾客,你的企业肯定会失败。所以,企业的创办要时刻考虑消费者的需求,如他们购买书籍,是为了增长知识;他们购买各式各样的衣服,是为了让自己穿戴更美丽;他们购买汽车,是为了出行更方便,等等。顾客是企业生存的根本,如果你不能满足他们的需要,或者你提供的产品或服务在价格或质量上与你的竞争对手存在差距,那顾客就会选择别的产品或服务,反之,则能成为你的回头客或者老客户,同时,可能还会帮你义务宣传你的企业。总之,解决顾客的问题,满足他们的需要,他们就会带给你更多利润,你的企业就会成功。这是企业经营最根本的出发点。

(四)收集顾客的相关信息

为了更详细也更有针对性地了解顾客的情况,必须要掌握关于收集顾客信息的基本方法,概括来说主要有以下几种。

1. 观察法

企业经营者可以直接观察顾客的购买情况,收集有效信息。

2. 经验法

根据自己已有的行业知识或经验,对本行业顾客信息做出判断。

3. 访谈法

企业主可以从业内人士那里了解本行业市场方面的有用信息或者与该产品的主要销售商交流,从中获得信息。

4. 实验法

运用实验的方法对特定的顾客在特定的环境下,用试销或者试营业的方式进行观察,观察调查对象对产品或服务在不同细节或环节上的反馈信息。

5. 检索法

利用网络、报刊等媒体检索相关的顾客信息。

6. 问卷调查法

通过设计调查问卷,并让特定人根据自己实际情况填写问卷,以获取信息。

需要注意的是,在现实中,还有很多收集顾客信息的方法,为保证收集信息的有效性,在选择收集信息的方法时,一定要选适合自己而且运用成熟的方法,并且收集的顾客信息越多,越准确,越有利于企业的经营决策。

二、了解竞争对手

(一)明确竞争对手

从一般意义上讲,所有与你的企业争夺同一目标客户群体的企业都可视为你的竞争对手,但实际上只有那些有能力与你的企业抗衡的竞争者才是你真正的竞争对手。一般情况下可以从以下三个方面来确定你的竞争对手。

第一,与你的企业在相同区域。
第二,与你的企业有相同的目标顾客。
第三,在市场份额占有上互有影响。

(二)收集竞争对手信息

1. 收集竞争对手的基本信息

收集竞争对手的基本信息主要包括以下几方面。

(1)了解企业的名称

企业名称是企业的重要标识,企业名称往往指明了企业所属行业领域,或指明其所在地理位置,或强调其企业文化精神等,从企业名称中可以获得有价值的情报。

(2)知道企业的地址

企业地址是指企业的营业场所或办公场所,从企业地址可以推断出企业是否有实力等有用的情报。

(3)找到企业的联系方式

联系方式是了解竞争对手的一个非常重要的信息。通过联系方式,能够搜索出该联系方式的网络信息,这些信息往往反映了该企业的广告、营销与宣传战略,而且这是直接联系该企业的重要途径,通过和竞争对手取得联系,可以直接获得更多有用信息。

(4)知道企业网址

企业网站含有大量的企业信息,企业网站的网址是进入该网站的重要途径,同时,网址是使用网页跟踪监测软件所需要的信息元素。

(5)企业登记注册与审批信息

企业在工商、税务部门的登记信息一般涉及企业的经营范围、注册资本、股东的姓名或名称、股东的出资方式与出资额、股东转让出资的条件等信息。因此,该类信息含金量比较高,且是可以查阅的。

2. 收集竞争对手机构组织与人力资源管理的信息

收集竞争对手机构组织与人力资源管理的信息主要包括以下几方面。

第一,收集主要管理人员的背景等信息。

第二,收集公司组织结构及其职能的设计等信息。这类信息主要涉及公司的职能部门及其组织结构、各部门的职能分工、各部门的员工人数、各部门在公司中的地位与作用等。

第三,收集人力资源管理与开发等信息。这类信息主要包括员工规模、部门数量、员工忠诚度、培训措施、培训项目等。

第四,收集薪水待遇、激励机制等信息。这类信息主要包括各部门、各级人员薪水情况,提成、福利、奖金等情况,各种评优、选优、升职、考核的程序、标准、方法等。

第五,收集分支机构的规模、人数与地域分布情况。这类信息主要包括分支机构的人数以及规模,可以根据地域特点确定的分支机构的分布情况等。

3. 收集竞争对手的产品与服务的信息

这类信息主要包括以下几种。

第一,产品的基本信息。

第二,产品生产与销售情况。

第三,产品与服务项目详情。

第四,产品价格。

第五,产品与服务项目的研发。

第六,产品样本、资料或服务项目描述。

第七,产品品牌、包装组合情况。

第八,产品与服务的信誉度。

4. 收集竞争对手营销能力与市场战略

这类信息主要包括以下几种。

第一,销售团队与网点。

第二,产品销售渠道、方法与策略。

第三,公司产品市场细分与地位。

第四,营销宣传效果与能力。

5. 收集企业文化及管理决策特点的信息

企业文化及管理决策特点主要包含以下几点。

第一,企业战略目标、价值追求、口号、制度规范等。

第二,企业决策程序,主要决策者的做事风格和特殊偏好。

第三,员工之间、管理层之间、员工与管理层之间的关系等。

第四,员工进修与学习制度,培训方式与项目,以及员工集体生活状况,尤其是大型集体活动开展的频率与主题内容情况。

第五,后勤组织与服务的情况。

第六,企业的作息时间、人性化管理。

第七,基础保健与休闲娱乐设施情况。

第八,特殊事件下公司各层级管理人员与员工的反应。

6. 收集投资与经营状况的信息

这类信息主要包括以下几种。

第一,投资信息,包括资本投资总量、投资领域与地域分布、海外采购情况等。

第二,财务信息,包括固定资产、流动资产、产值、主要成本、主要利润源、税金、利润增长、资产收益率等。

第三,合作伙伴、战略同盟情况。

第四,客户与用户情况,包括客户名单、数量、地域分布、行业分布、客户评价等。

7. 收集企业公关能力

企业公关能力主要包含以下几个方面。

第一,与政府主管部门的关系。

第二,与银行、证券、媒体机构、科研院所等的关系。

第三,公司面对突发事件的能力、灵活性、适应性。

第四,与关联企业的关系,主要包括重要合作伙伴、上下游企业、顾问机构等。

第五,要关注各类特殊事件与新闻报道情况。

8. 其他重要信息

第一,厂房面积、生产设备数量与状况、办公地点与环境、办公设备等企业基础设施情况。

第二,拥有的核心技术与核心产品等核心竞争因素。

第三,公司的名声、产品的名声,客户、供应商、承销商、同盟者等对竞争对手的评价,公司在整个行业中的地位等。

(三)收集竞争对手信息的方法

可以通过以下几种方法来收集竞争对手信息。

1. 互联网

随着越来越多的企业开始进行网上营销和促销活动,互联网使搜集情报工作变得更为方便,更富成本效益。创业者可以通过新闻发布稿以及互联网上的购物中心等途径来收集竞争对手的信息。

2. 展览会

展览会的独特之处在于不仅可以接触到客户,还能近距离了解竞争对手。这是做第一手市场调研和收集价格等信息的绝好机会。当然,在展会上想要直接了解竞争对手的价格不是那么容易的,任何人对价格都非常敏感。但是,通过客户来了解竞争对手的信息情报是非常有效的策略。如在广交会上,当你与客户讨价还价时,客户惯用的方法就是,指明哪家公司报的价比你低得多,其实这正是了解竞争对手的绝佳时机。

3. 市场调研

市场调研报告能从一个旁观者的角度来了解企业所涉足的领域。市场调研是搜集情报的重要方法,但成本较高。

第二节 制订市场营销计划

一、市场营销计划的概念

市场营销计划是指通过市场调查等方式了解顾客的需要,并在力所能及的范围内最大化地为顾客提供其所需要的产品和服务,以合理的且具有竞争力的价格去占领一定的市场份额,为了实现这一目的,还应进行一定的促销活动。成功的促销活动对提高企业的竞争力具有极大的作用。如何保证所做的努力取得最大化的效果,关键就在于企业做好市场营销计划。

二、市场营销计划的地位

(一)市场营销计划是营销管理的起点

营销管理是以营销计划为依据的,在确定采用什么样的组织结构、选用什么样的人员、如何对营销人员进行引导和激励、采取什么样的控制手段以前,首先要考虑计划所确定的营销目标是什么。所以说,市场营销计划是营销管理的起点。

(二)市场营销计划是营销管理的首要职能

市场营销管理是营销管理人员所从事的一种有意识、有目的的社会实践活动,在从事营销管理活动以前的问题正是市场营销计划所要考虑的问题,没有营销计划,市场营销管理将会处于一种盲目的状态,就会导致市场营销活动效率低下,所以说,市场营销计划是市场营销管理的重要环节,也是市场营销管理的首要职能。

三、市场营销计划的特点

市场营销计划的特点主要包括以下几方面(表8-1)。

表8-1　市场营销计划的特点

市场营销计划的特点	具体内容
整体性	企业是一个由生产、营销、财务、人事等众多部门构成的,各部门之间相互影响、相互制约。因此,企业在制订营销计划时必须统筹营销活动的各个方面,整体安排,使营销计划与其他各部门的计划协调一致。
可行性	市场营销计划所规定的任务、目标,做出的各项决策必须是可行的,即是企业的主客观条件所能达到的。
经济性	企业制订的市场营销计划必须遵循经济效益原则,以较少的费用支出实现较大的营销效果。
灵活性	市场营销计划是关于未来营销活动的行动方案,而未来充满着众多事先难以预料的不确定因素,因此,在编制市场营销计划时一定要留有余地,一旦环境因素发生变化,能对原定计划加以修订或调整。
连续性	是指计划要前后衔接,成龙配套。为此,中期计划的制订必须以长期计划为指导,与长期计划相衔接,短期计划的制订必须以中、长期计划为指导,与中、长期计划相衔接。

四、市场营销计划的作用

(一)市场营销计划可使企业最大限度地减少风险

市场营销计划是在市场调研、分析和预测的基础上制订的,能够使企业明确市场环境的影响,对不利的市场趋势和营销机会能够及时识别,在利用环境的同时能够最大限度地降低风险。

(二)市场营销计划规定了预期的营销目标和需要解决的主要问题

通过制订营销计划,可以使企业明确前进的方向,使企业的各种营销活动都指向营销目标,从而增强应变能力,提高预见性,使企业各部门之间保持协调一致,促使营销目标的实现。

(三)市场营销计划明确了各种行动方案

为了达到营销目标,市场营销计划通常都会明确一些具体的营销策略和行动方案。这样,便于营销人员进行任务分工,明确各自的职责、工作步骤,从而积极主动地去完成具体任务。

(四)市场营销计划是营销组织实施、控制、监督的依据

营销计划为营销控制提供了标准和依据,使企业管理者能有效地控制、监督、评价各种营销活动的进行和效果,保证企业营销任务和目标的实现。

(五)市场营销计划使企业的营销活动变得经济合理

由于营销计划是用明确的目标和努力来代替不协调、分散的活动,因而可以使企业预先测知各种资源的需要量,并进行合理的分配,使营销费用降低到最低限度,使营销活动变得经济合理。

五、市场营销计划的类型

根据不同的标准,可以将市场营销计划分为不同的类型。

(一)根据计划时间长短进行分类

根据计划时期的长短,市场营销计划可分为长期计划、中期计划和短期计划三大类(表8-2)。

表8-2 根据计划时间的长短对市场营销计划进行的分类

类型	内容
长期计划	长期计划是企业对未来较长时期内的营销活动进行战略部署和安排的计划,它是企业编制中期计划的依据。这种计划一般是5年以上,有的长达20年甚至更长的时期。

续表

类型	内容
中期计划	它根据长期计划的任务要求,确定分年度的实施步骤及具体目标。介于长期计划和短期计划之间,期限通常为1年以上5年以下。
短期计划	短期计划是企业营销的具体行动计划,其主要内容是分析当前的营销形势、威胁和机会、年度的营销目标、营销策略、行动方案和预算等,即把中长期计划规定的任务详细进行分解,予以落实。短期计划以年度计划为主,期限通常为1年。

(二)根据计划涉及的范围进行分类

根据计划涉及的范围,可以将市场营销计划分为总体营销计划和专项营销计划(表8-3)。

表8-3 根据计划涉及的范围对市场营销计划进行的分类

类型	内容
总体营销计划	这种计划是企业营销活动的全面、综合性计划,它反映企业的总体营销目标,以及实现总体目标所必须采取的策略和主要的行动方案,是制订各种专项营销计划的依据。
专项营销计划	是为解决某一特殊问题或销售某一产品而制订的计划。专项计划通常比较单一,涉及的面较窄,较容易制订,但在制订时,要特别注意与总体营销计划相衔接,否则,会出现各单项计划彼此之间发生冲撞并与总体计划相抵触的现象。

(三)根据计划的性质进行分类

根据计划的性质,可将营销计划分为战略计划、策略计划和作业计划(表8-4)。

表8-4 根据计划的性质对市场营销计划进行的分类

类型	内容
战略计划	是有关企业营销活动全局和长远的谋划,其期限一般较长、影响面较广,是企业其他各种营销计划的总纲。

续表

类型	内容
策略计划	是就企业营销活动某一方面所作的谋划,带有局部和战术的性质。
作业计划	是企业各项营销活动的执行性计划,其特点是非常细致和具体,如某一次具体的促销活动计划,对活动的内容、时间、地点、活动方式、参加人等,均做详细的规定和说明。

(四)根据计划的作用进行分类

根据计划的作用,可以分为进入计划、撤退计划和应急计划(表8-5)。

表8-5 根据计划的作用对市场营销计划进行的分类

类型	内容
进入计划	是企业准备开拓一个新的营销项目计划。
撤退计划	是企业根据市场营销环境和内部条件的变化,准备从原来营销项目中撤出的计划。
应急计划	是企业针对市场可能发生的重大变化而适时地作出反应的计划。

六、制订市场营销计划的方法——4P法

产品(Product)、价格(Price)、地点(Place)、促销(Promotion)四个方面构成了市场营销的整个内容。由于这四个英文单词的第一个字母都是"P",所以,市场营销中的四个方面简称为"4P"。

(一)产品

产品是指计划向顾客销售的东西或提供的服务,包括有形产品和无形产品。作为产品密不可分的三个层次,产品的核心、产品的形式、产品的附加值构成了产品的整体概念(图8-1)。

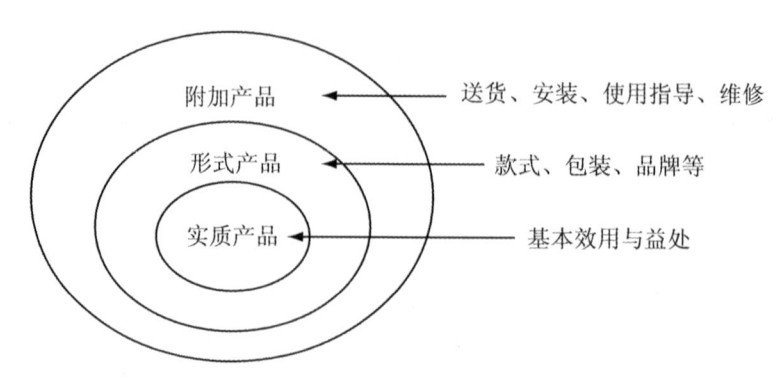

```
         ┌─────────────────┐
         │  附加产品  ←──── 送货、安装、使用指导、维修
         │  ┌──────────┐   │
         │  │ 形式产品 ←──── 款式、包装、品牌等
         │  │ ┌─────┐  │   │
         │  │ │实质产品←──── 基本效用与益处
         │  │ └─────┘  │   │
         │  └──────────┘   │
         └─────────────────┘
```

图 8-1　产品的整体概念①

在进行产品决策时,应该考虑产品的以下因素。

第一,规格、大小、型号。

第二,质量、原材料、构成成分、工艺、技术水平等。

第三,外包装、商标、生产日期、保质期限、规格型号、产地、厂名、联系方法等。

第四,内包装、产品说明书或产品手册。

第五,维修和零配件。

第六,售后服务。

第七,产品的附加值,包括提供信息、免费送货、维修、免费安装、保证、提供说明书、使用技术的培训等。

(二)价格

价格是产品或服务要换回来的货币数。创业者一定要制定好价格,掌握一定的定价方法。定价方法是指企业为了在目标市场实现定价目标,给产品制定一个基本价格和浮动范围。在选择定价方法时,企业要考虑产品成本、市场需求和竞争格局。

(三)地点

地点是确定将企业设在什么地方。不同行业有不同的选址要求,即使同一行业也因项目不同而存在不同的选址要求。选址也是一门学问,要充分考虑各种因素(图 8-2)。

---

① 郑楠,闫贤贤,黄卓. 大学生创新创业教育[M]. 北京:北京理工大学出版社,2018:121.

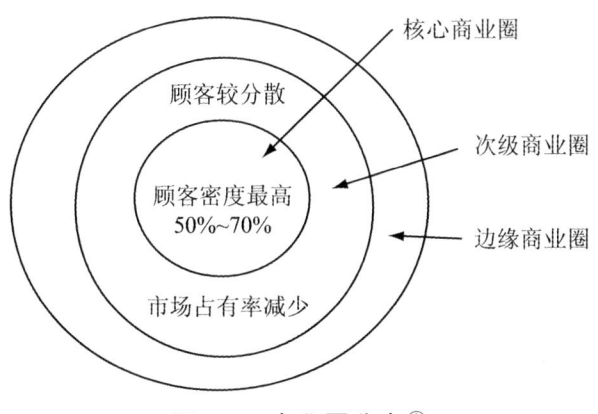

图 8-2 商业圈分布①

1. 选择地点的原则

下面以生产加工类企业和贸易和服务类企业的选择地点进行说明。

(1) 生产加工类企业

第一,有满足生产加工需要的场地。

第二,离原材料供应商较近。

第三,交通便利。

第四,租金较低。

第五,员工的生活便利和安全。

(2) 贸易和服务类企业

第一,人口密度大且流动性大。

第二,离顾客较近。

第三,交通便利且易停车。

第四,同行较密集。

2. 选择经营场地要考虑的几个因素

第一,租金高低。

第二,物业条件是否能满足经营面积、布局要求。

第三,该地区商圈辐射范围大小、人口密度、生活和消费水平。

第四,交通是否便捷。

第五,是否接近目标顾客群体。

---

① 郑楠,闫贤贤,黄卓. 大学生创新创业教育[M]. 北京:北京理工大学出版社,2018:128.

第六,社区未来发展前景。
第七,同类生意的竞争状况。

(四)促销

促销就是利用某种强化手段向顾客传递信息,吸引他们来购买产品或服务。促销方式的分类如下。

1. 广告宣传

通过媒体或招贴小册子、价格表、名片、标志品来招徕顾客。
(1)广告宣传的优点
形象生动,传播面广,节省人力。
(2)广告宣传的缺点
只能针对一般消费者,很难立即使交易完成,并且信度低,费用也比较高。

2. 人员推销

推销人员向顾客进行面对面的沟通,促成交易。
(1)人员推销的优点
直接沟通信息,反馈比较及时,可以当面促成交易。
(2)人员推销的缺点
占用人数比较多,传递信息的速度慢,并且覆盖面比较窄,费用高。

3. 营业推广

设法用降价、奖励、礼品、表演来影响顾客,使之有得到更多利益的感觉而成为忠实顾客。
(1)营业推广的优点
吸引力大,激发购买欲望,可以促成消费者当即采取购买行动。
(2)营业推广的缺点
接触面比较窄,有一定的局限性,有时还会降低商品的定位。

4. 公共关系

树立诚实不欺、优质守信的形象,赢得顾客的好感,往往也借助媒体发布利好信息为企业做宣传来影响顾客。
(1)公共关系的优点
影响面比较广,信任程度高,可以提高企业的知名度和声誉。

(2)公共关系的缺点

花费的力量比较大,但是效果却难以控制。

七、市场营销计划的实施

(一)营销计划的实施过程

实施是市场营销计划转变为具体行动的过程,即要求调动公司全部资源,投入到营销活动中去,保证完成计划规定的任务,实现既定目标。要保证市场营销计划顺利实施,以下一些问题不容忽视。

1. 制订实施行动方案

为了有效实施市场营销计划,市场营销部门以及有关人员需要制订详细的行动方案。该方案应该具体规定由"谁"在"什么时间""什么地点""如何"执行某项具体任务。

2. 调整组织结构

组织的机构设置应该与计划任务相一致,即必须根据公司战略、市场营销计划的需要,适时改变和不断完善组织结构。

3. 形成规章制度

为了保证计划能够落实到实处,必须设计相应的规章制度。在这些规章制度中明确与计划有关的各个环节、岗位,人员的责、权、利关系以及相应的奖惩规定。

4. 协调各种关系

市场营销计划的实施涉及公司各个层次的工作。各方关系的协调状况直接影响到整体营销计划的实施效果。营销者要具备推动并影响他人把事情办好的能力。协调各方的关系,是市场营销计划实施过程中不容忽视的一环。

(二)营销计划实施过程中可能出现的问题

由于市场营销环境的多变性和复杂性,市场营销计划在实施过程中经常会遇到这样或那样的问题,以至于直接影响计划实施效果。以下为一些常见的问题。

1. 计划脱离实际

克服这一问题的关键在于,利用专业人员协助有关市场营销人员共同制订营销计划。由于基层人员可能比专业计划人员更了解实际情况,并能将它们纳入计划管理过程,这将更有利于市场营销计划的实施。

2. 长期目标与短期目标相互矛盾

计划常常涉及公司的长期目标,但由于公司对于具体操作实施人员的考核,又大多根据他们的短期工作绩效进行。因此,具体的计划实施人员往往不得不选择一些短期行为以保证自身的利益,而这种一味追求短期利益的行为往往是以牺牲公司的长期利益为代价的。例如,一些销售人员一味地追求销量的提高,而不考虑公司是否有足够的资源和实力进行售后服务保证。这样做虽然使公司短期的销量上去了,但从长期看可能造成顾客满意程度逐渐下降。克服这种长期目标与短期目标相互矛盾的问题,不仅需要合理的激励考评制度,而且需要高层管理者观念方面的改变。

3. 创新与因循守旧的矛盾

由于市场营销所处的外部环境是不断变化的,为了适应环境的变化,公司无论在经营观念方面,还是在市场营销计划制订方面都必须不断创新,这就要求相应的组织机构不断进行调整配合。要想实施新的营销计划,常常需要或多或少地改变传统的组织结构和运行流程。

第九章 大学生创业计划

作为创新创业教育体系的重要组成部分,大学生创业指导服务应着力把创业精神、创业知识、创业能力传递给每一个学生,加强大学生创业专业化、个性化指导服务,全力助推大学生成功创业。其中,指导学生写好创业计划书是重要的一环。

第一节 创业计划概述

一、创业计划的概念

创业计划也称创业计划书,是创业者在创业初期为企业勾画的蓝图,通过撰写创业计划书,可以对创业进行全面、系统的内外环境及必要条件的客观分析,帮助创业者理清思路,引导企业顺利度过起步阶段。

二、创业计划的类型

根据结构和篇幅,可以将创业计划书分成两大类。

(一)略式创业计划书

略式创业计划书是一种比较简明、短小的创业计划书,它包括企业的重要信息、发展方向以及少部分重要的辅助性材料。略式创业计划书通常有10~15页。一般来说,略式创业计划书主要适用于以下情况。

1. 竞争激烈

在某些情况下,市场的发展和变化非常快,机会转瞬即逝,创业者在这种情况下往往无法完成一份完整的创业计划书,为节省时间创业者往往写出一份略式创业计划书。

2. 创业者享有盛名

如果创业者在以前已经成功地创建过企业,或者来自一个著名的公司,给风险投资商一份略式创业计划书就足够了。

3. 申请银行贷款

很多银行在受理企业贷款申请时,并未正式规定企业提供创业计划书。因此,一份略式创业计划书既能加深银行对企业的印象,也能够满足银行关于企业财务数据方面的要求。

4. 试探风险投资商的兴趣

在向风险投资商提供完整的正式计划以前,创业者也许会向他们提供略式创业计划书。那些有兴趣了解企业详情的风险投资商将会要求创业者提供更全面的计划。这也就是说,创业者应准备两份创业计划书。但这并不复杂,因为在编写略式创业计划书时已经完成了计划的重要部分,此时,只要对其中相应的部分作一些必要的调整与补充即可。

(二)详式创业计划书

详式创业计划书一般有 30~40 页,并附有 10~20 页的辅助文件。在这样的计划书中,创业者能够对整个创业思想有一个比较全面的阐述,尤其能够对计划中关键部分进行较详细的论述。详式创业计划书有下列几种用途。

1. 寻求大额的风险投资

如果一个创业企业要获得 50 万元的风险投资的话,风险投资商一定会对企业的情况进行更详细的了解与研究。此时,最好提供一份详式创业计划书,因为随着投资额的增大,风险投资商也会变得更加谨慎。

2. 详细探索和解释企业的关键问题

用十几页的篇幅很难充分讲清一个企业的全貌,尤其对于大型的企业来说更是如此。另外,基于当前的经济形势,一个企业要获得成功就必须同时在几个领域有创新,在这种情况下,更应编写详式创业计划书。

三、创业计划的作用

(一)创业计划是创业者的一面镜子

创业计划是创业者为自己开拓事业而量身定制的一面镜子,在撰写创业计划书的过程中,创业者必须冷静而谨慎地对自己和即将开始的创业活动进行全面审视,包括政治、经济、文化环境,产品或服务是否符合市场需求,企业可持续发展的战略等。

(二)创业计划书是创业者打开风投大门的垫脚石

对于尚在雏形中或尚待创办的新企业,风险投资者无从获知它的商业数据,一般只能通过创业计划书来了解企业前景,判断是否具有投资潜力和利益回报。因此,创业计划书的质量和水平很大程度上决定了企业是否能够获得风险投资者的青睐。

(三)创业计划书是创业团队及合作者共同奋斗的动力和期望

创业计划书是创业者理想与现实的连接桥梁。创业企业的预期目标战略、进度安排团队管理等方面都是创业者理想的具体化图景,是创业团队奋斗的动力。明细的创业计划书有助于统一思想和路线,有助于创业团队成员的步调一致。创业计划书是合作者的"兴奋剂",能让创业者及其合作者紧密团结在一起,同甘共苦,打拼未来。创业计划书还是亲缘纽带的"黏合剂",优秀的创业计划书可以让创业者赢得亲友的信任与支持,增强创业者在艰难的创业路上的信心与勇气。

(四)创业计划是创业者展示产品和服务的载体

一份优秀的创业计划书,不仅能使投资者看到创业者的潜力和决心,也能让有识之士看到希望和未来,将志同道合的人吸引到创业的团队中来,打造属于这一群人的梦想舞台,实现他们的人生理想。一份具有前瞻性的创业计划书意味着创业战略能够顺利展开,企业可以稳步发展,投资者和员工利益能够得到有效保障。而缺乏战略思考能力和良好部署的创业者必将在创业过程中因遭遇环境、经济、技术、人员等变化导致应对无措,无法适应激烈的市场竞争,最终被淘汰。因此,只有具有长远目光和战略思考能力的创业者,才能获得投资者和创业团队内部成员的支持。

(五)创业计划是对资源的整合

撰写创业计划书前,必定要对创业过程进行全面思考,完成自我评估、市场调研、产品研发、市场定位等。创业计划书的书写实际上是对这些创业过程中各种凌乱、分散的信息和要素进行充分的研究,找出它们内在的联系,对它们进行调整和重组,实现有机承接,形成完整流畅的商业运作计划。并且,在这个过程中,创业者要对社会资源进行分析和运用,充分利用优惠政策、行业人脉等获得创业平台和资金,真正做到整合各方面资源,胸有成竹地开创事业。

(六)创业计划书是投资者决定是否投资的重要参考

从融资角度看,创业计划书通常被喻为"敲门砖"。在一份详细完备的创业计划书中,往往包含了投资者所需要的信息,如创业企业的现实业绩和发展远景、市场竞争力和优劣势、企业资金需要现状和偿还能力以及创业者及其团队的能力和阵容等。这些都是投资者关心的重点,是他们衡量创业企业实力和潜力的依据,并以此作为是否对创业企业进行投资的重要参考。

(七)创业计划书为企业经营活动提供依据与支撑

创业计划书是为企业发展所作的规划,企业的创立与成长需要由创业计划书引领。创业计划书的主要构思围绕企业,主要内容更离不开企业,如资金规划财务预算、产品开发、投资回收、风险评估等,都与现实目标及企业发展休戚相关。因此,创业计划书是企业经营活动的有力依据和有效支撑,对创业行动具有指导意义。

四、创业计划的特点

创业计划具有显著的特点,概括来说,主要包括以下几方面。

(一)表达清晰

创业计划必须能够清晰表达出创业的背景、团队近期或中长期目标。描述清楚细分市场,比如行业有多大的吸引能力、竞争对手状况等。

(二)目标明确

创业计划应体现清晰的财富路径图特点,明确写明创业者在未来 3~5 年时间内要达到的目标。

(三)长短适度

创业计划应能够对创业构思和盈利模式进行简洁、系统的描述。计划既不能过短,给人感觉不认真、不投入,表达不清楚内容,也不能篇幅过长,过分渲染或夸大企业及产品。不切实际的创业计划是不会打动人的。

(四)格式严谨

创业计划的格式应该完整,前后一致,风格统一。对分项的描述应详细,对应主题。要表现出创业者和企业的专业素质,保证创业计划更具有说服力和可靠性。

(五)信息采纳有理有据

创业计划在数据使用、信息采纳上,应该客观、详细、真实。切忌以偏概全,以假乱真,断章取义。不能使用过于夸张、夸大的词汇描述。前后数据不能有偏差,杜绝出现自相矛盾的情况。

(六)财务计划令人信服

财务方面的资料能够合理、详细地说明制造产品或提供服务的过程和相关成本,预测产品所能达到的发展水平,显示投资者在未来 3 至 5 年内获得回报的情况。

(七)语言言简意赅

创业计划书的书写和编排要力求精练、紧凑,语言方面言简意赅,通俗流畅。整个报告可读性强,视觉效果好。图标清晰、美观,尽可能使用当今流行的、现代的技术与方法。

(八)具有明确的针对性

不同的投资者往往兴趣是不同的,他们关注的侧重面不同,思考的重点、特点不同,文化背景也是不同的。创业者要对投资者的背景及相关情况做深入了解,投其所好、有针对性地完成创业计划。

(九)风格赏心悦目

创业计划书的风格既要考虑投资者的情感,也要体现创业者的意愿和喜好。它不是讲话、报告,也不是小说、散文类的文学作品,因此,创业计划要有冲击力、感染力,能够吸引阅读者的眼球,给阅读者留下强烈、美好的印象。

(十)逻辑严谨缜密

创业计划书应严谨缜密,用科学的事实和切实的数据来阐述。对于技术的先进性,要用专业的词汇描述。介绍公司创业设想时,要结合市场调查研究的结果。对未来市场的前景展望要合情合理、言之有据。对产品的介绍分析要有充分的证据。风险退出要合理、可行,不可凭空想象,竞争分析需要做到知己知彼,需知"没有竞争对手"不能证明你的项目领先、可行,反而说明项目是没有生命力的。创业计划书的写作,不能妄自菲薄,瞒天过海,漫无边际,不能自吹自擂。定量的介绍、分析要比单纯的语言夸大作用更好。

(十一)突出团队

创业团队,特别是核心成员的结构、经验、能力等,对投资方来说是极为关注和看重的。在创业计划中体现集体智慧,发挥团队成员的长处,做到合作共赢,才能使企业走得更远。

第二节　撰写创业计划书

一、创业计划书的基本内容

创业计划书在创业活动实践中,形成了相对规范的格式。创业计划书在结构上主要可分为如下几个部分。

(一)封面

封面上应写明以下内容。
第一,指出是某公司创业计划书。
第二,注明公司地址、通讯方式。
第三,指出公司的指定联系人的姓名和电话。
第四,注明相应的完成日期。

(二)扉页

这一页应向意向投资人出具关于本创业计划书的保密须知或守密协

议,其目的在于保证创业计划书中的内容不致外传和泄露。

(三)目录

目录标明创业计划书各部分内容及页码。

(四)摘要

摘要应从正文中摘录出主要的、核心的、让阅读者关心的问题,一般包括企业介绍、产品或服务范围、市场概貌、营销策略、生产管理计划、销售计划、管理者及管理方式、财务计划、资金需求等。

(五)正文

正文是创业计划书的主体部分,应分别从公司基本情况、经营管理团队、产品或服务、技术研究与开发、行业及市场预测、营销策略、产品制造、经营管理、融资计划、财务预测、风险控制等方面对投资者关心的问题进行介绍。

(六)附录

附录是对正文中涉及内容的补充,对一些相关数据、资料进一步说明、介绍、解释。比如,公司的章程、市场调查问卷、调查分析、合同、知识产权的证明等。

创业计划书一般不要超过50页,应该尽可能简短而且内容全面,因为投资者经验丰富但时间有限,一份有效的创业计划书应该能很快吸引住投资者,进一步识别创业计划书中所涉及的关键性的核心问题。因此,创业计划书在撰写的过程中也要考虑阅读者的感受,不要过于虚华或夸张,但也要让投资者看到创业者的风险意识、认真负责的态度,智慧地展示创业者的创业思路与预期成果。

二、创业计划书的撰写步骤

撰写创业计划书是一个展望项目的未来前景,细致探索其中的合理思路,确认实施项目所需的各种必要资源,再寻求所需支持的过程。这一过程大致要经过以下六个阶段(图9-1)。

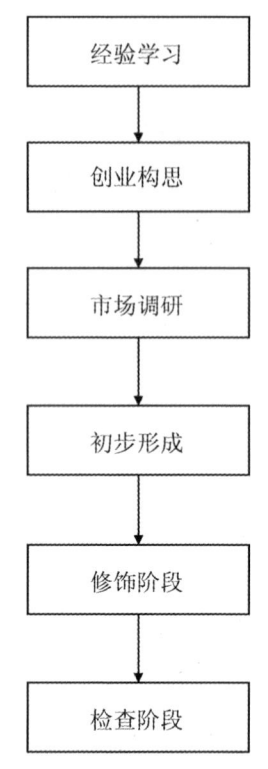

```
经验学习
   ↓
创业构思
   ↓
市场调研
   ↓
初步形成
   ↓
修饰阶段
   ↓
检查阶段
```

图 9-1　创业计划书的撰写步骤

三、创业计划书的撰写原则

创业计划书的撰写并不是随意的,要想保证创业计划书的合理性,需要依据一定的准则。

(一)实事求是原则

创业不是凭空创造的,也不是从书本来的,而是要从客观的实际条件出发,用充足的实际资料作为证据,数据也应该是客观的,这样也就是在创业计划书创造中坚持了实事求是的原则。

(二)可行性原则

创业计划书是创业者制订的创业行动计划,因此必须坚持可行性原则,使市场具有可操作性。尤其是营销计划、研发计划、营地风险措施、组织结构等,都不能仅仅靠书本知识,而应该付诸实践。

(三)诚恳原则

诚信是双方展开合作的前提。创业计划书的关键是在论述时不能夸大其词,不能本末倒置,而应该坚持诚恳原则,因为夸大其词的描述会让读者感到反感,从而丧失合作的信念。

(四)市场原则

在资源配置中,市场起着决定性的作用,这是市场经济的本质要求。创业决不能是创业者想当然地做事情,而应该逐渐走向市场,在市场中获得信息与资源。这是因为企业的创业多是从市场来的,各种要素也是从市场来的,利润也是市场的需求。总体而言,市场是企业生存的前提与基础,一切与市场脱离的计划书都是没有价值的计划书。因此,创业计划书需要以市场为导向,对市场的现状与走势有清楚的把握,对市场的商机进行分析,并明确其风险。

四、撰写创业计划书应避免出现的问题

(一)数据没有说服力

采用的数据、资料过于笼统,缺乏说服力;或者有的数据不是在认真、详细的调查基础上得到的。

(二)过分乐观

对创业的前景盲目乐观,对可能出现的问题分析不足。

(三)概要部分太长且松散

概要是创业计划书的精华部分,有些计划书怕说不完、说不清,结果这部分篇幅很长,内容又不紧凑。

(四)忽略竞争威胁

有的创业计划书不谈竞争,或者干脆认为自己的创业计划"没有竞争对手"。这都是不能客观分析、正确对待事物的表现,是很危险的。

(五)不专业或太花哨

创业计划书缺少封面、联系信息;在设计上与产品或服务关联性不强,

过于花哨凌乱。

(六)产品或服务导向缺乏应有的数据

对产品或服务不能提供数据的说明,只是凭"创意"概念,不能用数据、图纸来解释,只是简单的语言描述。

(七)滥用资料而无针对性

有的创业计划书在撰写时把自己能够掌握的资料都用上,担心阅读者不重视。事实上,这样重点不突出反而会给阅读者增添不信任感。

(八)写作风格和分析深度不一致

创业计划书应该是完整的一个体系,从头至尾风格应该统一;应该突出重点、内容全面。对于关键问题、重点问题不能避重就轻、敷衍了事。

第三节 创业计划书的展示

要想使自己的创业计划吸引阅读者,除了应写好一份完整、规范、有特色的创业计划外,还应掌握创业计划的展示。

一、创业计划书的展示准备

展示通常是由创业者和团队成员用陈述的方式来介绍创业计划内容,因此,要做好如下展示准备。

(一)拟定陈述词

陈述词内容通俗易懂,切忌专业术语。表达要流畅通顺。

(二)做好陈述幻灯片

幻灯片要简洁鲜明,可视性强、效果好。

二、创业计划书的展示技巧

展示要在规定的时间内完成,超时或时间没有用足都是不完美、不自信的表现。因此,在陈述控制上要遵守时间规定。概括来说,创业计划书展示的技巧包括以下几方面。

(一)公司概况

用一张幻灯片来说明企业概况和目标市场。

(二)商业机会

用两三张张幻灯片来展示尚待解决的问题和未满足的需求。

(三)解决方式

用两张左右幻灯片来解释企业将如何解决问题或满足需求。

(四)竞争环境

用两张左右幻灯片简要介绍直接、间接的竞争者,并详细介绍企业如何与目标市场中的现有企业竞争。

(五)产业、目标市场

用两张左右幻灯片介绍企业即将进入的产业、目标市场。

(六)管理团队

用两张左右张幻灯片简要介绍主要管理者的资格和优势。

(七)知识产权

用一张幻灯片介绍企业已有的或是待批的知识产权。

(八)财务状况

用两三张幻灯片简要陈述企业的财务问题,强调企业何时能够盈利、所需的资本,以及现金流持平的时间。

(九)需求、回购和退出战略

用一张幻灯片说明需要的资金数目及设想的退出战略。

总体来说,展示要抓住重点,不过分追求全面,要针对阅读者,尤其是投资者感兴趣的问题做出介绍、解释、说明和强调。

第十章　大学生创业融资

资金是创业不可或缺的基本生产要素,是企业经营活动的主要推动力,也是持续的能力来源,因此融资问题对新创企业来说显得尤为重要。大学生创业者想要凭借技术或者创意进行创业,首先就要解决好融资问题。

第一节　创业融资内涵

一、创业融资的概念

创业融资是指创业者为了将创意转化为现实,通过不同的渠道,采用不同方式筹集资金,为了达到建立企业的目的的一种融资形式。

通常来说,创业融资都会出现一定的困难,概括来说,造成创业融资难的原因主要包括以下两方面。

第一,创业的不确定性。从创业活动本身来看,面临非常大的不确定性。初创企业的不确定性,比既有企业的不确定性要高很多,创业企业缺少既有企业所具备的应付环境不确定性的经验,尚未发展出以组织形式显现出来的组织竞争能力。

第一,信息不对称。与创业者相比,对于投资于创业企业的投资者,则处于相对信息劣势的地位。初创企业没有或者有很少的经营业绩,企业的骨干成员也无法证明自己的能力等,该初创企业自身是否存在风险,也只有企业骨干才了解,外界很难从各种资料中获得这些信息。投资前的信息不对称可能导致逆向选择;投资后的信息不对称则与道德风险有关。这些因素将会影响到投资者对初创企业的投资意愿。

二、创业融资的原则

在创业融资的过程中必须要遵循一定的原则,概括来说,这些原则主要包括以下几方面。

(一)及时性原则

新创企业面临的市场压力大,融资资金需要迫切,面临复杂的管理事务和多变的市场变化,需要尽可能获取与企业发展的匹配资金,未雨绸缪,防患于未然,这都体现了融资的及时性原则。

(二)适度性原则

在融资活动中,资金需求的适度性原则包括融资资金的适度性、融资期限的适度性、融资方式的适度性和约定条款的适度性。

(三)态度性原则

创业者融资的直接目的是为了获取资金,其根本目的是促进企业的成长,投资者和创业者在这一点上的利益是一致的。所以,创业者端正创业理念和创业目标,增强责任心,获取投资者的信赖,达成共识,有助于创业者融资活动的开展。

(四)效益性原则

企业营运资金的筹措,应考虑成本与效益的平衡。为获取资金,融资方要支付包含抵押、担保、融资条款、控制权等成本,而且这类成本应远小于资金带来的收益。因此,效益性原则要求创业者应当能够运用相应的财务知识研究各种筹资方式的优缺点,应用最优融资组合,降低资本使用成本。

(五)诚信性原则

融资双方应依据合同的契约关系,双方必须保持诚信。

(六)低成本性原则

降低融资成本不仅可以提高创业者的收益率,还可以减轻其还本付息的负担,主要可以通过融资地点的选择、融资货币的选择和融资方式的恰当选择来降低融资成本。

(七)保密性原则

融资过程中,融资方为博得投资方的青睐,经营方案的展示尽可能详细,但是一些关键环节应注意保密,以防投资方利用自有资金,独自运营,窃取融资方的创新商业模式和创业想法;同时,也应防范竞争对手了解到融资方的资金规模而制定出有针对性的竞争战略。

(八)合理性原则

新创企业的资金虽然重要,创业者在融资初始,应避免盲目追求过多资金而造成资金使用成本上升。因此,创业者应当在企业发展过程中确定合理融资结构。根据企业发展阶段和自身能力,拟订合理计划,运用相应财务手段科学预测资金需求量,使得企业发展建立在合理的融资规划基础之上。

(九)合法性原则

从法律层面对新创企业融资活动的约定,即为融资的合法性原则。企业融资活动不仅影响社会资本和资源的流向与流量,而且涉及相关主体的经济权益,新创企业融资时也应注意国家相关的法律法规,依法履行约定责任,维护相关利益及主体权益。

三、创业融资的重要性

创业融资指创业者根据其创业计划和创业活动对资金的需要,是创建新企业的重要步骤之一,概括来说,创业融资的重要性主要包括以下几方面。

(一)合理融资有利于降低创业风险

创业企业使用的资金,无论是从各种渠道借来的资金,还是创业者个人的自有资金,或者其他方式筹集的股权资金,都具有一定的资金成本。筹集较多的资金可以避免出现现金断流的情况,但会增加企业的融资成本,如果创业初期企业的经营利润不能够弥补融资成本的话,就会造成企业亏损,筹集较少的资金虽可以降低融资成本,但是资金使用不合理,或者资金短缺时无法及时筹集所需资金,会使企业陷入无法及时偿债的境地,从而被迫进行破产清算。合理选择融资渠道和融资方式,有利于降低资金成本,将创业企业的财务风险控制在一定范围之内。

(二)科学的融资决策有利于企业可持续发展

企业在不同发展阶段,有着不同的现金流特点,面临着不同的风险,对资金筹集也有着不同要求。根据企业所处生命周期阶段以及企业自身的行业特点,结合宏观融资环境和创业者对控制权的偏好,考虑融资成本及融资风险,以及资金的可得性等客观情况,作出科学的融资决策。不仅有利于合理安排资本结构,将财务风险控制在可控制的范围之内,而且可以使企业的所有权得到有效配置,使企业的利益分配机制更加合理,为创业企业植入"健康的基因",保证创业企业可持续发展。

四、创业融资的模式

大学生创业融资模式是大学生在特定区域、特定环境中形成的,在创业动机、创业方式、产业进入、资金筹集、组织形式、创新力度和政府支持等方面具有相似性、典型性的创业行为,是对各种创业因素的配置方式。

根据不同的标准,可以将创业融资的模式分为不同的类型。

(一)根据创业融资时机进行分类

根据创业融资时机选择,可以将创业融资的模式分为休学创业、在校兼职创业、工作兼职创业、毕业专职创业和海归创业。

1. 休学创业

还没有毕业的大学生发现了极具发展前景的创业商机,且掌握了足够的创业资本,所以选择终止学业从事创业活动。

2. 在校兼职创业

利用大学课余时间从事兼职职业积累资本,以后的创业方向往往和兼职相关,合作对象也往往是业内有经验的人士,以小商贸培训和信息技术交易为主。

3. 工作兼职创业

在职工作期间利用空余时间进行创业。这类创业往往利用到工作职位所提供的行业内前沿信息,先进技术、业内人脉资源等便利条件,借助此类条件在本行业或者相关行业进行创业融资后创业,即先就业再创业。

4. 毕业专职创业

毕业专职创业指大学生毕业后直接从事创业。毕业后职业自由,创业时间充足,有充分的时间进行创业融资。创业者往往会选择与自己专业相关的创业方向,且在校期间就已经开始对创业项目进行调研、前期分析甚至是开始运作。

5. 海归创业

国外留学归国人员借鉴国外先进的创业融资理念、管理理念进行创业。

(二)根据创业目的进行分类

根据创业目的,可以将创业融资模式分为生存型创业和科技型创业两种类型。

1. 生存型创业

生存型创业以解决资金和就业问题为目的,规模小,启动金少,但运营灵活,如果没有创新性将会使企业发展后期潜力不足。

2. 科技型创业

依赖创新性技术和创意的支撑,以技术和创意转化为生产力为目的的创业称为科技型创业。科技型创业前期资金投入要求高,风险大,但发展后期前景更好,收益也会更丰富。

(三)根据创业发展方式进行分类

根据创业发展方式,可以将创业融资模式分为概念创新模式、积累演进模式、分化拓展模式、技术风险模式、模拟孵化模式和连锁复制模式。

1. 概念创新模式

概念创新模式指大学生根据自己的新颖构思和新奇创意进行的创业活动。概念创新主要集中于新兴行业,创业者的优秀创意和构想可以通过创业实践转化为实际利润,同时,创意和构想能够为企业迅速抢占商机,占领市场。创新性是这种创业方式赖以生存的核心内容。

2. 积累演进模式

积累演进模式初始资金需求小,创业风险低,管理方式灵活,主要集中于商品零售业、餐饮业、化妆品和服装销售、教育培训等行业。在经营取得成功时,再将所得资本投入发展潜力更高、利润风险更高的行业,或是成立小型公司。

3. 分化拓展模式

分化拓展模式指大学生先就业再创业,在企业中不断熟悉行业的业务情况,在积累了一定的资金、经验、技术和人脉资源后,利用企业或者行业内部出现的机会和资金进行创业。这种创业公司往往发展速度较快。

4. 技术风险模式

大学生可以利用自己专业的优势,将先进的技术或产品发展成企业。而将技术转化成产品需要资金大量投入,这时的创业融资往往是通过主动吸引天使投资人或是通过中介机构对技术、专利、智力成果进行资产评估,然后通过融资出资方促成融资。

5. 模拟孵化模式

模拟孵化模式即大学生参加各大高校举行的创业比赛或者受到高校创业园区的熏陶、资助、催化而进行的创业活动。在模拟创业的环境下,大学生可以学习创业基本知识,了解创业程序,积累创业融资经验。在创业园区中,创业者可以得到创业融资的培训指导、项目评估等帮助。

6. 连锁复制模式

大学生以加盟直营、区域代理或购买特许经营权的方式来销售某种商品或服务的创业活动。前期自筹一定资金以获取连锁加盟资格,融资资金量小。组织管理按总店或中心统一培训管理与创业者自我雇佣、自我管理相结合的方式。总店和中心负责技术培训、经验分享和资源支持。这种创业模式充分利用特许企业的品牌效应以及配套服务和跟踪指导,减少经营风险。风险低利益也低,创业者无法获得全部销售利润。

(四)根据创业核心元素进行分类

根据创业核心元素,可以将创业融资模式分为资金型创业、服务型创业、技术型创业和管理型创业。

1. 资金型创业

资金创业是指创业者利用自己雄厚的资金基础谋求利益,以资金为创业支撑点开展创业活动,资金是核心要素。资金型创业所选择的行业以投资和金融业为主。

2. 服务型创业

服务业作为第三产业具有广阔的发展空间。创业融资所需的资金较少,且风险较小。在服务型创业中,有独特的创意,能及时发现客户的需求,能发现市场空白和提升服务质量是服务型创业者努力的方向。

3. 技术型创业

大学生创业的核心要素是自己拥有的技术。不仅可以独立创业，也可以将自身掌握的技术进行技术入股，或是利用技术吸引资金进行合作创业。

4. 管理型创业

管理型创业是指利用管理模式和管理技巧进行的创业，包括承包经营、连锁加盟、租赁服务、项目管理和咨询服务等多种行业。管理型创业依靠自己的管理机制、出色的管理能力和管理智慧来吸引创业融资出资方。

五、创业融资计划

融资计划书包含了投资决策所关心的全部内容，融资计划书，其实就是一份说服投资者的证明书，对它的撰写，大体可以分为五个大步骤（图10-1）。

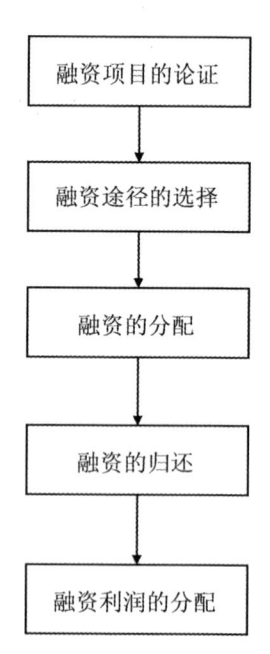

```
融资项目的论证
      ↓
融资途径的选择
      ↓
 融资的分配
      ↓
 融资的归还
      ↓
融资利润的分配
```

图 10-1　创业融资计划的步骤

六、创业融资的分类

根据不同的标准,可以将创业融资分为不同的类型。

(一)根据创业融资是否以金融机构为媒介进行分类

根据创业融资是否以金融机构为媒介进行分类,可以将创业融资分为直接融资和间接融资两种类型。

1. 直接融资

直接融资就是创业者不经过银行等金融机构直接与资本供应者协商借贷,或直接发行股票、债券等筹集资本的活动。在直接融资过程中,资本供求双方借助于融资手段直接实现资本的转移。

2. 间接融资

间接融资指创业者借助于银行等金融机构进行的融资活动,它是传统的融资形式。在间接融资形式下,银行等金融机构发挥中介作用,预先聚集资本,然后提供给融资企业。间接融资的基本方式是向银行贷款,此外还有向非银行金融机构借款、融资租赁等。

(二)根据资金来源的不同进行分类

根据创业融资按资金来源的范围不同,可以将创业融资分为内部融资和外部融资两种类型。

1. 内部融资

内部融资是指创业者自己或在家庭中通过原始积累形成的资本来源。内部融资是在创业者个人、家庭或亲朋内部形成的,一般无须花费融资费用。对于创业者而言,内部融资主要来源于亲友的支持,也有个别来自自己的积累。

2. 外部融资

外部融资指在内部融资不能满足需要时,向上述人际圈之外融资而形成的资金来源。对于很有发展潜力的创业项目来讲,内部融资往往难以满足需要。因此,创业者就需要开展外部融资。外部融资大多需要花费融资费用,创业者应在充分利用内部融资之后,再考虑外部融资问题。

(三)根据创业融资的属性进行分类

创业融资按其属性不同,可以分为债权融资和股权融资两种类型。

1. 债权融资

债权融资指企业通过举债的方式进行融资,债权融资所获得的资金,企业需要支付利息,并在借款到期后向债权人偿还本金。

2. 股权融资

股权融资指企业通过出让部分企业所有权,通过企业增资的方式引进新的股东的融资方式。股权融资所获得的资金,企业无须还本付息,但新股东将与老股东同样分享企业的盈利与增长。

(四)根据创业融资的期限进行分类

根据创业融资的期限,可以将其分为长期融资和短期融资两种类型。

1. 长期融资

长期融资指创业需用期限在一年以上的融资,通常包括各种股权资本和长期借款、应付债券等债权融资。

2. 短期融资

短期融资指创业需用期限在一年以内的融资,一般包括短期借款、应付账款和应付票据等,通常是采用银行贷款、商业信用等筹集方式完成的。

七、创业融资的过程

一般来说,创业融资的过程包括以下几个阶段。

(一)做好融资前的准备

尽管创业企业融资较为困难,但创业融资却是创业企业顺利成长的关键。因此,创业者一定要在融资之前做好充分的准备工作。

1. 做好充分的市场调查

市场调查是能够描述创业想法的可行性和需求状况的实证数据,是研究经营决策的前提。只有对市场做出科学的分析和判断,决策才有针对性,融资才有可靠的基础。

2. 做好企业的自身建设

新开办的企业自身建设包括很多方面,比如管理团队、盈利模式、产品和技术、良好的信用记录等,这些既是融资前吸引投资者投资新企业的信息,也是融资后实现融资目标的重要保证。

3. 明确的投资回报

融资前一定要确定选择什么样的回报方式,确保对投资者有具体的回报。建立完善合理的投资回报机制能够提升项目的吸引力,能够让投资者感觉其资金投放于企业比放在银行或自己投资要好。

4. 制定融资战略

需要考虑的问题有:融资的时机、所需资金的数量、融资采取的方式等。企业还应当根据不同的发展阶段来考虑融资数量和资金投入的时机。融资方式的选择需要结合自身条件和各种融资渠道的风险、成本综合考虑。

5. 聘请外部专家

由于创业者往往缺乏融资经验与时间精力,聘请专业融资顾问应该是最好的选择,他们将为融资的各个步骤提供专业意见,并利用积累的融资渠道为企业引荐合适的投资者。

6. 资料和人员的准备

将企业的情况和融资计划表达成简明、有说服力的书面文档,凸显企业价值,使投资者通过相关材料对企业有清楚的认识。需要注意的是,随着融资各项工作的到位,内部操作人员专业素质缺乏亦可能导致融资谈判失败,所以适时地组织内部人员参加专业培训也是重要的准备。

7. 接触潜在投资者

创业者和投资者之间是一种长期合作关系,需要达成充分的相互了解与信任。企业应在广泛调研的基础上,根据自身的发展模式和价值取向进行选择与接触。事实上在与投资者的交流中,创业者往往能够获得很多有利于企业发展的宝贵建议。

(二)计算创业所需资金

世上没有免费的午餐,也没有零成本的资金。创业者必须明白,企业所使用的资金都是具有一定成本的。如果在资金使用过程中不能创造出高于其成本的收益,则企业会发生亏损。因此,创业者在筹集资金之前,要能够运用科学方法准确地计算资金需求量。

(三)编写创业计划书

创业企业对于资金的需求,需要通盘考虑企业创办和发展的方方面面,要对企业有一个全面的筹划。编写创业计划书是一种很好的对未来企业进行规划的方式;在创业计划书中,创业者需要估计未来可能的销售状况,为实现销售需要配备的资源,并进而计算出所需要的资金数额。

(四)确定融资渠道

确定了创业企业需要的资金数额之后,创业者需要进一步了解各种融资渠道的优缺点,根据筹资机会的大小,以及创业者对企业未来的所有权规划,充分权衡利弊,确定所要采用的融资渠道。

(五)展开融资谈判

选定所拟采取的融资渠道之后,创业者需要与潜在的投资者进行融资谈判。创业者首先要对自己的创业项目非常熟悉,充满信心,并对潜在投资者可能提出的问题做出猜想,事先准备相应的答案。在谈判时,要抓住时机陈述重点,做到条理清晰。另外,还应向有经验的人士进行咨询,以提高谈判成功的概率。

八、创业融资的选择

在创业融资的过程中,要根据自身的情况合理选择融资方式,这样才能让企业更好地发展。

(一)创业融资选择的策略

1. 创业初期的融资选择策略

创业初期企业生产经营规模小,市场占有率低,管理制度不健全,缺乏必要的资金,经营风险较大,企业与投资者存在明显的信息不对称。机构投资者和商业银行出于稳健经营的考虑,不会大量提供资金支持给该阶段的企业。此时的创业者只能依靠个人资产、私人借贷或政府资助等融资手段。除此以外,天使投资和风险投资有时也可以作为此阶段的融资渠道,对中小企业可以争取天使投资的青睐,对一些高科技企业,可以选择风险投资,以获得风险投资在管理和资金上的支持。

2. 成长期的融资策略

处于成长期的企业现金流量的扩大、资金紧张的状况可以得到缓解。但此时随着市场规模的迅速扩张,企业希望扩大生产线,实现规模效益,企业的融资需求依然旺盛。此阶段企业有了一定的抵押资产或担保,此时期的融资渠道相对比较顺畅,风险投资基金银行贷款、外商投资等融资方式,对一些大的企业也可以发行股票或债券进行融资。

(二)创业融资选择的注意事项

1. 选择风险较低的融资方式

不同的融资方式风险大小往往不同。商业融资必须选择那些风险较小的方式,努力降低融资的风险。如目前利率较高,而预测不远的将来利率要下落,这时融资应要求按照浮动利率计息;如果情况相反,则应按固定利率计息。同时,在融资过程中,创业者还应选择那些信誉良好、实力较大的出资人,以减少违约现象的发生。

2. 增强融资渠道的可转换性

由于各种融资方式的风险大小不同,因此在筹集资金时,创业者应注意各种融资方式之间的转换,即从这一种方式转换为另一种方式的能力,以避免或减轻风险。通常情况下,短期融资方式变换较为困难,长期融资中,如果合同中规定可以通过一定的手续进行转换,则风险小一些。除此之外,创业者融资应广开渠道,不能过分地依赖一个或几个资金渠道,进行多元化和分散化融资,也可以增强转换能力,降低风险,提高创业成功的概率。

九、创业融资的风险

创业融资风险指企业因创业融资而带来的种种不可预测性。大学生在创业初期热情满满,但是他们往往对融资风险的认识和评估不够。

(一)创业企业内部治理不当引起的创业融资风险

创业企业内部治理不当所引起的融资风险在企业创始期十分突显。企业创业之初,往往会忽视财务内控制度的建设。比如,创业企业缺少资金流动手续的章程使得企业中资金进出业务无章可循,办事效率低下,分工不明确;资金回收意识淡薄,账目上存在多笔滞账,不良资产成为公司发展的后患;资金不依照项目进程拨付,造成资金超支、损失浪费。

(二)创业团队人员自身可能引起的创业融资风险

大学生自身创业能力的匮乏是限制大学生创业融资的主要原因。创业者由于急于得到资金用于企业启动运转,往往通过低价进行股权售卖和技术创意的转赠,导致毁约,对企业信誉产生负面影响,难以树立品牌,创业融资风险加大。大学生在选择融资对象上缺乏风险意识和理智判断。同时,种子期的创业企业团队里全部是技术人员,缺乏专业的财务管理人员。企业的财务工作集中在日常的记账、算账等,而没有人手来研究资源配置、缓解债务负担、加速资金周转、优化资本结构、提高资金使用效益等问题,这就可能会导致企业的资金分配不合理、资本结构混乱、资金周转停滞等风险的出现。

(三)创业企业信用建设缺失所引起的创业融资风险

企业创始初期的融资风险大的另一个原因就是企业不注重信用建设,对企业的信誉产生负面影响,如会计信息不透明,做假账、空账,偷税漏税等。企业在政府所构建的创业信用保障机制中评级、评分低,此时银行等金融机构一般会提高对创业企业贷款的条件,使得融资难度变大,导致种子期、创立期的企业获得权益性投资的难度增大,发生权益融资风险;在成长期会失信于债权人,难以融入债务性资金,使得企业从一开始就不易平稳运行。

第二节 创业融资渠道及资本结构

一、创业融资渠道

(一)个人资金

个人资金是创业者通过积累、继承而形成的资本。对大学生创业者来说,个人资金往往来源于父母的资金支持以及自身资金的积累。这一融资

第十章 大学生创业融资

渠道受家庭条件的影响很大。与其他的融资渠道相比,这一创业融资渠道有两个突出的优势。

第一,避免了从外部寻找投资者所占用的大量的精力、时间和费用。

第二,避免了一味地遵循投资者的标准而降低创业者创办新企业时的灵活性,有利于创业大学生最初的创意得以实现。

尽管有些创业者没有动过个人资金就办起了自己的企业,但这种情况很少。从企业的长远发展来看,如果创业者自己没有资金投入,就可能对企业经营不那么尽心尽力。个人资金的投入水平,关键在于创业者的投入占其全部可用资产的比例,而不在于投入资金的绝对数量。外部投资者要求创业者投资全部的可用资产,认为这就标志着创业者确实对自己的企业充满信心,并将为了企业的成功付出必要的努力。

(二)亲友资金

亲友资金又叫亲情融资,就是向身边的亲朋好友筹措创业启动资金。对于大学生创业来说,新创企业早期需要的资金具有高度的不确定性,但由于需求的资金量相对较少,因此,对银行和其他金融机构来说缺乏规模经济性;除了一些特殊情况,机构的权益投资者和贷款人几乎不涉及这一阶段的新创企业。从这个意义上讲,新创企业融资,除了创业者本人的资金外,亲戚或朋友借款是最为常见的资金来源。亲情融资具有显著的优点。

第一,没有烦琐的手续。

第二,由于他们与创业者之间的亲情关系,也由于他们易于接触,他们是最可能进行投资的人,成功率相对较高,而且没有高额的投资收益要求。

第三,为你投资的亲人会在你创业的其他方面全力支持你,为你获得资金之外的高附加值服务。

但亲情融资的额度通常较小。如果你准备创业的项目是个"大项目",那么亲情融资就不适合了。

(三)银行贷款

银行贷款指银行根据国家政策以一定的利率将资金贷放给资金需要者,并约定期限归还的一种经济行为。银行贷款一般要求提供担保、房屋抵押,或者收入证明、个人信用良好记录才可以申请。向银行申请贷款是常见的创业融资方式,创业者也可以通过银行贷款来补充经营过程中的资金不足。我国现在许多银行都提供创业贷款,各家银行的创业贷款都拥有各自不同的特点,贷款条件和要求也有所不同,选择适合的银行,能在贷款的时候为自己省下不少时间。银行贷款以"盈利性、安全性、流动性"为基本原则,审查的因素通常被称为"6C"标准,包括品德资信(Character)、经营能力(Capacity)、资本(Capital)、担保物价值(Collatera)、经营环境(Condition)、事业的连续性(Continuity)。银行创业贷款是创业者可以合法利用的一种资源,但由于创业的高风险性和不确定性使得创业者在创业初期很难从银行取得无担保贷款,所以在申请时要注意以下几个要点。

第一,关注政策,享受银行和政府的低息待遇。

第二,精打细算,合理选择贷款期限。

第三,谨慎选择,提供可靠的贷款担保。

第四,提前还贷,提高资金使用效率。

(四)创业投资基金

创业投资基金是指由一群具有科技或者财务专业知识和经验的人士操作,并且专门投资在具有发展潜力以及快速成长公司的基金。创业基金支持的对象,即有资格申请创业基金的个人或法人,应符合相关条件。

第一,申请人或企业法定代表人为在校大学生(含硕士、博士),且在校期间无不良在校记录。

第二,申请人或企业法定代表人主要从事高新技术产品的研制、开发生产和服务业务。

第三,申请人或企业法定代表人有较强的市场开拓能力和较高的经营管理水平,并有持续创新的意识。

(五)合作融资

合作融资也叫合伙融资,是指按照"共同投资、共同经营、共担风险、共享利润"的原则,直接吸收单位或个人投资,建立起一支紧密的创业团队,合伙创业。合作融资的对象通常是创业者的同学、朋友、亲戚,其中又以同学居多。合作融资与其他融资方式相比,有三个特点。

第一,创业者不再拥有公司全部股份,而是合伙人共同持有。

第二,合伙人共同参与决策、经营和管理,当然合伙人之间应有明确的分工。

第三,公司的收益如何在合伙人之间进行分配,由合伙人协商制定,而不一定根据公司股份分配。

(六)众筹融资

由创业者或者创意人把自己的产品原型或创意提交到平台,发起募集资金的活动,感兴趣的人可以捐献指定数目的资金,然后在项目完成后,得到一定的回馈。有了这种平台的帮助,任何有想法的人都可以启动一个新产品的设计生产。

(七)其他融资渠道

除了以上几种融资渠道外,大学生还可以通过以下几种方法来融资。

1. 用良好的信用说服别人

良好的信用和经营信誉是创业者的无价之宝,凭借它,可以有效地说服别人为你的创业提供各种方便条件。

2. 争取免费创业场所

创业离不开理想的场所,而创业之初的很大一笔投资就是用来支付房租的。因此,只要你能转换一下脑筋,想办法获得一处免费的创业场所,那就相当于得到了一笔可观的创业资金。

3. 加盟大公司的连锁经营

有许多创业者在刚开始起步的时候,为了扩大市场份额而选择连锁经营的方式来扩充自己。而一些大的公司,为了有效而快速地扩大连锁经营的覆盖面,也常常推出一些优惠措施,如免收加盟费、赠送设备、帮忙选址等,广泛吸收个体业主加盟经营。对于缺乏资金的创业者来说,虽然不是直接的资金扶持,但是这些优惠措施无疑等于给创业者一笔难得的资金。

二、关于企业资本结构

任何企业维持正常运行活动都需要资本的支持。而债券与股票则是筹集资本的一个主要来源。因为在进行资本筹集的过程之中成本的发生是不可避免的。因此,对债务与权益在资本结构中所占据的比例进行合理的安排,这对企业融资成本与财务风险的控制具有至关重要的意义。

(一)企业资本结构的意义

企业的各种资本价值构成及其比例就是资本结构。企业的融资结构是对企业债务与股权比例的一种反映,它对企业的偿债与再融资能力具有很大的决定作用,对企业以后的盈利能力也具有决定性的作用,是衡量企业财务状况的一个重要指标,融资结构合理可以让融资成本得到降低,从而让财务杠杆利益得到实现,也在很大程度上增加了公司的价值。

(二)确定企业最优资本结构的标准

通常,确定企业最优资本结构的标准如下。

1. 前提

杠杆利益与财务风险间的平衡。

2. 基本标准

企业经济效益最大。

3. 辅助标准

综合资本成本最小,财务风险最低。

4. 参考标准

社会效益最大。

(三)影响资本结构的因素

通常,影响资本结构的因素有以下几方面。

1. 企业结构的特点

企业结构的特点主要有以下两个。

第一,不同行业的经营特点应保持不同的资本结构,如工业企业由于进行生产需要厂房、设备等大量固定资产,根据长期资产应由长期资本来源进行筹资的原则,应保持较高的权益资本比率。

第二,根据不同行业的竞争特点,可适当提高或减少债务资本比率。

2. 经济环境的变化

在经济大环境处于上升时期或发生通货膨胀的情况下,应增加债务资本的比重,这样可降低综合资本成本,获得财务杠杆利益,使权益资本收益率提高。

3. 企业风险程度

经营风险大的企业,为增强企业竞争实力,应保持较大的权益资本比率。

4. 企业生产周期

如果企业的产品处于生长期,往往需要较多的流动资金,且能使产品成本价值快速得到补偿,即使负债率较高,也不易发生偿债风险,因此可保持较高的债务资本比率。

5. 经营者及投资者的性格

对于敢冒风险,善于运用风险时机扩大经营、获取风险收益的经营者及投资者来说,企业应保持较高的债务资本比率。

6. 企业财务状况和经营状况

当企业财务状况好、获利能力强时,可适当调高债务资本比率。因为在这种情况下,企业有能力承担风险,也易于吸纳债务资本。

7. 国家政策法规的变化

当前国家产出政策鼓励技术创新,如果生产经营高科技产品,就可适当提高债务资本的比率。

8. 企业的控股权

如果企业投资者为了掌握企业的控股权,可保持较高的债务资本比率。

9. 合理避税

运用税收筹划尽力采用合法的避税、节税手段增加权益资本的比率,减少债务,以节省债务资本成本,增加企业效益。

(四)确定最佳资本结构的方法

1. 比较资金成本法

通过计算各方案加权平均资金成本,并根据加权平均资金成本的高低来确定最佳资本结构的方法。最佳资本结构亦即加权平均资金成本最低的资本结构。但它拟订的方案数量有限,故有把最优方案漏掉的可能。

2. 每股利润无差别点法

通过分析资本结构与每股利润之间的关系,计算各种筹资方案的每股利润的无差别点,进而确定合理的资本结构的方法。这种方法确定的最佳资本结构亦即每股利润最大的资本结构。这种方法只考虑了资本结构对每股利润的影响,并假定每股利润最大,股票价格也是最高。但未考虑资本结构变动给企业带来的风险变化。

3. 公司价值分析法

通过计算和比较各种资本结构下公司的市场总价值来确定最佳资本结构的方法。最佳资本结构应当是可使公司的总价值最高,而不是每股收益最大的资本结构。

公司的市场总价值＝股票的总价值＋债券的总价值

(五)调整资本结构的举措

通常,调整资本结构的举措主要有以下几种。

第一,及时偿还短期债务,降低负债比,特别是流动负债比,在资金有余时,又要及时进行短期投资,加速资金运转,尽量避免资金的闲置和短期"沉淀"。

第二,发行债券,提高负债比。当企业需要大量资金且负债比例较低时,可以采用发行债券方式筹资,这样可以利用减税优惠,降低企业总资金成本。

第三,积极吸收投资,提高权益比。

第四,收回投资,减少对外流失股份,既减少效益的分流,又降低权益比,且能更有效地掌握控股权。

第三节 创业融资决策

一、创业融资决策的原则

创业融资决策的原则主要包括以下几种。

(一)可得性原则

可得性原则是指公司融资决策应根据融资方式的难易程度来选择和明确融资的方式和数量。在外部环境既定的情况下,不同类型的公司和公司不同的经营状况以及融资方式的不同条件要求,决定了资金的可得性是不同的。例如,股份有限公司可以发行股票融资,而有限责任公司则不能发行股票融资,大公司由于盈利水平高,担保能力强、信誉高,因而与小公司相比,其资金的可得性较高。

(二)安全性原则

安全性原则是指可融资决策应根据自身的负债能力来决定融资的方式和数量。由于不同融资方式下的融资风险的高低不同,公司融资决策时必须分析各种融资方式下的融资风险,合理选择融资方式并确定各种融资方式下的融资量,确定一个与公司风险承受能力相适应的融资结构。

(三)收益性原则

收益性原则是指公司融资决策在融资方式和数量的确定上应以尽可能低的融资成本获取所需资金。公司是以盈利为目的的经济组织,公司经营活动必须注重成本核算,降低成本,遵循收益性原则。不同融资方式下的成本是不同的,因此,公司在融资决策时应合理选择融资方式并确定融资量,确定一个使公司融资成本尽可能低的融资结构。

(四)适用性原则

适用性原则是指公司融资决策应根据所需资金的种类和数量来决定融资的方式和数量。公司经营活动对资金的需求具有多样性,从资金的性质看,既有对债务的需求,也有对股本的需求;就资金的期限看,既有对短期资金的需求,也有对长期资金的需求。公司融资决策要根据公司经营活动的具体情况,选择相应的融资方式,确定相应的融资量。

二、创业融资决策的内容

创业企业的融资决策指新创企业在自身的风险承受能力范围内,确定以何种方式、通过何种融资渠道制定和实施融资方案获得自身发展所需资金的决策过程。融资决策主要包括确定合理的融资规模和融资期限,选择最佳的融资方案,寻求合适的资金结构及控制融资风险等。

(一)确定合理的融资规模

企业在融资时,首先要确定企业的融资规模。筹资过多,可能造成资金闲置浪费,导致融资成本的增加,还有可能导致企业负债过重,超出了企业所能承受的限度,加大了财务风险。反之,如果企业筹资不足,就会影响企业经营与投融资计划的实施以及其他业务的正常开展。因此,企业在进行融资决策时,要量力而行,必须根据企业对资金的需求、企业的实际偿债能力、融资的难易程度以及融资成本的高低等因素,来合理地确定融资规模。

(二)确定合适的融资期限

企业融资按照期限来划分,可分为短期融资和长期融资。创业企业要合理确定融资期限,首先取决于资金的用途,其次是资金的成本。

1. 资金用途

从资金用途角度来看,如果融资的目的是补充企业的流动资产,根据流动资产周转快、易于变现、经营中所需补充数额较小及占用时间短等特点,可以选用商业信用、短期贷款等各种短期融资方式,如果融资的目的是长期投资或购置固定资产,由于这类用途要求资金数额大、占用时间长,选择各种长期融资方式更为合适,如长期贷款、企业自有盈余资金、租赁融资等。

2. 资金成本

从资金成本来考虑,以银行贷款为例,银行贷款一般分为短期贷款和中长期贷款,贷款期限越长,利率越高。如果创业者所需资金的时间不是太长,应尽量选择短期贷款,如可以将两年期贷款分解为连续办理两次一年期贷款,以更好地节约利息成本。

(三)确定合适的资金结构

融资的资金结构是企业融资决策的核心问题,其目的是在不超过企业可承受风险能力的前提下,确立合适的资金结构,并尽可能地降低资金成本,获得财务杠杆收益。合适的资金结构既要考虑企业自身的风险承受能力,又要考虑资金的成本和可得性,在资金成本、财务杠杆收益和财务风险三方面做出平衡。

1. 筹资方案的资金成本

资金成本是选择资金来源、确定融资方案的重要依据。在其他条件相同时,企业应当选择资金成本最低的融资方案。只有新创企业的收益高于资金成本时,创业才是可以考虑的。我们在前面花大量的篇幅来说明各种融资方式的成本如何确定就是为了强调资金加权平均成本在融资决策中的重要性,即在创业项目和风险水平确定的情况下,资金成本的高低是进行融资决策时的最基本依据。

2. 财务杠杆收益和财务风险

由于负债融资可以给企业带来财务杠杆收益,债务的利息成本可以提前扣除给企业带来避税优惠,而在投资收益率高于借债成本时,负债融资会提高企业的股东权益报酬率给企业带来财务杠杆利益。但过高的财务杠杆也会加大企业所面临的财务风险。所以,融资决策也就是在财务杠杆利益和财务风险之间保持均衡的过程。

(四)控制融资风险

由于新创企业的不稳定性,新创企业的融资风险远远高于成熟企业,而新创企业的风险抵御能力远低于成熟企业,所以融资风险也是融资决策时的一个重要考虑因素。

第四节 风投与贷款

一、风投

运用风险资本进行投资的过程被称为风险投资。

(一)风险投资的特征

风险投资具有显著的特点,概括来说主要包括以下几方面。

1. 投资对象特定化

风险投资人青睐的投资对象多为具有未来成长潜力,能成功运营的高科技创业型企业,这类企业往往拥有创新意识的人才、开拓性的技术和前沿性的项目。同时,此类企业因为初创期项目技术开发、市场拓展风险大,缺乏抵押资产,较难获得正规渠道的银行贷款,因而只能通过商业计划书来吸引风险投资者的青睐,展示企业未来可能的高成长性,吸引追求高收益的风险投资家的认可并予以投资。

2. 投资周期长

企业在前期,甚至是在成长阶段的前、中期,创业者所依赖的主要外部融资渠道是风险投资。只有到了企业发展的成长阶段后期,即新创企业的市场前景较好,具有较好的投资回报率时,企业才能够利用银行贷款,或者通过公开上市等渠道进行融资,此时风险投资才能安全、顺利地退出,此过程通常要经历 5 年左右的时间,因而投资期比较长。为了处理这种投资周期过长的问题,风险投资一般会采用分期分批注入资金的办法,在一定程度上降低了投资流动性差所带来的投资风险。

3. 专业性投资资本

风险投资家对于新创企业不仅是投资者,还是重要的运营管理者。风险投资家为了能尽快收回投资,获取高额利润回报,他们不仅给新创企业提供资本支持,而且提供企业管理、市场定位、财务咨询等资本增值服务。为更好地提供这些资本增值服务,风险投资家必须对所投资的行业熟悉,了解行业发展趋势、行业最新技术及行业竞争。因此,风险投资通常拥有各自独特的投资领域,针对这些特定领域,风险投资家能提供更为专业化的服务。

4. 高风险与高收益并存

风险投资通常在没有任何抵押和担保的情况下,把资本投给市场前景不能确定的高新技术项目或新创企业。高新技术项目具有独创性、开拓性、不成熟和不稳定的特征,加上新创企业的信息透明度较低,投资决策和管理活动也因此带有盲目性,导致风险投资的风险程度非常高。但是,高收益和高风险是正相关的,融资方借助吸收的投资和增值服务,提升企业发展速度,迅速占领扩大市场,当企业发展成熟,风险投资可以通过公开上市、兼并收购等其他方式退出,并会获得较高的利润和资本升值。

5. 权益化投资形式

风险投资是投资者通过资金购买拥有融资企业的股权,通过管理、咨询等专业服务,提升融资企业价值,从而使资本增值。投资者根本的目的在于投资的终极阶段,风险投资通过转让股权的形式,回收投资资本,获取投资收益。由此可见,融资方不需在风险投资使用过程中支付借贷资本的利息,亦无到期期限,同时,风险投资拥有的权益性资本,使其拥有一定的企业控制权,并能通过实施控制权对企业的管理施加影响,从而获得长期的高额增值利润。

(二)风险投资的过程

风险投资过程起始于接受并审核创业者的创业计划书,风险投资者浏览创业计划书,主要是阅读创业计划书的摘要部分,以在较短时间内初步把握企业概况、市场定位、消费需求把握和产品服务设计。

创业计划书通过审核后,风险投资者将进行正式调查,寻找投资价值最优的创业项目,筛选判断过程中,创业团队的专业行业经验和综合素质、潜在市场规模、产品接受度、战略组合、生产加工能力等信息都是投资考量标准。除以上标准,投资者更加偏爱投资具备专利技术等可量化评估的具有明显竞争优势的新创企业。

风险投资常选用分阶段投资的方式,新创企业只能分阶段筹措到所需资金。风险投资者用初始投入的少量资金获取选择权,在约定期限前,风险投资者有权决定以后是否要追加投资,众所周知,新创企业存在高风险性,即使初始投资失败,风险投资者最多损失一小笔资金,如果投资者在初期投入全部投资金额,当企业发展失败时对投资者的损害巨大。此外,分阶段投资还能促进风险投资者有效管理投资的不确定性。

(三)风险投资的构成

风险资本、风险投资人、投资目的、投资期限、投资对象和投资方式构成了风险投资的六要素(表 10-1)。

表 10-1　风险投资的构成

构成要素	内容
风险资本	有专业的投资人,为快速成长的新兴公司提供的一种资本就是风险资本。风险资本在大多数情况下都会通过股权购买、提供贷款、购买股权等方式进入这些企业。风险资本属于一种私募方式的募集资金,它的设立是以公司等组织的名义,是对没有上市的新兴中小型企业进行投资的一种承担高风险、谋求高回报的资本形态。
风险投资人	1. 风险资本家。他们是向其他企业家投资的企业家,与其他风险投资人一样,他们通过投资来获得利润。但不同的是风险资本家所投出的资本全部归其自身所有,而不是受托管理的资本。
	2. 风险投资公司。风险投资公司大多通过风险投资基金来进行投资,这些基金一般以有限合伙制为组织形式。
	3. 产业附属投资公司。这类投资公司往往是一些非金融性实业公司下属的独立风险投资机构,它们代表母公司的利益进行投资。这类投资人通常主要将资金投向一些特定的行业。
	4. 天使投资人。在风险投资领域,"天使投资人"这个词指的是企业的第一批投资人,这些投资人在公司产品和业务成型之前就把资金投入进来。

续表

构成要素	内容
投资目的	风险投资的目的主要是通过投资和提供一些增值服务将投资企业做大,然后利用公开上市的方式进行兼并收购,或采取其他方式退出,从而在产权流动中实现投资的回报。
投资期限	风险投资的投资期限就是指风险资本从投入被投资企业到撤出投资成本之间的时间。风险投资作为股权投资的一种方式,其具有期限较长的特点。
投资对象	风险投资的产业领域主要是高新技术产业。
投资方式	风险投资的方式有以下三种:一是直接投资;二是提供贷款或贷款担保;三是提供一部分贷款或担保资金,同时投入一部分风险资本购买被投资企业的股权。从投资性质看,不管是哪种投资方式,风险投资人一般都附带提供增值服务。

(四)如何获得风险投资

1. 了解风险投资者

任何投资公司都不会对不具备成功条件的企业进行投资,在一般情况下,企业成功所具备的条件主要有以下几个。

第一,风险企业家要具有一个长远且符合实际的企业经营计划。这一计划需要对企业创办的价值、企业发展的目标以及趋势、企业市场以及顾客、企业的优劣势等进行明确,同时也需要对创办或发展企业缺少的资金进行说明。

第二,风险企业家要具备较高的素质,要具有献身精神,决策能力,有勇气,有信心,思路清晰,态度诚恳,具有出色的领导水平,并可以对下属进行激励,为同一目标而努力进行工作。

第三,风险企业家要具有市场需求或者有潜在市场需求的新技术和新产品。有需求就会有顾客,有顾客就会有市场,有市场就必然会有企业生存的空间。

第四,风险企业家有资金支持。任何没有资金支持的企业都不具备成功的条件。

第五,风险企业家有经营管理的经验和能力,有技术和营销人员配备均衡的管理队伍,有能高效运转的组织机构。

2. 多与风险投资家交流

多数情况下,与风险投资家的接触可以通过电话开始,绝大多数的风险投资家都会拿起听筒,因为他们也不知道下一个好的项目会从哪里来。然而,由于寻求资金的人很多,风险投资公司也需要一个筛选的过程。如果风险企业家能得到某位令风险投资公司信任的律师、会计师或某位行业内的"权威人士"的推荐,他获得资助的可能性就会提高许多。尽管如此,多数风险投资公司都要比想象中更容易接近。

3. 目标不宜过多

为了确保筹资成功,大多数的风险企业家总是认为接触的风险投资家越多越好,但是结果往往相反。最可靠的方法是先选定8位或10位风险投资家作为目标,然后再开始跟他们接触。在接触之前,要认真了解那些有可能对项目感兴趣的风险投资家们的情况,并准备一份候选表,这样,如果投资商没有表示出兴趣,企业家不仅可以知道原因,而且可以找另外的候选投资家去接触。总之,企业家千万不要把项目介绍给太多的风险投资家,风险投资家们不喜欢那种产品展销会的形式,他们更希望发现那些被丢弃在路边的不被人注意的好的商业机会。

4. 递交相关文件

在具有目标投资人之后,下一步的工作主要是要争取这些投资人对本企业进行投资。企业家要想成功地获取这种投资,不但要将本企业的投资价值展示给风险投资者,而且要具备必要的应对技巧。在准备风险投资人进行洽谈融资之前,企业家必须准备好以下四份重要文件。

(1)《投资建议书》

对风险企业的管理状况、利润情况、战略地位等作出概要描述。

(2)《业务计划书》

对风险企业的业务发展战略、市场推广计划、财务状况和竞争地位等作出详细描述。

(3)《尽职调查报告》

对风险企业的背景情况和财务稳健程度、管理队伍和行业作出深入细致调研后形成的书面文件。

(4)营销材料

这是任何直接或间接与风险企业产品或服务销售有关的文件材料。文件准备之后,下一步是开始和风险投资人进行接触。

二、贷款

(一)银行贷款的种类

银行借款可以分为短期和长期借款两种形式。

1. 短期借款

短期借款也就是银行流动资金借款,这是企业为了解决短期资金需求,而向银行申请接入的款项。

(1)短期借款的种类

企业短期借款通常包括信用借款、担保借款和票据贴现三类。

①信用借款

信用借款又称无担保借款,是指不用保证人担保或没有财产作抵押,仅凭借款人的信用而取得的借款。信用借款一般都由贷款人给予借款人一定的信用额度或双方签订循环贷款协议。

②担保借款

担保借款是指有一定的保证人进行担保或采取一定财产作抵押而取得的借款。担保借款又分为以下三类。

第一,保证借款。保证借款是指按《中华人民共和国担保法》规定的保证方式以第三人承诺在借款人不能偿还借款时,按约定承担一般保证责任或连带责任而取得的借款。

第二,抵押借款。抵押借款是指按《中华人民共和国担保法》规定的抵押方式以借款人或第三人的财产作为抵押物而取得的借款。

第三,质押借款。质押借款是指按《中华人民共和国担保法》规定的质押方式以借款人或第三人的动产或权利作为质押物而取得的借款。

③票据贴现

票据贴现是商业票据的持有人把未到期的商业票据转让给银行,贴付一定利息以取得银行资金的一种借贷行为。票据贴现是商业信用发展的产物,实为一种银行信用。银行在贴现商业票据时,所付金额要低于票面金额,其差额为贴现息。

(2)短期借款的成本

公司应根据不同情况,确定短期借款的成本,以便作出选择。

①单利

单利计息是将贷款金额乘以贷款期限与利率计算出利息的方法。多数银行通常按单利计算收取短期贷款利息,公司通常亦按单利比较不同银行的借款成本。在单利情况下,短期借款成本取决于设定利率和银行收取利息的方法。若利息在借款到期日随本金一并支付,则设定利率就是实际利率。

②复利

以复利计息,意味着存在对利息计息的情况。按照复利计算利息,借款人实际负担的利率要高于名义利率。如果在贷款到期以前定期付息的次数越多,有效利率高出名义利率的部分就越大。

③贴现利率

在贴现利率的情况下,银行一般都会在发放贷款之时将贷款的贴现利息进行扣除,一般都是以贷款面值和贴现利息之间的差额贷给公司。因此,借款人拿到的金额低于借款面值,当然,贷款到期时也免去利息了。在以贴现利率的方式贷款时,借款人的借款成本也会高于名义利率。

④附加利率

附加利率是指即使是分期偿还贷款,银行通常亦按贷款总额和名义利率来计算收取利息。在附加利率方式下,虽然借款公司可以利用的借款逐期减少,但利息并不减少,所以实际负担的利息费用较高。

2. 长期借款

长期借款是指企业向银行等金融机构或者向其他单位借入的期限在一年以上的各种借款。大多数企业普遍采用的债务性筹资方式就是长期借款筹资。长期借款具有不同的种类。

(1)根据提供贷款的机构分类

长期借款按提供贷款的机构,可分为政策性银行贷款、商业银行贷款和保险公司贷款。

(2)根据有无抵押品作担保分类

长期借款按有无抵押品作担保,可分为抵押贷款和信用贷款。

(3)根据贷款的用途分类

长期借款按贷款的用途分类,通常可分为基本建设贷款、更新改造贷款、科研开发和新产品试制贷款等。

(二)银行贷款的优缺点

1. 银行贷款的优点

(1)银行短期借款的优点

通常,银行短期借款的优点主要有以下几个。

第一,银行的资金比较充足,实力雄厚,可以随时为企业提供较多的短期贷款。

第二,银行的短期借款体现出较好的弹性,比如可以在资金需求增加的时候进行借款,也可以在资金需求减少的时候进行还款。

(2)长期借款的优点

通常,长期借款的优点有以下几个。

①借款资本成本较低

利用长期借款筹资,其利息可在所得税前列支,可减少企业实际负担的成本,因此成本比较低。

②借款筹资速度较快

企业利用长期借款筹资,一般所需时间较短,程序较为简单,可以快速获得现金。而发行股票、债券筹集长期资金,须做好发行前的各种工作,所以耗时较长,程序复杂。

③借款筹资弹性较大

在借款时,企业与银行直接商定贷款的时间、数额和利率等在用款期间,企业如因财务状况发生某些变化,亦可与银行再行协商,变更借款数量及还款期限等。因此,对企业而言,长期借款筹资具有较大的灵活性。

2. 银行贷款的缺点

(1)银行短期借款的缺点

通常,银行短期借款的缺点有以下几个。

①资金成本较高

短期借款具有成本较高的特点,这与商业信用不能进行比较,与短期融资债券进行比较也会高出很多。而抵押贷款的成本则更高,这主要是因为需要支付管理与服务费用。

②限制较多

企业向银行贷款,银行首先要对企业的财务状况、经营现状等进行调查之后才能决定是否贷款,有一些银行甚至还要求对企业有一定的控制权,他们要求企业将流动比率、负债比率等维持在一定范围之内,但是这些都会对企业的发展构成限制。

(2)长期借款的缺点

通常,长期借款的缺点有以下几个。

①借款筹资的风险相对较高

因为借款一般都具有固定的利息负担与固定的偿付期限,因此借款企业的筹资风险相对较高。

②借款筹资的限制条件比较多

这可能会对企业未来的筹资与投资活动产生影响。

③借款筹资的数量相对有限

借款筹资不可能像股票债券那样一次性筹集到大笔资金。

(三)银行贷款的基本程序

银行贷款的基本程序如图 10-2 所示。

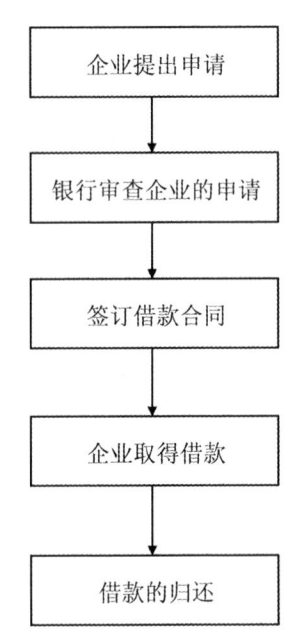

```
企业提出申请
    ↓
银行审查企业的申请
    ↓
签订借款合同
    ↓
企业取得借款
    ↓
借款的归还
```

图 10-2　银行贷款的程序

第十一章　大学生创新创业的商业模式

现代管理学之父彼得·德鲁克曾说："当今企业之间的竞争，不是产品之间的竞争，而是商业模式之间的竞争。"本章即对大学生创业商业模式的相关内容进行简要阐述。

第一节　商业模式概述

一、商业模式的定义

商业模式是指为实现客户价值最大化，把能使企业运行的内外各要素整合起来，形成一个完整的、高效率的、具有独特核心竞争力的运行系统，并通过最优实现形式满足客户需求、实现客户价值，同时使系统达成持续盈利目标的整体解决方案。

二、商业模式的产生与发展

从发展的脉络来看，商业模式的提出与发展大致可划分为三个阶段。

（一）商业模式概念的提出阶段

商业模式一词最早出现于 1947 年，朗（Lang）在《市场营销》发表了一篇文章，在文中他指出，商业模式对市场发展具有一定的影响。随后，商业模式一词逐渐被其他学者所提及。1957 年，贝尔曼（Bellman）在《管理科学与运筹学》发表的文章中再次提到了商业模式一词。此时的商业模式仅作为一个新的名称出现，并未受到重视。直到琼斯（Jones）在 1960 年的《会计评论》上发表了一篇文章，该文第一次将商业模式作为正式标题出现，从此商业模式一词开始大量出现在文献中,尤其是有关计算机系统的著作中,但是,在这些著作中并没有详细地解释什么是商业模式,此时学者的商业模式仍然是一个比较模糊的概念。尽管如此,商业模式一词的提出仍然为管理学的发展打开了新的研究角度。

(二)商业模式概念的发展阶段

商业模式概念的发展阶段又可以细分为两个不同的阶段。

1. 对商业模式含义的描述阶段

此时随着电子商务的出现和互联网的兴起,学者们对于电子商务和互联网发展的理论研究逐渐增多。此时的商业模式主要是用来描述电子商务的经营方式,尤其是用来描述其如何盈利的方式。

2. 商业模式概念的定义阶段

随着经济的不断发展,市场竞争日益激烈,企业在发展过程中对商业模式的巨大需求受到了企业家和学者的关注。对此,谢弗等学者(Shafers M.,Smith H. J.,Linder J. C.)在《商业视界期刊》上发表了《商业模式的影响力》一文,着重指出了商业模式在商业发展中发挥的重要作用,并对商业模式的概念进行了描述性的定义。与此同时,关于商业模式的研究不断增加,学术界开始探讨对于"商业模式"一词的具体定义,并对其构成要素进行解析。

(三)对商业模式的内在进行逻辑分析阶段

随着互联网的不断发展,整个社会的商业格局发生了巨大变化。技术的发展导致企业在发展过程中对于"商业模式"的迫切需求,对商业模式的内在结构进行分析成为该阶段研究的重点。此时的商业模式着重研究模式的构成结构、要素之间的相互关系以及如何进行商业模式的创新等问题。从商业模式的发展脉络上来看,尽管商业模式的发展时间较短,但是在近五六十年的时间里,商业模式的发展十分迅速。

三、商业模式的类型

(一)电子商务模式

电子商务模式是指企业运用互联网开展经营取得营业收入的基本方

式,也就是指在网络环境中基于一定技术基础的商务运作方式和盈利模式。目前,常见的电子商务模式如表 11-1 所示。

表 11-1　电子商务模式的类型

类型	内容
B2B 模式	B2B 模式是电子商务中历史最长、发展最完善的商业模式,能迅速地带来利润和回报。B2B 电子商务模式主要有降低采购成本、降低库存成本、节省周转时间、扩大市场机会等优势。B2B 的主要盈利模式是会员收费、广告费用、竞价排名费用、增值服务费、线下服务费、商务合作推广等。
B2C 模式	即"商对客"模式,也就是通常说的商业零售,直接面向消费者销售产品和服务。B2C 的盈利模式主要是服务费、会员费、销售费、推广费等。
C2B 模式	C2B 模式的核心是通过聚合分散分布但数量庞大的用户,形成一个强大的采购集团,以此来改变 B2C 模式中用户一对一出价的弱势地位,使之享受到以大批发商的价格买单件商品的利益。
C2C 模式	客户之间自己把东西放上网去卖,是个人与个人之间的电子商务。C2C 的主要盈利模式是会员费、交易提成费、广告费用、排名竞价费用、支付环节费用等。C2C 的一般运作流程是:卖方将欲卖的货品登记在社群服务器上、买方透过入口网页服务器得到货物资料、买方透过检查卖方的信用度后选择欲购买的货物、透过管理交易的平台分别完成资料记录、买方与卖方进行收付款交易、通过网站的物流运送机制将货品送到买方。
O2O 模式	也即将线下商务的机会与互联网结合在了一起,让互联网成为线下交易的前台。这样线下服务就可以用线上来揽客,消费者可以用线上来筛选服务,还有成交可以在线结算,很快达到规模。该模式最重要的特点是推广效果可查,每笔交易可跟踪。O2O 模式的优势有充分挖掘线下资源、消费行为更加易于统计、服务方便、优势集中、促使电子商务朝多元化方向发展。

(二)分众模式

分众模式是随着城市生活节奏的加快和工作压力的增加应运而生的,

是受到白领阶层欢迎的一种传媒。作为一种新媒体,分众模式定位更准确,信息的传播质量更高,它针对高层次的消费者,推广高端产品广告信息,提高广告的作用效率。分众模式本身具有一定的稳定性,曾获得了很高的评价,这种发展模式留给了企业更多思考空间。借鉴分众模式,企业要深入分析产品的受众对象,提高市场定位的准确性。分众模式针对的是高端消费人群,传递的都是高端消费品,企业效仿这种有针对性的传播方式,根据企业自身产品的成本和特性定位部分受众目标,展开高效的信息传播,能够提高企业营销效率。

(三)娱乐经济新模式

人们生活水平提高之后,对精神文化的追求远远超过了物质追求。娱乐形式的创新已成为娱乐经济发展的必然选择,当今各种市场竞争都非常激烈,娱乐经济没有创新就没有发展空间。娱乐文化已成为一种风尚,不同年龄段有不同的娱乐活动,但是都有着相同的娱乐效果。互联网时代学校最盛行的是信息娱乐,是文化和娱乐相结合的产物。娱乐经济其实也离不开营销,从多个层次对营销进行整合,其操作思路和应对措施准确到位,是娱乐经济发展必不可少的营销方式。

(四)大卖场商业模式

大卖场商业模式是各大超市和零售商最普遍使用的经营模式,连锁经营能够大大地降低成本,信息交流也能够更及时快速,组织和管理也能够更准确到位,是很多企业追逐的盈利模式。整个模式中资本运作是非常受企业重视的,成功的资本运作能够实现企业的利润最大化,股东权益和企业价值都能实现最大化。专业连锁的经营形式能够降低企业风险,同时成功的管理经营也能够带动整个连锁店铺的迅速发展,但是采购等环节依然存在问题,需要改进和加强管理。绝大多数大卖场价格低廉,但物美价廉背后是廉价劳动力的血汗,除了产品成本低之外,低价销售获利主要是增加销售数量,同时会有相关服务补差价。

(五)虚拟经营模式

虚拟经营是为适应多变的经营环境应运而生的。虚拟经营是企业组织的经营虚拟化,其形式包括业务外包、特许连锁、战略联盟等。在巨大的竞争压力下,大规模地扩展自身业务逐渐不为现代企业所选择,企业逐渐缩减其他业务甚至是其他的业务部门,公司的许多非关键性业务开始外包给专业公司,在取得更好的经营效果的同时也降低了企业的运营成本,在相当长的企业发展阶段和社会阶段，这种外包业务都会得到广泛的应用，使得公司可以专注于自身的核心业务以获得更大的竞争力。值得注意的是，在虚拟经营的链条上，公司的地位将决定自身获得利益的多少。虚拟经营的营销方式大大提高了企业竞争力，同时企业应该保障自身核心业务，这是公司发展的立身之本，也是能够进行虚拟经营的前提。

四、商业模式的构成

（一）价值主张

价值主张是指企业为消费者所提供的产品或服务如何为客户产生价值。这是消费者在激烈的市场竞争中选择该企业的根本原因。价值主张是企业吸引消费者的关键所在。价值主张通过为特定客户提供的富含价值的产品或服务而获取消费者的认可。

（二）客户细分

客户细分是指企业根据自身发展战略的需要，根据客户的属性、行为、需求、偏好及价值等因素对客户进行分类，并提供有针对性的产品、服务和销售模式。客户细分的目的是确定企业或商家所提供的产品或服务所针对的对象，他们是企业产品或服务的直接购买者或使用者。客户细分要解决的问题是，企业准备向哪些市场区间传递价值。只有确定了目标客户，企业才能够进一步地开展生产和营销活动。

（三）客户关系

客户关系即企业为扩展市场，达到经营目标，主动与客户建立起来的某种联系。最初的客户关系仅指企业与客户之间的交易关系。随着商业的不断发展，尤其是市场竞争的日益激烈，现在企业的客户关系变得越来越多元化，也可指企业与潜在客户之间的关系。这种关系具有多样化、差异性、竞争性、双赢性的特征，能够帮助企业深入地了解客户的需求，对于企业的产品研发、市场推广等都具有积极的意义。因而，现在的企业都非常重视客户关系的管理。

（四）成本结构

商业模式中的成本结构，也称为成本构成，是指企业在生产运营过程中需要支付成本和费用的活动。企业在运转过程中是由各种活动组成的，而这些活动不可避免地会产生各项费用。了解各项活动的成本占总成本的比重是成本结构的重点,有利于企业进行成本优化。同时,在一般情况下,某项活动的成本占企业总成本的比重越高,该活动成为企业主要风险的概率就越大。了解企业的成本结构有利于企业进行风险控制。

(五)核心能力

核心能力是企业实现其商业模式所需要的关键性的能力和资源,是企业在激烈的市场竞争中如何超越其他对手,获取市场竞争中的优势地位的能力。这种能力具有难以模仿性和可持续性,可为企业带来长期竞争优势和超额利润。因此,核心能力受到了企业家和管理学者的广泛关注。

(六)关键业务

关键业务也被称为是企业内部的价值链,主要用于安排企业的业务流程,确定对企业发展具有较大影响力的关键业务。以淘宝网为例,作为中国最大的网购零售平台,最主要的业务就是开发维护其平台,维持网页的正常运转是其运营的根本。

(七)渠道通路

渠道通路即分销渠道。肯迪夫和斯蒂尔认为,分销渠道是指"当产品从生产者向最后消费者或产业用户移动时,直接或间接转移所有权所经过的途径",即企业所生产的产品是通过什么样的方式抵达消费者手中。根据有无中间商参与交易活动,分销渠道可分为直接分销渠道和间接分销渠道。

(八)重要合作

重要合作是指企业在发展过程中与其他企业形成的能为企业发展提供有效价值的合作关系网络。从产业链上来看,客户处于企业产业链的下游,而重要合作伙伴关系主要是指企业和产业链中上游的其他企业的关系,为有效地创造价值并将其商业化而形成的合作关系网络,包括上下游伙伴、竞争/互补关系、联盟/非联盟等形式。这种关系网络形成了企业商业圈的范围。在激烈的市场竞争中,现代企业的可持续发展不再是"单打独斗",企业和企业之间需要相互合作,打破现有的行业格局,互相取长补短,互为支撑才能获得长久的发展。

(九)收入来源

收入来源即收入模式,是指对企业的经营要素进行价值识别和管理,探寻其中存在的可盈利机会,即在企业众多的活动中辨别其中的盈利活动,并解析其盈利的过程,从而将该活动形成可复制且可持续的模式。它回答了客户愿意为了该企业的什么产品或服务而买单,他们想要从该产品或服务上真正获取的价值是什么等问题。

以上九个关键词构成了一个完整的商业模式,各个要素之间相互作用、互为支撑,保障了企业的可持续发展。

五、开发商业模式应考虑的因素

(一)核心策略

在商业模式开发中考虑的第一个因素是核心策略,它描述了企业如何与竞争对手竞争,主要包括企业使命、产品和市场定位、差异化基础等内容(表11-2)。

表11-2 核心策略的内容

核心策略	内容
企业使命	企业使命是企业存在的原因,说明了企业优先考虑的事项以及衡量企业绩效的标准。
产品和市场定位	通过良好的商业模式应该能够确定企业所关注的产品和市场。
差异化基础	从宏观角度来看,企业通常可以选择成本领先策略或差异化基础策略。采取成本领先策略的企业力求以最低的成本吸引客户。相比之下,采用有区分度的策略,提供独特和有区分度的产品的公司则在竞争、质量、服务、时间或其他方面进行竞争。差异化基础策略对新企业却十分重要,因为这是获得客户认可的很好的方式。

(二)企业的战略资源

开发商业模式应考虑的第二个因素是企业拥有的战略资源。对于新企业来说,企业的战略资源主要体现在企业核心能力和关键资产两个方面。

1. 核心能力

企业的核心能力是企业的撒手锏,是企业优于其竞争对手的源泉。它不仅创造了产品或市场独特的技术或能力,而且对顾客的感知效益有很大的贡献。对于一个企业来说,它的核心能力在短期和长期内都很重要。在短期内,企业核心能力是进行差异化基础策略的基本保证,在长期内,通过核心能力获得增长并在互补市场中确立主导地位也很重要。

2. 关键资产

关键资产包括工厂、设备、地理位置、品牌等,是公司拥有的稀缺、有价值的东西。新企业应该注重如何创新性地构建这些资产,为客户创造更高的价值。其中,一个特别有价值和至关重要的资产是公司的品牌。

企业如何把自己的核心能力和关键资产综合起来以创造竞争优势,是创业者开发商业模式时关注最多的问题。

(三)价值网络

在商业模式发展的过程中,企业必须考虑企业价值网络的构建。企业价值网络的建设应考虑供应商和其他合作伙伴。供应商是向其他企业提供组件或服务的企业。传统上,企业与供应商保持有限的关系,并将其视为竞争对手。然而,在过去的二十年中,企业逐渐放弃了与供应商的短期关系,而是建立了类似于战略联盟的合作关系。这种转变使竞争关系日益激烈,促使企业管理者为了节约成本,从而提高产品质量和进入市场的速度。供应链管理是整个产品供应链中所有信息流、资本流和物流的协调,企业管理供应链的销售量越高,其商业模式的运营效率就越高,因此,管理者越来越关注供应链管理。

六、开发商业模式的路径

开发商业模式的路径主要表现在价值发现、价值匹配和价值获取三个方面。

(一)价值发现

在创业者成功识别机会之后,必须明确创造价值。企业的最终盈利取决于是否拥有客户。在创新产品和技术识别的基础上,创业者进一步明确和细化价值,是商业模式发展的关键环节。

(二)价值匹配

一个新的企业不可能拥有所有的资源和能力来满足其客户的需求,即使企业愿意全力以赴，也必须在与供应商、经销商等其他企业建立良好伙伴关系的基础上，商业模式才能发挥作用。

(三)价值获取

获得价值的途径有两种。

第一，新企业能占据价值链中的核心角色。如果企业能掌握整个价值链中增值空间较大的创造价值的因素或活动，则会直接影响创新价值的获取。

第二，尽可能保护商业模式的细节。有效的商业模式是保持创新价值的重要方式，如果商业模式被模仿，企业的利润就会受到影响，因此更多的创业公司为了能够长期拥有创新的利益，往往要对企业的商业模式进行保护。

第二节 创新创业商业模式设计

一、商业模式设计的核心要素

商业模式设计的核心要素包括以下几方面。

(一)谁是你的客户

任何商业模式的设计都必须清楚地知道你的客户是谁，为什么要购买你提供的产品或服务。不知道客户是谁，几乎是创业者最常犯的错误。

第一，要对你的客户有一个大致印象，包括他们的年龄、性别、婚姻状态、居住地区、收入水平、兴趣、嗜好、习惯等。接着，列出客户多项问题并且都必须是成立的，厘清并最终确认客户需求的重要问题。

第二，进行市场调查。了解即将被你取代的产品或服务在市场上的表现，有哪些可能是你的竞争对手、市场是否够大、上下游之间关系是否容易切入等。

第三，筛选出客户有哪些需求和相应的市场规模，这就是我们的客户面貌。

(二)你的产品或服务解决了客户的什么问题

无论你提供的是产品还是服务，都是为了帮助客户在实际工作和生活中得到方便、快捷、价值。如果你设计的商业模式能够满足客户某一方面或某几个方面的需求,并且这种需求是符合人性的,这样就达到了设计商业模式的预期要求。比如国内一线名牌高档产品,如果你从专卖店或大型购物商场去采购,所花费的成本肯定比较大。但如果你设计的商业模式既可以采购到国内一线高档产品,又能够让客户得到最大的经济实惠,客户一定会向你的平台采购产品服务。

(三)如何收费

设计商业模式的最终目的一方面是为了满足客户的实际需求,另一方面是为了收费。在实际设计商业模式过程中要清楚地设置好收费的实现原理。平台如何收费、收多少比例、加盟商收益比例为多少、客户得到多大经济实惠等都要有明确的比例。只有这样,你的商业模式设计才能够成功。

二、成功商业模式具备的特点

成功商业模式具备的特点包括以下几方面。

(一)前提简单

一项业务,如果有三个以上的条件为前提,那基本上是不可行的。商业模式的设计越简单越好。

(二)产品简单

产品简单是客户选择的第一条件,否则客户就不会购买你的产品。

(三)方法简单

只有简单的方法,才能被各级下属去执行;只有可复制的模式,才能不断地持续推广运用。

(四)创意简单

好的商业模式都是"一次性创意"的。凡是要求不断创新的生意,难度都是非常高的。

(五)可以降低成本扩张

好的商业模式可以降低成本扩张。好的商业模式一定要有门槛,"人无我有,人有我精"才是杀手级价值。

三、商业模式设计的原则

（一）基于客户价值最大化的原则

企业持续发展的基础是客户对企业的满意度和忠诚度。客户是企业拥有的最重要的资源，是企业利润来源的重要保证。企业所生产的产品或服务如果没有消费对象，那么这家企业必然走向失败。因此，企业的商业模式必须确保该企业能够为客户提供优质的产品或服务，最大程度地满足客户的需求。也就是说，企业商业模式的设计必须围绕客户的需求展开。

（二）基于企业现有的资源、市场竞争环境和政策环境的原则

一个企业的发展会受到资金、技术水平、国家政策、法律甚至是文化认同等各种资源的限制。因此，企业在设计商业模式的过程中必须以现有的企业资源为基础，并充分考量市场对其商业模式的接受程度，以保证该商业模式的可操作性。市场容量的缺乏、高额的成本导致了已经在众多城市发展相对成熟的商业模式在其他地区遭遇失败。因此，企业在设计商业模式时必须充分考虑到它的利益相关者，如政府、消费者、员工、股东、所在社区、行业竞争者等对其商业模式的接受程度，以确保该商业模式的基本可行性。

（三）基于企业盈利及可持续性盈利的原则

按照经济学的观点，追逐利润并实现利润最大化是一个企业生存的根本动机。企业的正常运转离不开资金的支持，而可持续性的盈利是保证企业运转资金的根本来源。因此，在进行商业模式设计时，如何实现企业盈利且可持续性的盈利是一个关键点。盈利模式是企业生存和发展的决定性因素之一。例如，作为互联网短途出行解决方案的共享单车，在最开始运营的过程中其盈利模式备受关注。共享单车的收入主要来源于车辆使用费、用户押金、车体或 App 广告。但就目前来看，不论是哪一种来源的收益，其稳定性都不是很理想，很难支撑成立初期投入的大量的基础设施建设、研发和运营等成本。因此，共享单车最初的盈利模式备受质疑。然而，这也是互联网创业的一大特点，即先用新颖的商业模式满足市场的需求，吸引大规模的用户，再充分利用和释放这些流量资源，从而达到最终的盈利。随着共享单车注册用户数量的不断升级，成立初期难以为继的共享单车也开始逐步盈利。

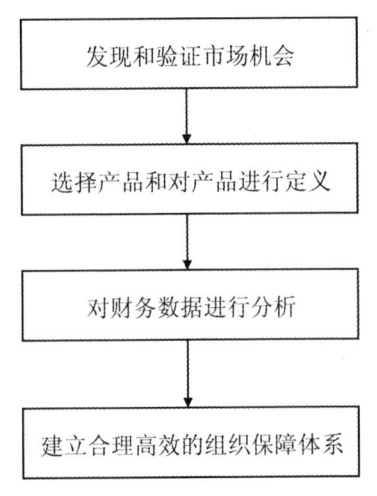

四、商业模式的设计过程

商业模式的设计过程如图 11-1 所示。

```
发现和验证市场机会
       ↓
选择产品和对产品进行定义
       ↓
  对财务数据进行分析
       ↓
建立合理高效的组织保障体系
```

图 11-1　商业模式的设计过程

(一)发现和验证市场机会

必须有市场或潜在市场的存在,企业的产品或服务才能实现市场价值。因此,发现和验证市场机会是企业在设计商业模式时的首要任务。在这一环节中,需要回答以下问题:

第一,市场存在什么样的需求(或潜在需求)?

第二,需求量是否形成规模?

第三,该需求是否可以成为本企业的市场机会?

第四,进入哪个细分市场?

企业在进行商业模式设计前必须先明确采用该模式的项目是否具有市场需求或可开发的潜在需求,只有符合市场需求的产品或服务才能获得可持续性的发展。在确定了具备需求的基础上,进行后续的商业模式的设计才具有实际意义。企业可通过开展市场调查和消费者心理分析,来确定市场的需求动向以及该需求量是否形成可进行批量生产的规模或可持续发展的规模。当市场需求形成一定的规模后,还需确定本企业满足市场需求的可能性,否则就会出现前些年我国众多的企业纷纷折戟汽车市场的现象。在企业具备了抓住市场机会的能力后,企业需要锁定一个相对狭窄的市场,对其市场容量、市场偏好及消费者对于转换成本的接受程度进行分析,进而帮助企业进一步地了解市场。

(二)选择产品和对产品进行定义

在了解了客户的需求后,企业需要考虑为创意寻找现实的载体,即产品或服务。这是企业价值实现的基础。解决这一问题,需要回答下列问题。

第一,确定企业生产什么产品或提供什么服务?

第二,产品或服务的价值如何体现?

产品或服务是连接企业和客户的纽带,是企业价值的载体,只有良好的产品或服务才能使企业价值得到更好的实现。对此,需要在对市场进行分析的基础上,研究什么样的产品或服务能够满足客户的需求,以及产品或服务如何定位的问题。完整的产品由三个层次组成。

第一层是核心层,主要包括性能、指标、功能、品质等,是产品发挥作用的关键因素。

第二层是外围层,主要是增值服务,目的是让客户更好地体验核心产品的功效,比如售前/售后服务、电话咨询服务等。

第三层是外延层,主要是客户体验与感觉。

要完成对完整产品或服务的确定可运用 FAB 分析法进行分析,F(Features)是指产品具有什么特点和属性,A(Advantages)是指该产品或服务与同类型的产品或服务相比,具有哪些相对优势,B(Benefits)是指带给顾客的利益和价值。此外,还需对产品或服务进行定位,其中一项主要的工作就是定价。定价方法可以分成优质优价、优质同价、同质低价、低质低价四种,企业需根据自己的客户层次选择适合的定价方法,只有这样才能满足客户的需求。

(三)对财务数据进行分析

财务是维持企业运转的基础,企业发展的各个环节都离不开财务的支持。良好的商业模式也是如此。没有财务的支撑,再完美的商业模式也只能如昙花一现。对财务数据的分析是构建商业模式中的重要板块,这部分内容包括对三个问题的解答。

第一,企业的哪些活动会消耗成本?

第二,维持企业运转的资金从哪里来?

第三,企业的收入从哪里来?

解决了这三个问题,基本上也就解决了企业的财务问题,保障了企业的运转。

(四)建立合理高效的组织保障体系

在解决了上述问题之后,企业还需要一个与之匹配的主体框架来确保商业模式的运转和企业价值的实现。这就需要进一步地健全组织结构,提供组织保障。组织保障体系的建立需要回答以下问题。

第一,企业的业务流程有哪些?

第二,哪些是企业的核心业务?

第三,企业的核心资源和能力是什么?

第四,企业的重要关系网络能带来什么样的利益?

第五,怎么将产品或服务传递给消费者?

第六,企业通过什么途径与客户建立联系?

组织保障体系的建立主要包括两部分内容。

第一,企业如何生产最优的产品或提供最优的服务,这一工作包括设计和改进企业的业务流程,确定维持企业运转的关键活动和核心能力,分析、了解并构建优质的伙伴关系网络等,以此实现企业生产或服务环节的最优化。

第二,企业如何将产品或服务传递给最广泛的客户群体。这一工作主要是实现企业的价值主张,即通过产品价值的转移实现企业价值。

首先,企业要确定通过哪种渠道将产品传递给客户,即确定分销渠道,如"安利"通过直销的形式使其产品进入市场,从而节省了大量中间成本,而"康师傅"构建了多种渠道模式,既有直销渠道,也搭建了中间经销渠道,最大程度地扩展市场。

其次,企业要通过何种途径与客户建立联系,报纸、广告、互联网还是其他途经。

最后,企业还要确定如何为客户提供服务,从而提高客户的满意度和忠诚度。

通过上述几个步骤,企业才能设计出具有价值和竞争力的商业模式。在确定商业模式之后,仍需要实践的检验,只有经过实践检验的商业模式才能使企业在竞争中得到快速、持续的发展。

五、商业模式设计的方法

大量的事实表明,商业模式的设计方法并不是很难,按照商业模式的来源可分为以下几种方法。

(一)全盘复制

全盘复制即拿来主义,是指将其他优秀企业的商业模式直接拿过来进行复制,当然并不是所有企业的商业模式都能进行全盘复制,很多时候需要根据企业的实际发展进行适当的调整。这种全盘复制的方法主要适用于同一行业,尤其是属于相同的细分市场或拥有相同或相似产品的企业。

1. 全盘复制的优点

第一,企业可以节约大量的进行市场调查、商业模式规划等活动的时间和成本,在最短的时间内抓住商机,抢占市场。

第二,已有的商业模式较为成熟,企业可选择优秀的商业模式进行复制,同时可以根据该商业模式的发展经验避开其短板。

2. 企业在全盘复制优秀企业的商业模式时应注意的问题

第一,要选择正确的标杆企业。

第二,要抓住时机,把握机会,当一种新的商业模式成功之后,会成为许多企业争相模仿的对象,在这个时候谁能抢先复制,谁就有可能取得先发优势。

第三,要注意商业模式复制后的适应性,每个企业都是不同的,在复制商业模式化时,需要根据企业的自身情况进行相应的调整,从而真正地符合企业发展的实际需要。

(二)借鉴创新

借鉴创新是在对标杆企业已有模式基础上进行的商业模式的再设计。通过学习和研究优秀的商业模式,尤其是同行业优秀企业的商业模式,了解这些商业模式中的核心内容和创新点,将其与本企业的商业模式进行对比,有利于发现和弥补本企业商业模式中的不足,从而进一步完善本企业商业模式。同时,借鉴优秀的商业模式的核心内容和创新点,学习其商业模式独特的设计思路,有利于启发本企业商业模式的设计思路和角度。

(三)调整改革

调整改革是指企业在发展过程中发现自身商业模式的不足,根据自身的发展经验进一步完善商业模式的方式。这是一种商业模式的自我调整,也是企业在发展过程中使用最多的方式。各种环境的变化诸如技术进步、国家政策的调整、自然环境的改变、企业文化的变革产品或服务的变化等,都会给商业模式带来一定的影响。为了更好地促进企业的发展,需要对企业的商业模式进行调整改革,从而与企业的发展需求相匹配。这也说明了一个成功的商业模式并不是一成不变的,好的商业模式需要具备动态性和灵活性。

(四)发明创造

发明创造,是指创造一种全新的、未曾出现过的商业模式。任何一个新创的企业都想创建一种全新的商业模式来打破现有的商业格局。然而,商业模式的发明并不是一件容易的事。那么,怎样才能发明一种新的商业模式呢?根据经验显示,企业应根据市场的需求寻找到产品创新的源泉,或是用全新的思维来对当前行业的商业模式进行改革甚至颠覆。

企业在进行商业模式的设计时,需要根据企业自身的实力和所处的竞争环境,选择适合自己的商业模式。只有这样设计出来的商业模式才能够在企业发展的过程中发挥出有效的影响力。

六、检验商业模式的方法

(一)商业模式的合理性检验

商业模式是否科学,决定了创业能否成功。可以通过对收入来源、成本构成、所需投资额等内容进行分析,来判断商业模式的合理性。

1. 收入来源

收入来源形式有单一的收入、多种相互独立的收入、多种相互依存的收入,具体收入模式包括会员费、基于使用量的收费、基于广告的收入、授权费、交易佣金等。

2. 成本构成

成本构成主要包括固定成本、可变成本、非再生成本,以及成本结构分析,投资者可以用累积现金流图来分析。

3. 所需投资额

所需投资额分析的内容主要包括创业需要的最大投资额、企业何时能够实现盈亏平衡、何时能够收回所有投资。

(二)假设前提分析法

假设前提分析方法是通过对构建商业模式的前提进行分析和评估,实现分析和评估商业模式本身目的的方法。商业模式构建或创新的过程是测试商业理论设想是否正确的过程。该分析法的出发点是,每个商业模式的实施都是以假设前提作为先决条件的,商业模式是否可行、是否有效益,关键在于假设前提条件是否成立。在讨论和选择商业模式时,可以不直接讨论商业模式本身而讨论它的假设前提。就是先寻找、挖掘出我们决策、思考时的"假设与前提",然后探讨假设与前提是否正确,如果能够推翻传统决策,那么,创新的可能就出现了。假设前提分析法的优点有以下几方面。

第一,由于一般只讨论商业模式的前提而非讨论商业模式,所以可以排除设计者的偏见和干扰,使谈论者都能比较客观地分析问题,摆脱具体问题的束缚,增加方案的可信性和可靠性。

第二,只讨论假设条件,能够比较容易地集中正确的意见,保证商业模式合理可行。

第三,通过前提分析可以对商业模式进行更深刻的分析,使商业模式选择更有把握,从而减少失误。

许多创业者对行业的假设过于乐观,比如潜在市场很大,企业可以很快拥有更多市场份额,可以实现许多收入和利润。其中,有两个重要的假设:一个是市场可以有较快的增长速度,另一个是企业能够抓住机会,在足够的资本支持和合适的成本情况下得到相应的份额,获得相应的利润。然而这些假设常常经不起推敲。

(三)数值检验

数值检验即检验商业模式能否赚钱、赚谁的钱、达到怎样的规模才能赚钱、赚多少钱,可以通过定性和定量两种方式进行检验。

1. 定性检验

定性检验是指根据逻辑思维和逻辑推理,依靠经验综合分析判断事物的未来状态。经常采用的定性检验方法有专家会议德菲尔调查、座谈等方法。

2. 定量检验

定量检验是指通过历史数据找出其内在规律,运用连贯性原理和类比原理,对未来事态的数学运算进行量化预测。应用比较广泛的定量检验方法有时间序列预测法、相关因素预测法、成本决策、保本点预测、信用分析、流动资金预测、企业经济增长预测等。

管理人员可以对市场规模和盈利能力、消费者行为和心理、竞争对手的策略和行为等进行分析和估计,从而估计成本、收入和利润的量化数据,并对经济可行性进行评估。

七、构建商业模式应注意的问题

一般来说,构建商业模式需要注意以下问题。

(一)明晰企业利润结构

构建一个成熟的商业模式必须要能将成本、收入结构和计划的利润目标都清楚地展现出来,让股东知道将来如何收回。为了实现利润目标,商业模式中成本和收入结构的设计内容必须包括定价方法、销售方式、收费方式、收入来源比例、各项活动的成本价值链和利润分配方法。具体通过市场分析确定需求,再由此规划能实现利润的成本和收入结构,以期实现企业利润目标。

(二)紧抓市场需求

对于一个企业来说,构建商业模式时首要考虑的问题就是市场上不同客户的需求。新企业可采取市场区隔分析的方法来明确客户的需求,进而寻求产品在市场中的定位。大众市场的市场细分程度高,基本上都被现有厂商以各种各样的类似产品占领所有权,一个创新的、差异化的产品,要立即挑战大众市场是几乎不可能的。因此,在构建商业模式时,需要充分运用市场细分分析来寻找未被满足的需求,并以差异化的产品来应对市场需求。而新兴科技领域市场尚未完全成形,客户需求还不是特别明确,企业对目标客户的了解也十分匮乏,往往缺乏具体的客户需求信息。因此,在构建新的商业模式时,企业必须找到相对明确的自利性市场需求。

(三)突出企业竞争优势

一个好的商业模式需要表明,企业可以有效地在有利可图的市场上突显其产品,并创造价值来满足客户的需求。同时,商业模式需要显示其保持竞争优势的能力,并努力以各种方式与其他公司展开竞争。例如,知识经济领域的大多数新型企业和商业模式都可以得到积极的回应。

第三节　商业模式的特征与创新

一、商业模式的特征

经过多年的研究和发展,企业现有的商业模式发生了重大的变化,在不同的时期商业模式表现出了不同的形式。商业模式的发展形态和企业发展过程中所处的社会环境、商业环境息息相关。比如,在计划经济时期,我国企业发展的商业模式呈现出比较单一的形态;而在改革开放后,我国的社会经济发生了巨大的变化,整个社会的商业气息日益浓厚,此时企业发展的商业模式开始发生了改变。各种不同形态的商业模式层出不穷,极大地促进了社会经济的发展,尤其是互联网技术的日渐成熟推动了电子商务的发展,也极大地改变了社会整体的商业模式。但不论什么形式的商业模式都有以下三个基本特征。

第一,商业模式是一个整体的、系统的概念,由不同的要素组合而成,形成一个整体,如收入模式、向客户提供的价值、组织架构等,这些都是商业模式的重要组成部分,但并非全部。

第二,商业模式的各个组成要素之间存在紧密的内在联系。商业模式的各个要素之间互相支持,共同作用,形成一个良性循环。

第三,商业模式不是一成不变的。一个企业的商业模式会随着企业所处环境的变化而进行调整或变革。在创业初期,商业模式会随着企业的发展和与合作伙伴的关系变化、核心业务的变化、核心资源的变化等而产生改变。因此,企业在发展的过程中需根据自身的实际需要不断地进行商业模式的更新。

二、商业模式的创新

(一)商业模式创新的类型

商业模式创新以客户为出发点,采取主动的市场导向,面向双边市场,在价值模式、运营模式、营销模式、盈利模式等多种商业模式的关键环节进行系统创新,最后实现客户价值跨越式增长,创造新市场或重组现有产业结构,转变竞争规则和本质,使企业获得超额利润和快速增长。这是一种以思维转变为特征的范式创新,这是一个全新的创新。根据研究,商业模式创新有以下三种类型。

1. 商业定位创新

企业通过帮助客户解决问题或提供良好的服务来找到客户并获得业务和收入。商业定位包括三个部分。

第一,目标客户。

第二,价值主张。

第三,产品特性。

从这三个角度出发,实现商业定位的创新。

2. 企业制度创新

企业通过不断发现需求、满足需求发现机会,业务系统的主要依据是满足目标客户的价值主张。实现企业制度的创新,可以从两个方面进行。

(1)过程创新

即通过生产过程的创新,使提供的产品和服务更好。

(2)供应链创新

即通过上下游环节紧密合作实现快速响应。

3. 盈利模式创新

企业的经营绩效最终通过企业的财务数据反映出来,盈利模式的创新就是从最终财务角度考虑企业的经营模式,可以从两个方面进行。

(1)利润率

利润率不同则商业定位和企业制度不同。

(2)现金流量

现金流量不同,对应的经营方式不同。

(二)商业模式创新的途径

每种商业模式创新都可以为企业带来竞争优势。但随着时间的推移,消费者的价值取向从一个行业转向另一个行业时,企业必须重新思考和调整其商业模式。由于行业种类繁多,宏观和微观经济环境在不断变化,没有一个特定的商业模式可以保证在所有条件下都能获取利润。商业模式必须根据客户需求的变化和市场竞争的演变进行调整和改变。埃森哲管理顾问公司基于与公司管理层和市场分析师的交流总结了如下商业模式创新的途径。

1. 通过量的增长扩展现有商业模式

Grainger 是一家美国 B2B 企业，为全球多家企业、承包商和机构客户提供从设备、部件到办公室设备和日常护理产品的一切服务。该公司一直试图让客户通过分支机构、电话、传真、印刷目录、在线订购等多种方式订购，以方便客户。此外，该公司通过引导业务拓展新领域，扩大客户群，调整价格，在现有商业模式基础上增加产品线和服务类别，扩大了现有商业模式。

2. 更新已有商业模式的独特性

这种方法的重点在于企业为了应对来自价格战的竞争压力而向客户提供更多附加价值。以全球领先的半导体测试设备供应商 Teradyne 为例，它以创新的产品赢得客户，但其利润来自产品升级和周到的服务。Teradyne 为了振兴其商业模式，定期向市场推出突破性产品，从而提高公司竞争力。

3. 通过兼并重构商业模式

不少公司通过买卖业务来重新建立自己的商业模式。例如阿里巴巴公司开展一系列并购和控股活动，从互联网 B2B 交易平台开始，发展涵盖信用支付网络沟通、网络金融、医疗、影视、交通等多元化的商业模式，旗下包括淘宝商城、支付宝、聚划算、天猫等。

4. 在新领域复制成功

在某些情况下，企业准备将新产品引入新市场，等同于在新的条件下复制其原有商业模式，然后利用公司强大的品牌营销能力为这些产品注入新的活力。如 Gap 是美国著名的服装公司，该公司运用品牌营销和产品管理知识，复制很多"新酷品牌"的商业模式。

5. 从根本上改变商业模式

从根本上改变商业模式在 IT 行业尤其普遍，如大型跨国公司 IBM、惠普，国内公司联想、神州数码等。他们将商业模式从销售个人电脑转向系统集成和电子商务。这一举措意味着整个企业在组织、文化、价值和能力等方面有根本性的转变。有些企业逐渐失去产品优势，产品附加值不高，因此试图向上游或下游扩张，或从制造业扩展到提供服务或解决方案，而这个时候，挑战就在于从根本上改变商业模式。

第十二章 大学生创办新企业实践

经过了理论准备阶段之后,大学生必须着手创办新企业,在创办新企业的过程中,大学生一定要熟悉企业创办的流程、编写公司的相关文件,同时还要设计企业的股权结构,除此之外,还要对企业进行管理。本章即对这些内容进行简要阐述。

第一节 新创企业注册流程

一、企业注册流程

企业注册的一般步骤如图12-1所示。

(一)核名

注册公司第一步就是公司名称审核,即查名。创业者需要通过市工商行管理局进行公司名称注册申请,由工商行政管理局三名工作人员进行综合审定,给予注册核准,并发放盖有市工商行政管理局名称登记专用章的《企业名称预先核准通知书》。此过程中申办人需提供法人和股东的身份证复印件,并提供2~10个公司名称,写明经营范围,出资比例。公司名称要符合规范。

(二)租房

根据《公司法》和《物权法》的规定,公司注册的商业产权证上的办公地址最好是写字楼,对大学生创业者来说,目前有很多经济园区或孵化机构可以免费或优惠提供公司住所。去专门的写字楼租一间办公室,如果你自己有厂房或者办公室也可以。租房后要签订租房合同,并让房东提供房产证的复印件。

```
    ┌─────────────┐
    │     核名     │
    └──────┬──────┘
           ↓
    ┌─────────────┐
    │     租房     │
    └──────┬──────┘
           ↓
    ┌─────────────┐
    │  编写公司章程  │
    └──────┬──────┘
           ↓
    ┌─────────────┐
    │ 特殊经营范围审批 │
    └──────┬──────┘
           ↓
    ┌─────────────┐
    │  办理公司登记注册 │
    └──────┬──────┘
           ↓
    ┌─────────────┐
    │ 办理公章、财务章 │
    └──────┬──────┘
           ↓
    ┌─────────────┐
    │  去银行开基本户  │
    └──────┬──────┘
           ↓
    ┌──────────────────┐
    │ 办理税务登记并申领发票 │
    └──────────────────┘
```

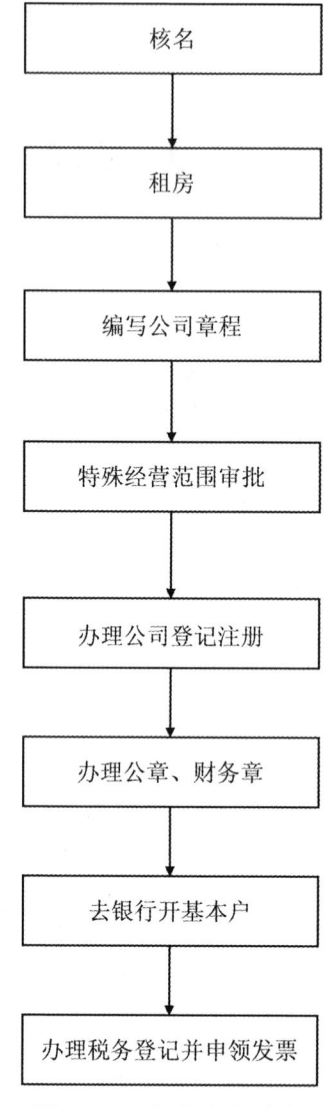

图 12-1　企业注册流程

（三）编写公司章程

可以在工商局网站下载"公司章程"的样本，参照进行修改。章程的最后由所有股东签名。

第十二章　大学生创办新企业实践

(四)特殊经营范围审批

特种行业许可证办理，根据行业情况及相应部门规定不同，分为前置审批和后置审批。如新创企业的经营范围中涉及特种行业许可经营项目，则需报送相关部门报审盖章。特种许可项目涉及旅馆、印铸刻字、旧货、典当、拍卖、信托寄卖等行业，需要消防、治安、环保、科委等行政部门审批。

(五)办理公司登记注册

工商局经过企业提交材料进行审查，确定符合企业登记申请，经工商行政管理局核定，即发放工商企业营业执照，并公告企业成立。相关材料包括公司章程、名称预先核准通知书、法人和全体股东的身份证、公司住所证明复印件(房产证及租赁合同)、前置审批文件或证件、生产性企业的环境评估报告等。当以上资料全部准备完整之后，就可以向工商行政管理局申请公司的登记注册了，它主要包括以下几个步骤。

(1)凭《企业名称预先核准通知书》，向公司登记机关领取相应的公司登记注册申请表，然后填写表格内容，主要包括公司名称、地址、股东、法定代表人等信息。

(2)准备所有工商局要求的资料，具体包括以下内容。

第一，法定代表人及自然人股东的相片，一般为大一寸相片，黑白或彩色都可以。

第二，所有股东的身份证原件及复印件，如果股东有企业法人，则必须准备其营业执照的原件及复印件。如果法定代表人的户口不在公司注册的所在地，必须办理在当地的暂住证。

第三，公司董事长签署的设立登记申请书。

第四，全体股东指定代表或者共同委托代理人的证明。

第五，公司章程。

第六，载明公司董事、监事、经理的姓名、住所的文件以及有关委派、选举或者聘用的证明。

第七，企业名称预先核准通知书。

第八，公司住所证明(房屋产权证或能证明产权归属的有效文件。租赁房屋还包括使用人与房屋产权所有人直接签订的房屋租赁协议书或合同)。

第九，有的工商局还会要求提供其他一些证明，如自然人股东的计划生育证明(结婚证或未婚证)、特殊行业的前置审批及其相关文件，最好在注册之前先到工商局问清楚，使材料能够一次性准备齐全。

(3)由公司全体股东(发起人)指定的代表或共同委托的代理人将上面

所有的材料递交给工商局。工商局收到申请人的全部材料后,发给《公司登记受理通知书》。

(4)工商局发出《公司登记受理通知书》后,对提交的文件、证件和填报的登记注册书的真实性、合法性、有效性进行审查,并核实有关登记事项和开办条件。

(5)予以核准的,工商局则会在核准登记之日起 15 日内发《企业法人营业执照》,公司法定代表人按规定的时间到登记机关办理领照手续、缴纳登记费及有关费用后,公司法定代表人持缴纳费用的凭证、《公司登记受理通知书》和身份证在领照窗口领取《企业法人营业执照》。如法定代表人因事不能前来办理领照手续的,可委托专人持法定代表人亲笔签名的委托书及领照人身份证(原件)代领。领取《营业执照》时,必须按规定缴纳登记费,标准如下。

第一,领取《企业法人营业执照》的,设立登记费按注册资本(金)总额的千分之一缴纳。

第二,注册资本(金)超过 1000 万元的,超过部分按千分之零点五缴纳。

第三,注册资本(金)超过 1 亿元的,超过部分不再缴纳。

(六)办理公章、财务章等

公司成立后,需提供营业执照、证明法定代表人身份的材料到公安局进行审批,由指定的印章刻印单位刻印。企业印章要严格管理,印章的使用必须经本单位负责人批准。使用非法印章的,应当依情节依法处罚。因组织变更而暂停使用的,应当将印章退回发证机构保存或者销毁。印章主要包括:

第一,公司公章。

第二,财务专用章。

第三,法定代表人私章。

第四,合同专用章。

第五,发票专用章。

(七)去银行开基本户

在银行开设银行账户是与银行建立关系的基础。依法规定,每个独立的经济单位必须在银行开户,结算单位之间的支付。除现金外,各经济单位必须通过银行账户结算支付。银行账户包括基本账户、一般账户、特殊账户、临时账户等。企业成立之初,需要先开设一个临时账户。企业取得营业执照后,原则上应将临时账户转为基本账户,也可以申请取消,另外开立一个基本账户。

(八)办理税务登记并申领发票

依法纳税是每个公民必须承担的社会责任。创业者必须在营业执照核发后 30 日内,分别到国税局和地税局领取并填写申请税务登记表。申请税务登记需要提供全部相关证件和资料。办理税务登记必须准备以下材料。

第一,《企业法人营业执照》(一般是副本)原件及复印件。

第二,法定代表人身份证原件及复印件。

第三,公司财务人员的会计证。

第四,办税人员身份证原件及复印件。

第五,银行开户许可证复印件。

第六,银行账号证明文件。

第七,公司章程复印件。

第八,公司住所的产权证明。

第九,填写税务登记表(可以事先向所在地税务局领取),并加盖公司公章。税务局(国税局和地税局)收到以上材料后,进行审核,如果通过则发《税务登记证》(国税和地税是分开的两份证)。

全部公司注册事宜结束后,企业即进入正常经营阶段。

二、企业开办的注意事项

(一)法人资格

法人是具有民事权利能力和民事行为能力,依法独立享有民事权利和承担民事义务的组织法人。企业或机构都必须由董事会任命法人代表,内资企业法人代表可以是有选举权的守法中国公民,不一定占有股权。法人代表不应有税务不良记录,否则会带来不必要的税务困难。

(二)公司住所

根据《公司法》和《物权法》的规定,公司注册的商业产权证上的办公地址最好是写字楼,对大学生创业者来说,目前有很多经济园区或孵化机构可以免费或优惠提供公司住所。

(三)注册资金

个体户和分公司是不需要注明注册资金的,注册资本实行认缴制后,取消了最低注册资本的要求,而且首次不需要实际出资,也无须再提供验资报告,这大大降低了注册公司的成本。

(四)银行开户

领取营业执照后,需去银行开立基本账号,各个银行开户,要求略有不同,开基本户需要提前准备好各种材料,一般包括营业执照正本原件、身份证、组织机构代码证、公司财务章、法人章等。基本存款账户是存款人因办理日常转账结算和现金收付需要开立的银行结算账户,是存款人的主办账户,存款人日常经营活动的资金收付及其工资、奖金和现金的支取,应通过该账户办理。

(五)税务登记

税务是公司注册后涉及比较重要的事务,一般要求在申领营业执照后的30天内到税务局办理税务报到程序,核定税种税率,办理税务登记证等。另外,每个月要按时向税务局申报税,即使没有开展业务不需要缴税,也应进行零申报。

第二节 编写公司相关文件

企业注册相关文件主要指企业登记注册时办理工商、税务、开户业务时所需提供的一系列文件材料,每个流程要求提供的文件材料有所不同,部分文件需要编写,有些只需按规定表格填写或提供证明材料即可。

一、授权委托书的编写

授权委托书是由全体股东在股东成员中指定某个成员作为到公司登记机关申请设立登记的代表,或者全体股东共同委托股东以外的人来代理股东进行申请登记注册活动的证明文件。该文件的法律形式应是委托书,委托书应由全体股东盖章或者签字。股东是法人的应加盖印章,股东是自然人的,应签署姓名。委托书应附有被委托人的身份证复印件。

二、合伙协议的编写

根据《中华人民共和国合伙企业法》有关规定,合伙协议应当具备的条款如下。

第一,合伙企业的名称和主要经营场所的地点。
第二,合伙目的和合伙经营范围。
第三,合伙人的姓名或者名称、住所。
第四,合伙人的出资方式、数额和缴付期限。
第五,合伙事务的执行。
第六,利润分配、亏损分担的方式。
第七,争议解决的办法。
第八,入伙与退伙。
第九,合伙企业的解散与清算事项。
第十,违约责任的承担。

三、公司章程的编写

公司章程是创业企业组织和活动的基本准则,应当高度重视,经全体股东充分讨论通过后,才能撰写定稿。公司章程主要内容包括以下几点。

(一)相对必要记载事项

记载相对必要记载的事项,目的在于使相关条款在公司与发起人、公司与认股人、公司与其他第三人之间发生约束力。判断相对必要事项的标准如下。

第一,如果予以记载,则该事项将发生法律效力。
第二,如果记载违法,则仅该事项无效。
第三,如不予记载,也不影响整个章程的效力。

(二)绝对必要记载事项

绝对必要记载事项是指公司章程必须记载、不可缺少的法定事项,缺少其中任何一项或任何一项记载不合法,整个章程即无效。绝对必要记载的事项包括以下几方面。

第一,公司名称和住所。
第二,公司注册资本。
第三,公司经营范围。
第四,股东的姓名或者名称。
第五,股东的出资方式、出资额和出资时间。
第六,公司法定代表人。
第七,股东会议认为需要规定的其他事项。

（三）任意记载事项

任意记载事项是指法律未予明确规定，由章程中章程制定人根据本公司实际情况任意选择记载于章程的事项。股东会或股东大会认为需要规定的其他事项属于任意记载事项。

四、发起人协议的编写

在股份有限公司设立的过程中，发起人在从事设立活动之前往往会就公司设立过程中的相关事项、发起人之间的权利义务进行约定，订立协议，以明确各自在公司设立过程中的权利和义务。一般来说，发起人协议应包括以下内容。

第一，确定将成立公司的经营项目、宗旨、范围和生产规模。
第二，初步确定公司的资本总额，各发起人认购的份额、出资方式。
第三，各发起人在公司设立过程中的任务分工。
第四，其他事项，包括公司名称和住所，公司组织机构和管理等。

第三节　企业股权结构设计

一、掌握合伙人选择要点

（一）合伙人的标准

选择合伙人的标准如下。
第一，资源互补，取长补短。
第二，各自独当一面。
第三，背靠背，互相信任。
第四，最好能共同出资。

（二）不适合做合伙人的人

1. 不同理念者

有不少人才华横溢，对合伙人团队来说很有吸引力。但是如果双方的价值观念有比较大的差异,则会"道不同不相为谋",迟早会在创业道路分道扬镳,给企业造成严重的损失。

2. 早期员工

刚开始彼此都不是太理解,早期吸收为合伙人,给彼此太多期望,都会存在后患。所以,要留有观察期,让双方相互了解、相互选择。

3. 兼职者

既然是兼职的,就不会全身心投入,对方可以给你兼职,也可以给别人兼职。

4. 不能保证持续资源的提供者

如果对方是资源提供型,他是否可以保证持续持有资源？如果对方是资源不稳定者,就不适合做合伙人,可以做顾问的形式来共享利益。

5. 专家顾问

正常情况下,不会就一个项目邀请专家顾问做你的合伙人,但可以作为智力支持,比如财务、法律、商业模式、融资理财顾问等。

二、掌握股权结构设计原则

股权结构设计的原则包括以下几方面。

(一)核心股东只能有一个

整个团队只能有一个核心股东,这个核心股东能够掌控局势,能够享有充分的公司控制权,关键时刻做出决策。

(二)股权结构简单、明晰

1. 简单

简单是指股东不要太多人,初创公司最科学的配置是3人左右,这样合伙人相对容易沟通。

2. 明晰

明晰是指股东数量和股比、代持人、期权池等。

(三)股东资源优势互补

团队中除了核心股东外,其他股东也发挥着重要的作用。每一位初创股东都要能为公司创造价值,而且是他人不可取代的价值。

三、明晰股权结构设计方法

(一)公司初始股权结构的设计

创业之初,如果只有一个股东,即可成立一人有限责任公司,100%拥有股权。如果是2人或2人以上股东则适合一起成立有限责任公司,则持股比例尽量避免持平。创始人要对公司具有绝对控制权,持股比例需要超过2/3。

(二)融资过程中的股权结构设计

不论是第几轮融资,相对其他因素来说融资期间的股权结构变化是对公司控制权影响最大的。因为融资协议规定的事项,不但涉及本轮融资之后权利的变化,还涉及下一轮融资时投资人、创始人退出的权利安排。但是如果公司在成立之初的股权比例就有问题,那需要创始人之间调整好之后再谈融资计划。

(三)设计合适的保护控制权的法律条款

随着公司不断发展壮大,除了创始人和投资人之外,还会有高管和员工加入公司。为调动大家工作的积极性,股权或者期权的激励机制是非常好的方式。创始人在这时往往会想建立股权期权激励制度的同时,如何让公司的控制权还牢牢地掌握在自己手里。常用的方式有期权、代持、持股公司、一致行动计划等。

企业的每个股东对企业的贡献肯定是不相等的,而股权比例对等,即意味着股东贡献与股权比例不匹配,这种不匹配到了一定程度,就会造成股东矛盾。因此,这种股权结构出问题是早晚的事。

第四节　大学生新创企业的管理

一、新创企业的人力资源管理

人力资源管理是指组织为了获取、开发、保持和有效利用在生产和经营过程中必不可少的人力资源,通过运用科学、系统的技术和方法所进行的计划、组织和控制活动,以实现组织既定目标的管理过程。

(一)新创企业人力资源管理的特点

新创企业人力资源管理具有显著特点,概括来说主要包括以下几方面。

1. 用人机制较灵活

新创企业的业务具有短、平、快的特点,对人员的要求相对比较灵活。这主要表现在以下两方面。

第一,新创企业并不一味追求员工学历等硬性指标,更看重具有相似工作经历,能够迅速胜任岗位的业务熟手。

第二,企业在创立之初分工不明确,急需一专多能的"多面手"员工,具有较高灵活性、创造性、适应性。

2. 组织层次较少

新创企业由于规模小、资金薄弱、缺乏知名度,在机构设置上要求精减人员、控制成本、反应灵活,其组织结构一般较少,决策权往往集中在创业者手中,决策与执行程序相对简单,这使新创企业可以高效决策、快速执行。

3. 家族制管理占主导

新创企业由于制度不完善,个人主义管理色彩比较浓,创业者与骨干员工之间多存在血缘、乡缘、学缘等关系,使企业带有浓厚的家族色彩,感情管理大于制度管理。

(二)新创企业人力资源管理的内容

1. 人力资源规划

人力资源规划是根据组织的发展战略、组织目标及内外环境的变化,预测未来的组织任务和环境对组织的要求,为完成这些任务和满足这些要求面提供人力资源的过程。组织的人力资源规划,立足于组织的中长期发展,根据组织的近期经营需要提出对于人力资源的具体需求,找出供给的缺口。以使人力资源的供求得到平衡,保证组织目标的实现。

(1)人力资源规划的程序

为了能够达到预期的目的,在进行人力资源规划时需要按照一定的程序来进行,一般包括以下四个步骤。

①准备阶段

由于影响企业人力资源供给和需求的因素很多,为了能够比较准确地做出预测,就需要调查收集和调查与之有关的各种信息,这些信息主要包括内部环境信息、外部环境信息和现有人力资源的信息。

A. 内部环境信息

内部环境信息包括两个方面。

第一,组织环境的信息,如企业的发展战略、经营规划,生产技术以及产品结构等。

第二,管理环境的信息,如公司的组织结构、企业文化、管理风格、管理结构以及人力资源管理政策等,这些因素都直接决定着企业人力资源的供给和需求。

B. 外部环境信息

外部环境信息包括两类。

第一,经营环境信息,如社会的政治、经济、文化及法律环境等。

第二,直接影响人力资源供给和需求的信息,如外部劳动力市场的供求状况、政府的职业培训政策、国家的教育政策以及竞争对手的人力资源管理政策等。

C. 现有人力资源的信息

现有人力资源的信息即对企业现有人力资源的数量、质量、结构和潜力等进行"盘点",包括员工的自然状况、教育资料、工作经历、工作业绩记录、工作能力及态度记录等方面的信息。

②预测阶段

预测阶段的主要任务是要在充分掌握信息的基础上选择使用有效的预

测方法,对企业在未来某一时期的人力资源供给和需求做出预测。只有预测出供给和需求,才能采取有效的措施进行平衡。

③实施阶段

在供给和需求预测出来后,就要根据两者之间比较的结果,通过人力资源的总体规划和业务规划,制定并实施平衡供需的措施,使企业对人力资源的需求得到正常的满足。

④评估阶段

评估包括两层含义。

第一,指导在实施的过程中,要随时根据内外部环境的变化来修正供给和需求的预测结果,并对平衡供需的措施做出调整。

第二,要对预测的结果以及制定的措施进行评估,对预测的准确性和实施的有效性做出衡量,找出其中存在的问题及有效的经验,为以后的规划提供借鉴和帮助。

(2)人力资源规划的内容

人力资源规划包括两个层次,即人力资源整体规划和人力资源业务规划。

人力资源整体规划是针对计划期内人力资源规划结果的总体描述,包括预测的需求和供给分析是多少,这些预测的依据是什么,供给和需求的比较结果是什么。企业平衡供需的指导原则和总体政策是什么等。在整体规划中,最主要的内容就是供给和需求的比较结果。进行人力资源规划的目的就是得出这一结果。

人力资源业务规划是总体规划的分解和具体化,包括人员补充计划、人员配置计划、人员培训开发计划、工资激励计划、员工关系计划和退休解聘计划等内容。每一项都应设定出自己的目标、任务和实施步骤等。

2. 工作分析

(1)工作分析的程序

工作分析的程序如下。

①准备阶段

准备阶段的任务是了解有关情况,建立与各种信息渠道的联系,设计全盘的调查方案,确定调查的范围、对象与方法。

②调查阶段

调查阶段的主要工作是对整个工作过程、工作环境、工作内容和工作人员等主要方面做一个全面的调查。

③分析阶段

分析阶段是对调查阶段所获得的信息进行分类、分析、整理和综合的过程，也是整个分析活动的核心阶段。

④总结及完成阶段

总结及完成阶段的主要任务是在深入分析和总结的基础上编制工作说明书和工作规范。

(2)工作分析的内容

通过工作分析，我们要回答以下两个主要问题。

第一，"某一职位是做什么事情的?"这一问题与职位上的工作活动有关，包括职位的名称、工作职责、工作要求、工作场所、工作时间以及工作的条件等一系列内容。

第二，"什么样的人来做这些事情最适合?"这一问题则与从事该职位的人的资格有关，包括专业、年龄、必要的知识和能力、必备的证书、工作经历以及心理要求等内容。

(3)工作分析的方法

工作分析的方法主要有以下几种。

①访谈法

访谈法主要是由工作分析专家与被分析工作的任职者就该项工作进行面对面的谈话，是应用最广泛的职务分析方法，适用于工作任务周期长、工作行为不易直接观察的工作。

②观察法

观察法即在工作现场运用感觉器官或其他工具对员工的工作过程、行为、内容、特点等进行实地观察，并进行记录，再进行分析与归纳总结的方法。适用于变化少而运作性强的工作。

③工作日志法

工作日志法即由员工本人每天按时间顺序详细地记录自己的工作内容、工作负荷、责任权力及感受等内容，在此基础上进行工作分析的方法。

④问卷调查法

问卷调查法是采用问卷来获取工作分析中的信息，实现工作分析的目的。问卷法适用于脑力工作者、管理工作者或工作不确定因素很大的员工。

⑤典型事例法

典型事例法是对实际工作具有代表性的工作者的工作行为进行描述。这是由职务专家向一些对某职务各方面情况比较了解的人员进行调查，要求他们描述该职务半年到一年内能观察到并能反映其绩效好坏的一系列事件来获得工作信息，从而达到分析目的的方法。

第十二章　大学生创办新企业实践

3. 招聘

员工招聘是指组织根据人力资源规划,按照一定的程序和方法,招募、挑选、录用具备资格条件的应聘者担任一定职位工作的系列活动。

(1)员工招聘的基本程序

员工招聘的基本程序包括以下几方面。

①根据企业人力资源规划,开展人力资源供给和需求预测,拟定人员招聘计划。

②做好招聘准备工作,人力资源会同用人部门要做好招聘前的准备工作,包括以下几方面。

第一,分析拟招岗位的工作任务,确定任职资格和招聘标准。

第二,确定录用标准和工资水平,包括理想的状况和可接受的上下限。

第三,准备招聘宣传材料,包括撰写广告、组织宣传材料等。

第四,准备招聘工具,包括需要填写的表格、面试问卷、笔试试题等。

第五,对招聘小组成员进行招聘工作培训,包括招聘工作基本程序、招聘方法和技巧、公关礼仪等。

第六,做好招聘预算,尤其外部招聘,要对广告费用、测试费用、有关差旅费、办公用品等做出基本估算。

③实施招聘。这一过程是整个招聘活动的核心,也是关键的一环,包括招募、筛选、录用三阶段。

第一,招募阶段。工作内容包括发布招聘信息、接待申请者、组织填写报名表、收集应聘者资料、建立求职者资料库等。

第二,筛选阶段。工作内容包括初步筛选资料、面试及测评。

第三,录用阶段。工作内容包括确定录用人员、上岗培训、试用、签订劳动合同、正式录用等。

(2)员工招聘的渠道

①内部招聘

内部招聘的方法有以下几种。

第一,竞聘、上岗。

第二,内部提升。

第三,工作调换。

第四,工作轮换。

第五,转岗培训。

②外部招聘

外部招聘的方法有以下几种。

第一,招聘广告。

第二,招聘会。

第三,校园招聘。

第四,就业代理机构。

第五,猎头公司。

第六,员工推荐与申请人自荐。

第七,网上招聘。

4. 员工培训

员工培训的方法有很多,概括来说主要包括以下几种。

(1)对管理人员的培训

对管理人员的培训方法主要包括以下几种。

①研讨会

类似于课堂指导,适用于对多人进行培训和开发的情况。

②在职培训

适用于开发仅凭书本、观察不能获得的技能,为管理人员提供实际锻炼的机会,并使他们从错误中得到经验。

③案例教学

通过对一些成文的例子进行分析,有些可能来自受训者的实际工作经历,管理人员可以掌握如何对事实材料进行分解和综合,认识到许多决策时的影响因素,提高决策技能。

④角色扮演

通过扮演其他角色,提高他们理解和处理问题的能力,有助于受训者从另外一个立场来看问题,从而发现不足。

⑤管理游戏法

参加者面临着为一个虚拟组织制定一系列影响组织决策的任务,决策影响组织的效果可以用计算机程序来模拟。

(2)对非管理人员的培训方法

对非管理人员的培训方法主要有以下几种。

①在职培训

在职培训是一种应用最多的培训方法,可以提供常规工作条件下实际锻炼的经验,也为培训人员和新来的员工之间建立一种融洽的关系提供了机会。

②视听培训

可以应用视听设备对许多从事生产性质的员工进行培训,使其掌握工作技能和流程。

③CAI 和 CMI 培训

CAI 即计算机辅助指导,计算机辅助指导系统通过一台计算机终端把培训材料以互联网的形式直接发出去,提供操作及练习,解决问题及模拟,以游戏的方式进行指导及更为先进的个别指导培训。

CMI 即计算机管理指导,计算机管理指导系统利用计算机来随机出题的形式进行测试,以决定受训者的熟练程度,跟踪并指导他们应用学到的适当材料来满足专门的要求等。

④应用互联网培训

互联网具有连续提供最新培训材料的潜能,使得修订培训课程容易且成本较低,利用互联网可以节省旅行和课堂培训的费用,从而降低培训成本。

5. 绩效管理

(1)绩效计划

绩效计划是整个绩效管理过程的开始,这一阶段主要是要完成制订绩效计划的任务,也就是说通过上级和员工的共同讨论,要确定出员工的绩效考核目标和绩效考核周期。

(2)绩效实施

管理者和员工经过沟通达成一致的绩效目标之后,便进入绩效管理的实施阶段。这一阶段需要完成绩效监控、绩效辅导、绩效沟通、绩效信息收集工作。

绩效监控是管理者始终关注下属的各项活动,以保证它们按照计划进行,并纠正各种重要偏差的过程。

绩效辅导是在绩效监控过程中,管理者根据绩效计划,采取恰当的领导风格,对下属进行持续的绩效指导,确保员工工作不偏离组织战略目标,并提高其绩效周期内的绩效水平以及长期胜任素质的过程。

绩效沟通是指考核者与被考核者就绩效考评反映出的问题以及考核机制本身存在的问题展开实质性的沟通,并着力于寻求应对之策,服务于后一阶段企业与员工绩效改善和提高的一种管理方法。

绩效信息的记录和收集是绩效实施环节管理者需要进行的一项重要工作,很多绩效管理失败的原因在于绩效信息的不准确以及管理者考核评价的随意性。信息收集不可能将员工所有的绩效表现都记录下来,应该确保所收集的信息与关键业绩指标密切联系。

(3)绩效考核

绩效考核也叫绩效评价,绩效考核的结果会对人力资源管理的其他职能产生重要影响,也关系着员工的切身利益,受到全体员工的重视,是指企业在既定的战略目标下,运用特定的指标和标准,对员工的工作行为及取得的工作业绩进行评估,并运用评估的结果对员工将来的工作行为和工作业绩产生正面引导的过程和方法。

(4)绩效反馈

绩效反馈的任务是上级要就绩效考核的结果和员工进行面对面的沟通,指出员工在绩效考核期间存在的问题,并共同制订出绩效改进的计划。为了保证绩效的改进,还需要对绩效改进的执行效果进行跟踪。此外,还需要根据绩效考核结果对员工进行相应的奖励。

6. 薪酬管理

薪酬管理是建立一套完整、系统的薪酬体系,实现激励员工积极性的管理活动。

(1)薪酬体系的构成

薪酬体系由经济报酬和非经济报酬构成。经济报酬是指外在的货币化报酬,即基本报酬、福利、津贴和其他一些与货币有关的报酬。其中,基本报酬主要由工资、奖金构成,福利、津贴主要由公共福利、个人福利、生活津贴、地域津贴、劳动津贴等构成。非经济报酬属于非货币化的附加报酬,分为职业性奖励(如职业安全、自我发展和谐的工作环境、晋升机会等),以及社会性奖励(如地位、表扬肯定、荣誉、成就感等)。

(2)薪酬制度

薪酬制度是由企业根据劳动的复杂程度、精确程度、繁重程度和劳动条件等因素,将各类薪酬划分等级,按等级确定薪酬的一种制度。薪酬制度设计是一个系统工程,它以岗位分析与评价、薪酬调查和绩效考核为基础,一般有以下八个步骤(表12-1)。

表 12-1 薪酬制度的步骤

步骤	内容
薪酬调查	了解同行业、地区市场水平及员工薪酬满意度
增资实力	了解公司增资或人力成本承担水平
薪酬结构	确定不同员工的薪酬构成及各构成项目所占比重
岗位评价	确定薪酬等级及固定薪酬岗位、能力以及工资标准

续表

步骤	内容
绩效考核	确定浮动薪酬、奖金或年终分红水平
特殊津贴	确定津贴工资项目及水平
长期激励	确定长期激励方式及激励力度,如股利、分红水平
评估调整	执行薪酬制度,评估公平性、竞争性等特征,及时修正偏差

7. 职业生涯管理

职业生涯管理是组织根据员工个人性格、气质、能力、兴趣、价值观等特点,同时结合组织的需要,为员工制订具体的事业发展计划,并不断开发员工潜能,把员工个人职业发展目标与组织发展目标统一起来,使员工不断获得成长,产生强烈的归属感、忠诚感和责任心,从而最大限度地发挥工作积极性。职业生涯管理可以分为个人职业生涯管理和组织职业生涯管理。

(1)个人职业生涯管理

个人职业生涯管理是以实现个人发展的成就最大化为目的,在职业生命周期的整个过程中,对自己的职业发展计划、职业策略、职业变动和职业位置等做出规划和设计,并为实现自己的职业目标而积累知识、开发技能。一般来说,要做好个人职业生涯管理工作,要认真做好以下每个环节。

第一,确定志向。志向即一个人为之奋斗的最终目标,是事业成功的基本前提。所以,在设计职业生涯时,首先要确立志向。

第二,内外环境分析。在设计个人职业生涯时,应分析环境发展的变化情况、环境条件的特点、自己与环境的关系、环境对自己有利与不利的因素等。只有把自身因素和社会条件作最大限度的契合,才能做到在复杂的环境中趋利避害,使职业生涯设计更具有实际意义。

第三,自我评估。自我评估是对自己的各方面进行分析评价,以达到全面认识自己、了解自己的目的,才能选定适合自己发展的职业生涯路线,才能对自己的职业发展做出最佳抉择,增加事业成功的概率。

第四,职业的选择。职业选择的正确与否直接关系到事业的成功与失败。个人进行职业选择时存在诸多需要考虑的因素,包括性格与职业的匹配、兴趣与职业的匹配、特长与职业的匹配、内外环境与职业的相适应等。

第五,设定职业生涯目标。一个人事业的成败,很大程度上取决于有无正确适当的目标。每个人由于自身条件的不同,所确定的目标也是不同的,但无论确定什么样的目标,都应该遵循相同的规则,即目标要符合社会与组织的需求,目标要符合自身的特点,目标高低的幅度恰到好处等。

第六,制订行动计划与措施。任何美好的理想和想法,最终都必须落实到行动上才有意义,因此在确定了职业生涯目标和职业生涯路线后,就要落实实现目标的具体措施。

第七,职业生涯路线的选择。职业生涯路线是指当一个人选定职业后,是向专业技术方向发展,还是向行政管理方向发展,发展方向不同,各自要求也不同。因此,在设计职业生涯时,必须做出抉择,以便于自己的学习。通常职业生涯路线的选择需要考虑三个问题:我想往哪方面发展?我能往哪方面发展?我可以往哪方面发展?

第八,评估与调整。影响职业生涯设计的因素很多,其中环境变化是最为重要的一个因素。因此,要使职业生涯设计行之有效,就必须不断地对职业生涯设计进行评估与调整。调整的内容侧重于职业的重新选择、职业生涯路线的选择、人生目标的修正以及实施措施与计划的变更等。

(2)组织职业生涯管理

组织职业生涯管理是一种专门化的管理,即从组织角度对员工从事的职业和职业发展过程所进行的一系列计划、组织、领导和控制活动,以实现组织目标和个人发展的有效结合。

第一,确定不同职业生涯阶段的职业开发管理任务。职业生涯分为不同时期或阶段,在各个时期或阶段,员工的职业工作任务、职业行为有所不同,呈现出不同特征。从组织角度讲,就要根据不同职业生涯期的个人职业行为与特征,确定每个阶段具体开发与管理的任务。

第二,帮助员工制定和执行职业生涯规划。职业生涯规划是一个人职业生活的妥善安排,在这种安排下,个人可以依据各计划要点,在短期内充分发挥自我潜能,并运用环境资源获得各阶段的成功,最终达到既定的目标。

第三,有效地进行职业指导。职业指导是指组织帮助劳动者了解自己的生理和心理特点。提供有关现有职业机会及其职业特点的信息,帮助个人选择和获得最合适的职业。职业指导旨在帮助劳动者选择到适合的、满意的职业岗位。

第四,为员工设置职业通道。其一,设置员工职业发展通道。职业通道是员工实现职业理想和获得满意工作,或达到职业生涯目标的路径。组织中的成员,其职业目标可否实现,个人特质、能力至关重要,但如果没有外在条件,个人职业发展是不可能的。其二,为员工疏通职业通道。员工职业发展的障碍,既来自职业工作自身,又来自家庭。所以,组织必须从员工职业生涯发展过程中发现问题、解决问题。这样做既有利于其个人事业进步,又利于组织的发展。

二、新创企业的财务管理

财务管理是根据财经法规制度,按照财务管理的原则,组织企业财务活动,处理财务关系的一项经济管理工作。简单地说,财务管理是组织企业财务活动,处理财务关系的一项经济管理工作。创业财务管理就是处于创业期的企业进行的财务管理活动。

(一)财务管理的目标

创业企业从事理财活动所要达到的目的就是创业财务管理目标。概括来说,创业财务管理的目标主要有以下几种。

1. 利润最大化目标

利润最大化强调了创业企业的生产经营活动的目的在于利润,企业创造的财富可以用利润来表示,利润越多则企业财富增加得越多,距离企业的财务管理目标越近。这一目标简单实用,容易计算和比较。但是也有很大的局限性,如没有考虑货币时间价值因素和风险因素,没有考虑投入资本与创造利润之间的关系,也容易让企业经营者过分关注短期利润。导致短期行为,忽视企业的长期发展。

2. 企业价值最大化

企业价值最大化是企业全部资产的经济价值,是企业资产未来预计现金流量的现值之和。企业不仅是股东的企业,企业价值的增加是股东财富的增加和债务价值的增加合计,而债务价值是可以随着市场利率的波动而波动的。企业价值最大化拥有股东财富最大化具备的所有优点,而且因为考虑了企业的价值而非价格,能克服价格受外界因素干扰的弊端,还兼顾了其他的利益相关者。但是,可操作性差以及难以计算和衡量是其最大的缺点。

3. 股东财富最大化

企业是股东的企业,股东创办企业就是要增加股东财富,股东财富可以用股东权益的市场价值衡量。股东财富最大化相对利润最大化而言,考虑了货币时间价值、风险价值,有助于规避企业的短期行为,并且也考虑了利润与投入资本之间的关系。但股东财富最大化仍然有其不足之处,例如,只有上市公司才能使用股东财富最大化目标,非上市公司无法衡量股价的高低;即使上市公司股价的变动也受到多种因素的综合作用等。

(二)财务管理的原则

创业企业在生产经营过程中会发生很多的财务活动,但这些财务活动必须遵循一些基本的行为规范,概括来说,创业财务管理活动的基本原则总结为以下几个方面。

1. 成本—效益原则

创业企业财务管理的盈利性目标要得以实现,就要求企业要降低成本,不断提高效益,实现最少的成本支出获取最大的收益。成本—效益原则应该体现在企业的整个财务管理活动中,追求产值或利润最大都要建立在合适成本的基础上。

2. 风险与收益均衡的原则

高风险高收益是市场经济的基本规律,创业者要思考自己能接受的最大风险是什么,在最大风险的范围内在收益与风险之间取得均衡状态,采取合适的财务管理活动。创业者还要对各种风险因素做深入研究和仔细分析,慎重决策,避免"好大喜功"给企业带来严重后果。

3. 资源合理配置原则

从资源配置角度来说,企业是将筹集到的财务资源进行再组合、再分配的一个组织,理想状态下,这应该是达到最优组合,发挥组织最大效用的组织。创业企业不仅应十分重视如何取得最低成本的财务资源,还要将这些珍贵的财务资源合理配置。

4. 利益关系协调原则

创业者如果是初次创业的话,可能会无法理清各种各样的财务关系,创业企业可能还没有足够的时间、精力和经验来建立确保经营者的利益与企业的利益相一致的机制。但有几个利益关系企业必须要首先处理好。

第一,依法纳税,这是妥善处理与国家的利益关系的基础。

第二,确保员工的薪资收入和各项福利,这是处理好与员工的利益关系的重要内容。

在处理好财务关系的基础上,企业才能开展各项活动,实现综合发展。

(三)企业资金需求量分析

新创企业的关键性问题是资金需求量和资金来源。解决这两个问题是创业企业成功的关键。因此,启动阶段的财务策略应从资金需求量的综合评估着手。概括来说,主要有启动费用和营运资金两个方面。

1. 启动费用

启动费用主要包括以下五种费用。
(1)组织费用
这笔钱的大部分是用来支付专业费用的。例如,付给帮助你建立企业实体的律师、顾问等。
(2)场地费用
如果决定不在家开公司,就需要租借一处办公场所或购买一处办公场所,并做些必要的准备。这就会产生一定的费用,具体费用多少由公司性质决定。
(3)营销材料和促销费用
为了提升新企业的形象,创业企业通常会在开张时造势。顾客会根据新企业的宣传材料、广告的质量高低和创造性来判断企业的水平与实力。
(4)保证金、酬金和执照费用
新企业更需要为有形资产买保险,还要避免因产品不合格而导致的赔偿损失,以及保护你和你的员工免受伤害。除此之外,为了得到使用土地的许可证或领取执照等项目还要付给当地政府一些费用。
(5)固定资产、办公用品和机械装置等费用
这部分费用的覆盖范围很广,从几把椅子、几台电脑到有着精密设备的规模完整的工厂。对于新创企业来说,这部分费用的确不少,但可以通过租借的方式省一点初期的投资。如果企业再购置几辆汽车,购车费和相关的诸如保险费、养路费等问题会接踵而来。

2. 营运费用

营运费用的估算最为复杂。一般来说,创业者应该有充足的现金为创业企业的早期发展提供支撑,直至达到收支平衡点和有盈利的时候。
创业企业需要有现金流量的预测表,每个月需要对总收入和总支出进行估算。很有可能在一年或更长的时间,往往收支不平。大企业把这些作为生产经营的惯例性支出,而新成立的小型企业则常常忽视这个问题。在创业初期,企业就应该向有经验的会计师寻求帮助,进行较为精确的预测,这样做的企业在正常经营后的困难会更少一些,将来成功的可能性就越大。

(四)企业日常财务管理注意事项

1. 印章

公司印章一般都包括行政章、财务章、合同章和部门专用章。一般情况下,公司行政章、合同专用章可指定综合办公室专人负责管理,公司财务专用章仅在公司对外开具的票据和办理与公司相关的金融事务以及财务报表时使用,可由公司财务部门负责人管理。财务章涉及对外开具票据或支票时使用,故要妥善保管。公司进行对外宣传,企业管理对外业务,公司决策,行政事务等有关文书,就需用到行政章或合同专用章,一般由总经理的审批方可办理。公司生产、经营、管理部门专用章对外不具有法律效力,只用于本部门对外的一般业务宣传或代表本部门向公司书面汇报情况或提议。印章是公司经营管理活动中行使职权的重要凭证和工具,印章的管理关系公司正常的经营管理活动的开展,甚至影响公司的生存和发展。

2. 支票

支票是出票人签发的,委托办理支票存款业务的银行或者其他金融机构在见票时无条件支付确定的金额给收款人或者持票人的票据。不管是现金支票还是转账支票,最终目的就是能够在银行兑现,这就需要在开户行里一定要有足够的余额支付所要支出的支票款项。在开具支票时应注意以下问题。

第一,开转账或现金支票时要确定日期,非必要最好不要超过所开出的当天日期。

第二,签发支票应使用碳素墨水或墨汁填写,签发日期应用大写数字。

第三,要确定所要支付的单位,一般支票在企事业单位的财务中都有严格的要求,就是不允许收款人名称栏中为空白,但也有例外的。

第四,不论是现金支票,还是转账支票,背书人的银行预留印鉴都要与支票上你所签发的单位收款人一致,否则银行不予受理。

第五,分别填上金额的大写、小写和用途,如不填上用途的话,银行是不会支款的,注意大小写金额必须一致。

第六,请注意支票的兑现期为10天。

第七,转账支票和现金支票明显的区别就在于现金支票需要以单位的财务专用章加盖骑缝章,银行才会视为有效,否则不予受理,转账支票就不用了。

三、新创企业的营销管理

创业营销是指创业企业家凭借创业精神、创业团队、创业计划和创新成果,获取企业生存发展所必需的各种资源的过程,它实际上是一种崭新的创业模式。

(一)新创企业的市场调查

市场调查可以被定义为市场营销信息的收集、处理、报告和解释。创业者可以单凭直觉为新企业制订营销计划,也可以凭借充分的市场信息提高判断能力。尽管市场调查很重要,但它从不用来抑制创业者的激情和对市场的把握感。因此,很多研究创业的学者认为,在新产品或服务的销售过程中,尤其在创业初期,市场调查应该被视为创业者直觉判断的谨慎决策的补充,而不能替代它们。无论最终决定自己做市场调查,还是委托给专业公司进行调查,创业者都应该仔细衡量在这方面投入的时间和金钱。注重有效地控制调研经费,同时要重视市场调查的品质与客观性,以免达不到市场调查的真正目的。具体来说,新创企业在进行市场调查时应注意以下几方面。

1. 明确调查所需的信息

市场调查的第一步需要创业者精确地定义决策所需要的信息,确定调查的主题,并拟定市场调查计划。在传统的营销学中,广义的市场调查包括多方面的内容,可以概括为微观和宏观两方面。市场调查微观方面的内容包括企业内部相关内容调查、消费者情况调查、竞争对手情况调查,企业内部相关内容调查包括对企业产品市场需求、企业产品本身、企业产品价格和销售渠道等方面的调查。市场调查宏观方面的内容包括对经济环境、技术环境、政治与法律环境、社会与文化环境、自然环境、人口环境六个方面的调查。当然,对于新创企业,企业实力通常是相对弱小的。能投入市场调查上的资源是有限的,因此市场调查的对象内容通常不会像上述这么抽象和全面,而会较为具体地涉及下列问题。

(1)为什么他们选择去那里购买?
(2)市场的规模有多大?企业能占领的份额是多少?
(3)促销行动对消费者会产生什么影响?
(4)潜在的消费者打算去何处购买产品或服务?
(5)与竞争对手相比自己有无优势?

(6)潜在的消费者想得到哪种类型的产品或服务?

无论涉及哪方面的信息,创业者一定要谨记在市场调查之前做好准备,准确定义市场调查需要的信息。

2. 收集资料

准备好调查信息后,接下来进入正式调查阶段。市场调查的各种资料可以分为原始资料和第二手资料两大类。通常来说,收集第二手资料的成本要低于收集新的原始资料。创业者在进行进一步的研究之前应该从一切可能的渠道收集第二手资料。这些信息可以来自商贸企业、图书馆、政府机构、大学或专门的咨询机构。很多时候,市场营销的决策只能建立在第二手资料的基础上,对于弱小的新创企业更是如此。但是,运用第二手资料时通常会面临以下一些问题。

(1)这些资料可能因为已经过时而利用价值大打折扣。

(2)第二手资料的收集标准可能不适合现在所面临的问题。

(3)第二手资料的有效性有可能比较差。

如果第二手资料不充分,那么下一步的工作就是收集新的也就是原始资料。在原始资料积累过程中可以使用观察法和问卷调查法。观察是最简单的一种方法。创业者可以通过对潜在顾客的观察,记录他们购买行为的一些特点。上网是一种从该领域的专家那里获得资料的非常规方法,也是了解市场的一种有价值而且低成本的方法。调查和测验是问卷调查法中常用的两种方法。调查可以通过邮件、电话和个人访谈进行。当被调查的对象分布较广时,通常采用邮件调查的方式。然而,这种方法的反馈率比较低。测验是一种市场调查形式,重点在于找出因果关系。测验的目的是弄清独立变量对测试变量的影响。

需要注意的是,新创企业的市场调查既可以由企业内部力量完成,也可以委托专门的市场调查机构完成,这主要取决于调查内容的复杂性和难易程度,以及调查所需的成本。

3. 加工处理信息

收集完必要的资料之后,就该将其转化成有用的信息。大量的原始资料只是一堆事实而已,所以必须对资料进行编辑、整理、分类、统计、分析,并最终形成调查报告。

(二)新创企业目标市场的选择

目标市场是企业的市场目标,是企业在进行市场细分后并对其评价的基础上,决定要进入的市场,即企业决定所要销售的产品或服务的目标客户群。目标市场的营销策略包括以下几方面。

1. 无差异性市场营销策略

无差异化市场营销策略是指忽略顾客实际存在的需求差异,将整个市场视为一个同质的目标市场,提供单一的产品,并采用单一的营销组合策略。企业重点关注的是产品的共性需求,希望能引起最广泛的顾客的兴趣。这就要求产品在内在质量和外在形体上必须有独特风格,才能得到多数消费者的认可,从而保持相对的稳定性。

2. 差异性市场营销策略

实行差异性市场营销策略,是将整个市场细分为若干个子市场,针对不同细分市场的特征,设计不同的产品,制订不同的营销策略,满足不同的消费者需求,并为每个有明显差异的细分市场精心设计不同的营销方案。采用这种策略需要较大的配套的销售资源来实施,但针对性强,有利于提高企业的竞争力。

3. 集中性市场营销策略

集中性市场营销策略是指在市场细分的基础上,企业集中力量选择一个或少数几个细分市场作为目标市场,实行专业化的生产和销售。企业采用此策略在某些市场上集中精力创建品牌,提高市场占有率。但由于其目标市场的范围较窄,当这些目标市场情况发生突变或是决策失误时,企业面临的风险较大。

(三)新创企业的市场细分

市场细分,是指营销者通过市场调研,依据消费者的需要、欲望、购买行为和购买习惯等方面的差异,把某一产品的市场整体划分为若干消费者群的市场分类过程。每一个消费者群就是一个细分市场,每一个细分市场都是具有类似需求倾向的消费者构成的群体。

1. 市场细分的必要性

大学生在创业过程中,可能面临以下的一些问题。

第一,有明确的概念或产品,但不清楚哪些人最有可能购买。

第二,产品定位已经非常明晰,但不了解采用何种促销组合能最大程度地吸引目标顾客。

第三，不同的消费者对产品有不同的偏好，希望知道哪些偏好是公司能满足的。

第四，销售额仿佛没有变化，但已经感觉顾客群的构成正在发生变化，希望获得变化的详情。

第五，准备打入竞争者牢固占领的地盘，希望先获得一小块根据地。

第六，在市场占据主导地位，但有竞争者开始蚕食自己的领地。

第七，尽管有好的产品，但市场数据显示营销计划遭受重大挫折。

当遇到以上问题时，作为企业的决策者，就需要重新审订公司的营销计划，而市场细分便是第一步，也就是对市场进行细分的必要性体现。

2. 市场细分的依据

市场细分因其依据不同而不局限于一种方式，这里主要从地理环境、人口及经济文化状况、购买行为、购买心理四个方面的依据来展开讨论。

(1)地理细分

地理细分即按照消费者的地理环境来细分市场。处于不同地理环境的消费者对产品的需求、喜好有所不同，俗话说北咸南甜，东酸西辣，这就是地理环境造成的口味差异；对价格、销售渠道和广告宣传等营销策略的反应也有区别。即使是处于同一地理环境的消费者，他们的需求也会存在一定的差异。企业在细分市场时，还要注意考虑这些因素。

(2)人口和社会经济状况细分

人口、社会经济状况是市场细分的常用标准。人口、社会经济状况包括消费者的性别、年龄、家庭规模、职业、收入、受教育程度、民族、宗教信仰、家庭等项目内容。消费者的欲望、偏好和购买行为与上述内容密切相关。

第一，性别。在全世界范围内，随着妇女就业机会的增加和地位的不断提高，她们在消费方面发挥着重要的主体和主导作用。女性消费市场重点在时装和首饰、健美及美容用品、厨房用品等。同时，男性市场也不能被忽视，例如，男士时装、商务用品，以及男性比较感兴趣的数码产品等，也为企业提供了越来越多的商机。

第二，年龄。不同年龄的消费者，由于在生理、收入、审美、价值观念、生活方式、社会活动、社会角色等方面存在差异，必然会产生不同的消费需求，形成具有不同特色的消费者群体。因此，在市场营销中可以根据年龄结构把消费市场分为儿童市场、青年人市场、中年人市场和老年人市场（表12-2）。

第十二章　大学生创办新企业实践

表12-2　依据年龄结构划分的消费市场类型

市场类型	内容
儿童市场	目前,儿童日益成为家庭消费的中心和重点,特别是儿童玩具、文具、书籍、乐器、运动器材及儿童食品、营养品、服装等,存在巨大的市场容量,因而成为一些企业的重点目标。
中青年人市场	中青年人市场最具有活力,他们领导着时代的消费潮流,是消费群体中的主力军。在这个市场中,高档服装、家具、住宅、生活用品等比较畅销,对名牌商品需求强烈。
老年人市场	老年人市场也称"银色市场"。在我国,目前老年人已达1.5亿左右,老年人市场在不断扩大。老年人市场对保健食品、医疗、服务、娱乐等有着特殊的需求,为不少企业创造了新的市场契机。

第三,家庭情况。家庭是市场消费和购买的基本单位,是影响市场营销的重要因素之一。随着经济的发展和家庭观念的更新,现代家庭规模趋于小型化——家庭单位增加的同时,家庭人口减少。国内外家庭的变化,为一些行业带来新的机会。

第四,社会构成因素。居民人口的社会构成因素,是指居民人口的民族、籍贯、宗教信仰、文化教育程度、职业、阶层、经济收入的构成及分布情况。这些社会构成情况,直接影响着人们的消费需求和购买行为。从个人消费来看,在中国的经济发达地区,消费者可以分为贫困型、温饱型、小康型、富裕型和富豪型五个层次。

(3)购买行为细分

随着经济的发展,消费者的购买行为作为市场细分的标准越来越重要。企业可以从消费者购买的着眼点、购买频率、偏爱和忠诚的程度等方面的购买行为来判定不同的消费者群体。进行行为细分,企业必须了解消费者购买某种商品所寻求的主要利益是什么,并且与着眼点、购买频率、忠诚和偏好的程度这三个方面结合起来考虑。

(4)购买心理细分

地理因素、人口和社会经济状况是根据客观特性对市场进行细分,但是消费者的许多购买行为会受到个性心理特点的影响。所以,还需要对心理因素来进行市场细分。例如,西方的一些服装生产企业,为"简朴的妇女""时髦的妇女"和"有男子气的妇女"分别设计不同样式的服装。这就是企业依据生活方式和心理特征来细分市场。

以上提出的四项标准及其所包含项目,仅仅是一般企业常用的标准,这并不意味着这些标准适用于企业的任何营销活动,也不表示所有的市场细分只限于这些项目,企业可以选择其中与消费者关联性最强的具体项目作为市场细分的标准。

3. 市场细分的层次

市场细分的发展阶段是从时间上来划分的,根据细分的粗略程度不同,可以分为大众市场、补缺市场、细分市场、完全市场。

(1)大众市场

大众市场是对所有顾客采用同一种方法大批量生产、分销和促销。优势是可以降低生产成本和经营费用,还能创造最大的潜在市场。但是随着媒体和分销渠道的增多,企业越来越难以接触到所有的潜在消费者。随着市场环境的变化,企业开始由大众市场转向细分市场、补缺市场和微市场三个层次上的微观营销。

(2)细分市场

细分市场是企业将整个市场划分为几个不同的细分市场,其中每个细分市场包含一组具有相似需求的顾客,然后为其中的一个或者几个细分市场的需要提供相应的产品和营销方案。在细分市场中,成员的需求虽然相似但并不完全一样,企业应向细分市场中的各成员提供灵活的市场供应品,而不是单一的标准化供应品。灵活的市场供应品,包含了细分市场中所有成员所重视的产品和服务基本要素,再加上细分市场中的某些成员所重视的可选要素。

细分市场的优势主要体现在以下几个方面。

第一,企业根据自己的服务能力,有针对性地向市场提供产品。

第二,企业可根据选定的细分市场对营销方案进行调整。

第三,随着范围的缩小,企业面临的竞争者减少了。

(3)补缺市场

补缺市场即亚细分市场,是划分更细的细分市场。补缺市场较小,因此吸引的竞争者较少,企业也能更了解消费者的需求,消费者也愿意为特定利益支付更高的价格。一般补缺市场对于小企业的意义重大。一个有吸引力的补缺市场具有以下几方面的特征。

第一,补缺者通过专业化取得一定的经济效益。

第二,该补缺市场不太可能吸引太多的竞争对手。

第三,顾客会有一些独特的需求,并且愿为那些能最好地满足他们需求的企业付出额外的费用。

第四,补缺市场有一定的规模、利润和增长潜力。

相对来说,细分市场相当大,能吸引若干竞争对手,补缺市场却相当小,可能只吸引一两个竞争对手。

(4) 微市场

微市场营销主要包括本地化市场和个人市场。

本地化市场导致专为本地顾客群体的需求和需要量身定做的营销方案的出现,通称为本地化市场营销。虽然本地化市场营销能更好地满足消费者需求,但同时也存在着诸多缺点。其一,规模经济的减小带来生产成本和营销成本的上升;其二,对于市场区域分布较广的企业,这可能会带来售后服务的问题,冲淡品牌的整体形象。

市场细分的最后一个层次就是个人细分市场、定制营销或者一对一营销。在过去的几个世纪,消费者作为个体市场接受服务,如鞋匠为个人设计鞋子,裁缝为个人制作服装。现在,生产技术的发展使企业可以大规模定制产品。大规模定制是指企业面向大众准备个性化设计的产品、方案和沟通,以满足不同顾客的要求。

4. 市场细分的原则

要保证市场细分的有效性,须遵循下列几个方面的原则。

(1) 可衡量性原则

市场细分要求作为细分的标准应该是可测量的。有些消费者特征虽然重要,但不易衡量或获取,不适宜作细分的标准。另外,细分后的消费者市场的分片人数、购买量和潜在购买能力应该是可以衡量的。

(2) 可收益性原则

细分市场要足够大,有利可图。细分市场应是值得专门制订营销计划去追求的最大同类顾客群体,他们不仅应具有一定的现实购买力,还具有相当的购买潜力。

(3) 相对稳定性原则

市场营销理论提倡动态的观点,强调在变化中实施营销策略,但在具体的市场细分化上,则要考虑细分市场的相对稳定性。市场细分过程中调查分析本身需要一定的时间,开展营销活动更需要一段时间,因此每一个分片划定之后,要有一个相对的稳定期,稳定期的长短要根据细分市场的变化和商品的特征而定。

值得注意的是,要能有效地进入和满足目标细分市场。下面几种情况会导致细分市场的无效性。第一,企业无法在这一细分市场实施营销活动。

第二,企业的商品和服务不易送达。第三,企业的信息难以传送给细分市场的消费者。

(四)新创企业的营销战略

1. 产品引入阶段的营销战略

创业企业在进行营销管理时,意味着自己的产品准备走向市场。无论创业企业生产的是什么,这些产品都意味着开始进入产品生命周期的引入期。创业企业在营销初期,由于销售量少及分销和促销费用高。企业可能亏本或利润很低。它们需要大量经费以吸引分销商,因为它需要高水平的促销努力,以达到营销的目的。在推出新产品时,营销管理层要为各个营销变量分别设立高或低两种水平。当只考虑价格和促销时,管理层将在以下四个战略中择一而行。

(1)缓慢掠取战略

以高价格和低促销方式推出新产品。采用这一战略的假设条件包括以下几方面。

第一,市场的规模有限。

第二,大多数的市场已经知晓这种产品。

第三,购买者愿出高价。

第四,潜在竞争者并不迫在眉睫。

(2)快速掠取战略

以高价和高促销水平的方式推出新产品。采用这一战略的假设条件包括以下几方面。

第一,潜在市场的大部分人还没有意识到该产品。

第二,知道它的人渴望得到该产品并有能力照价付款。

第三,企业面临着潜在的竞争对手;企业想建立品牌。

(3)缓慢渗透战略

以低价格和低促销水平推出新产品。采用这一战略的假设条件包括以下几种。

第一,市场是庞大的。

第二,市场中该产品的知名度较高。

第三,市场对价格相当敏感。

第四,有一些潜在的竞争者。

(4)快速渗透战略

以低价格和高促销水平的方式推出新产品。采用这一战略的假设条件是包括以下几种。

第一,市场是庞大的。

第二,市场对该产品不知晓。

第三,大多数购买者对价格敏感。潜在的竞争很激烈。

第四,随着生产规模的扩大和制造经验的积累,企业的单位制造成本已经下降。

2. 产品成长阶段的营销战略

成长阶段的标志是销售量迅速增长。此时,由于有大规模的生产和利润机会吸引,新的竞争者也开始进入该市场,他们通过大规模生产来提高吸引力和利润。在成长阶段,创业者为了尽可能地维持市场增长可以采取下列战略。

第一,企业增加新式样和侧翼产品。

第二,企业改进产品质量和增加新产品的特色和式样。

第三,企业进入新细分市场。

第四,企业进入新的分销渠道。

第五,企业的广告从产品知名度转移到产品偏好上。

第六,企业在适当的时候降低价格,以吸引另一层次对价格敏感的购买者。

参考文献

[1]程方平.探索21世纪中国教育创新之路(高等教育卷)[M].天津:天津科学技术出版社,2008.

[2]党建民,李博.大学生创业教育[M].北京:中国矿业大学出版社,2017.

[3]邓文,张明洁.大学生创新创业实用教程[M].武汉:华中科技大学出版社,2018.

[4]丁钢.大学文化与内涵[M].合肥:合肥工业大学出版社,2006.

[5]杜倩,洪雨萍.创业管理:企业成长战略的视野及实践[M].长春:吉林大学出版社,2019.

[6]范东亚.大学生职业生涯规划与创新创业教育[M].重庆:重庆大学出版社,2019.

[7]韩国文,陆菊春.创业学[M].武汉:武汉大学出版社,2015.

[8]洪飞.构建师生共生长的智慧课堂[M].北京:中国言实出版社,2017.

[9]黄晗,刘一书.市场营销学[M].北京:北京交通大学出版社,2014.

[10]蒋雯,张晓芳.创新创业实践与能力开发[M].上海:上海财经大学出版社,2018.

[11]李海勇.研究性学习与创新思维培养研究[M].西安:西安交通大学出版社,2017.

[12]李贺,王畅.大学生创新创业基础[M].北京:北京理工大学出版社,2019.

[13]李志永.日本高校创业教育[M].杭州:浙江教育出版社,2010.

[14]梁春满.企业管理标准化体系建设实战指南[M].合肥:合肥工业大学出版社,2018.

[15]廖益,赵三银.大学生创新创业入门教程[M].北京:北京理工大学出版社,2019.

[16]刘晓莹,杨诗源."互联网+"时代艺术类大学生创新创业基础教

程[M].厦门:厦门大学出版社,2019.

[17]齐严,郑可人.营销管理实训[M].北京:中国发展出版社,2007.

[18]芮国星.信息时代高校创业教育体系研究[M].西安:陕西师范大学出版社,2016.

[19]宋胜菊,郭春鸿.大学生适应性教育探索与实践[M].北京:知识产权出版社,2015.

[20]宋天华.地方高校大学生创业教育研究[M].北京:电子科技大学出版社,2015.

[21]苏白茹.大学生创新创业基础[M].厦门:厦门大学出版社,2019.

[22]陶传蔚,杨翠毓.大学生创业基础[M].北京:国家行政学院出版社,2017.

[23]王丹,隋姗姗.创业管理基础教程[M].天津:南开大学出版社,2019.

[24]王涛,刘泰然.创业原理与过程[M].北京:北京理工大学出版社,2019.

[25]王晓红.基于公寓文化建设的大学生思想政治教育[M].北京:国防工业出版社,2015.

[26]王欣.新时代大学生理想信念教育与实践读本[M].天津:天津社会科学院出版社,2018.

[27]徐章辉.中国高校创业教育体系发展研究[M].北京:中国青年出版社,2011.

[28]延凤宇,孙艳丽.大学生创业基础[M].北京:国家行政学院出版社,2017.

[29]杨秀冬.当代高职大学生创新创业能力培养研究[M].北京:九州出版社,2018.

[30]游振声.美国高等学校创业教育研究[M].成都:四川大学出版社,2012.

[31]张翠凤.大学生创业素养教育与能力培养课程体系研究[M].天津:天津科学技术出版社,2018.

[32]张晓娟,李春琴.大学生创新创业教育研究[M].北京:兵器工业出版社,2018.

[33]张雅伦.大学生创新创业基础教程[M].北京:北京理工大学出版社,2018.

[34]郑楠,闫贤贤,黄卓.大学生创新创业教育[M].北京:北京理工大学出版社,2018.

[35]滕飞,冉春秋.创新创业管理[M].北京:首都经济贸易大学出版社,2018.

[36]杜鹏举,罗芳.大学生创新创业基础[M].北京:中国铁道出版社,2018.

[37]罗文谦,惠亚爱,徐锦华.大学生创新创业基础[M].北京:国家行政学院出版社,2017.

[38]罗建国.大学生创新创业[M].北京:煤炭工业出版社,2018.

[39]吕强,张健华,王飞.创新创业基础教育[M].成都:电子科技大学出版社,2017.

[40]李建庆.大学生创新创业教育研究[M].成都:四川大学出版社,2019.

[41]吴亚梅,龚丽萍.大学生创新创业教程[M].重庆:重庆大学出版社,2018.

[42]李学东,顾海川,刘万兆.创新创业管理[M].北京:北京邮电大学出版社,2017.

[43]杨波,雷达.创业实务[M].上海:复旦大学出版社,2014.

[44]黄士华,严志谷.大学生就业指导理论与实践[M].武汉:湖北科技大学出版社,2014.

[45]蒋德勤.大学生创新创业基础[M].合肥:安徽大学出版社,2017.

[46]吕爽.大学生创新创业实务指导[M].北京:中国铁道出版社,2017.

[47]洪大用,毛基业.中国大学生创业报告(2016)[M].北京:中国人民大学出版社,2017.

[48]陈晓暾,等.创新创业教育入门与实战[M].北京:清华大学出版社,2018.

[49]范耘,等.创新创业实用教程[M].北京:机械工业出版社,2017.

[50]郑彦云.大学生创新创业能力培养[M].广州:暨南大学出版社,2017.

[51]董孟怀.大学生创业教程[M].石家庄:河北教育出版社,2012.

[52]张钱.思想政治教育视域下大学生创新创业教育研究[M].北京:光明日报出版社,2019.

[53]张铭钟.大学生创新创业基础[M].徐州:中国矿业大学出版社,2018.

[54]北京中科创业教育投资管理有限公司.中国高校创新创业教育发展蓝皮书(2016)[M].北京:机械工业出版社,2017.

[55]杜永红.大学生网络创新创业教育[M].北京:北京理工大学出版社有限责任公司,2016.

[56]秦树文,肖桂云.企业管理信息系统(第2版)[M].北京:清华大学出版社,2016.

[57]李巍.企业营销动态能力研究:模型、机制与开发应用策略[M].北京:经济管理出版社,2016.

[58]李爱华,杨淑琴.大学生创新创业教育[M].上海:上海交通大学出版社,2018.

[59]薛永基.大学生创新创业教程[M].北京:北京理工大学出版社,2017.

[60]丁来玲,万东海.就业与创业指导[M].北京:科学出版社,2016.

[61]郭金玫,珠兰.大学生创新创业基础[M].上海:上海交通大学出版社,2017.

[62]梅红,宋晓平.大学生创业教育调查报告[M].北京:中国社会出版社,2016.

[63]马雅红.大学生创新创业教育基础与能力训练[M].北京:北京理工大学出版社,2016.

[64]鞠殿民,等.大学生创业基础教程[M].西安:西安电子科技大学出版社,2015.

[65]韩国文,陆菊春.创业学(第2版)[M].武汉:武汉大学出版社,2015.

[66]李成钢.网络营销基础与实践[M].北京:中国纺织出版社,2016.

[67]唐平,马智萍.高职大学生创业教育研究[M].北京:清华大学出版社,2016.

[68]陈永奎.大学生创新创业基础教程[M].北京:经济管理出版社,2015.

[69]蔡松伯,等.大学生创新创业指导[M].成都:西南财经大学出版社,2016.

[70]刘平,等.创业学:理论与实践[M].北京:清华大学出版,2016.

[71]何花.广东战略性新兴企业创新发展路径研究[M].广州:华南理工大学出版社,2016.

[72]张少平,陈文知.创业企业管理[M].广州:华南理工大学出版社,2016.

[73]窦胜功,等.人力资源管理与开发(第4版)[M].北京:清华大学出版社,2016.

[74]万晓.市场营销学[M].北京:机械工业出版社,2016.
[75]陈丽莉,刘若冰.大学生创业概论[M].成都:四川大学出版社,2015.
[76]罗群,王彦长.大学生创业基础[M].合肥:安徽大学出版社,2015.
[77]刘磊.大学生创新创业基础[M].北京:中国水利水电出版社,2015.
[78]叶文振,等.大学生创业导论[M].厦门:厦门大学出版社,2015.
[79]李伟,张世辉.创新创业教程[M].北京:清华大学出版社,2015.
[80]田原,等.创新观念与创新人才培养[M].济南:山东教育出版社,2015.